# 古典文獻研究輯刊

## 十六編

潘美月・杜潔祥 主編

# 第 16 冊

## 出土文獻與《商君書》綜合研究（上）

仝衛敏 著

國家圖書館出版品預行編目資料

出土文獻與《商君書》綜合研究（上）／仝衛敏　著─初版
─ 新北市：花木蘭文化出版社，2013〔民 102〕
目 2+184 面；19×26 公分
（古典文獻研究輯刊 十六編；第 16 冊）
ISBN：978-986-322-167-8（精裝）
1. 商君書　2. 研究考訂
011.08　　　　　　　　　　　　　　　102002356

ISBN-978-986-322-167-8

9 789863 221678

古典文獻研究輯刊
十六編　第十六冊　　　　　ISBN：978-986-322-167-8

出土文獻與《商君書》綜合研究（上）

作　　　者　仝衛敏
主　　　編　潘美月　杜潔祥
總 編 輯　杜潔祥
企劃出版　北京大學文化資源研究中心
出　　版　花木蘭文化出版社
發 行 所　花木蘭文化出版社
發 行 人　高小娟
聯絡地址　235 新北市中和區中安街七二號十三樓
　　　　　電話：02-2923-1455／傳真：02-2923-1452
網　　址　http://www.huamulan.tw 信箱 sut81518@gmail.com
印　　刷　普羅文化出版廣告事業
初　　版　2013 年 3 月
定　　價　十六編 30 冊（精裝）新台幣 50,000 元　　版權所有‧請勿翻印

# 出土文獻與《商君書》綜合研究（上）

仝衛敏　著

## 作者簡介

仝衛敏，女，1978 年生，陝西戶縣人。1997 年 9 月至 2007 年 7 月就讀於北京師範大學歷史學院，先後獲得本科、碩士和博士學位。主要從事先秦史研究，現任職於北京師範大學圖書館，副研究館員。

## 提　要

《商君書》，亦名《商君》、《商子》，漢代傳世 29 篇，今實存 24 篇，內容涉及商鞅及其後法家人物關於治道的理論和措施等。縱觀前人對《商君書》的研究，一個迄今尚未合理解決的問題，即關於該書各篇的成書時代問題。另外，與多數子書不同，《商君書》各篇體例不純，既有關於個人或學派觀點之陳述，又有涉及政令、法規、制度者。因此，只有通過綜合研究我們才能對《商君書》的內容及性質有比較完整的認識。按照這一思路，全書分上、下編兩大部分。

上編主要探討商鞅和《商君書》的成書問題。第一章分析考察了商鞅生平的重要階段及學術淵源，力圖把握《商君書》的思想來源；第二章至第六章通過內、外考證相結合的方法對《商君書》的成書時代作分篇考證，得出的結論是：今本《商君書》中的《畫策》、《錯法》、《徠民》、《賞刑》、《慎法》、《弱民》等六篇成書分別在秦惠文王至秦昭王時期，是商鞅後學所作；《定分篇》成書最晚，約在秦始皇即位之初，作者疑為秦御史一類的官員；除此七篇外，其餘篇章集中反映了商鞅本人的思想，或出自商鞅之手，或為親聞商鞅之教的門人或私徒屬所作，或出自秦史官之手，被後人編入《商君書》中。因此，《商君書》基本上可以視為商鞅及其學派的著作。

下編分三章，探討《商君書》中的制度和思想。第一章採取出土材料與傳世文獻二重比較的方法，對《商君書》中所涉及田制、爵制等相關制度進行考證，力圖揭示該書各篇作者如何應對時勢、如何化思想為制度，最終推動秦的統一進程。第二、三章主要分析《商君書》的思想，具體包括五個方面：《商君書》的理論基礎是變易的歷史觀和人性論，「尚公」和國家本位是全書政治思想的主要特點，商鞅重法，但《商君書》對「勢」和「術」的論述也在法家思想當中獨具特色；驅民于農是《商君書》重農思想的核心；強調政勝為戰勝之本是《商君書》軍事思想的重要特徵。

2012 年教育部人文社會科學研究青年基金項目
「出土文獻與《商君書》綜合研究」資助
（項目批准號：12YJCZH188）

# 緒　論

　　《商君書》，亦名《商君》、《商子》，舊題「商鞅撰」，漢代傳世 29 篇，今實存 24 篇。〔註1〕內容涉及商鞅及秦法家學派關於治道的理論和措施等。

　　自漢迄宋，學者皆視此書為先秦子書，然而其間鮮有研習此書者。宋人始懷疑該書為偽書。其後，關於《商君書》真偽之紛爭持續近千年：傳統學者大都認為是書乃先秦子書，為商鞅親著，是前期法家的代表性著作，甚至往往為了迴護舊說而對於其中明顯帶有戰國後期時代印迹的篇章置若未見；亦有少數學者認為此書屬雜家類著作。而那些懷疑該書各篇成書偏晚的學者，則或以偏概全，以某幾篇成書偏晚即定全書為後人偽造；或以為該書非一時、一人所為，當具體對待。當今學者普遍認為無論該書各篇成書何時，一定是商鞅及其後學的著作，反映了戰國時期法家的思想及主張。在他們看來，《商君書》的成書年代似乎是一個不需要討論的問題。這些似是而非的認識，使得今人的研究，往往明知《商君書》各篇成書時代不同，卻在具體論述時徑引原書各篇內容作為商鞅本人思想的材料，在方法上仍存在自我矛盾；也有人為避免質疑，而把《商君書》作為一個整體來考察。這樣的做法較好的解決了研究方法上的弊病，但是由於《商君書》各篇成書時代不一，其中各述所聞見所主張，自然不免矛盾。因此，如何在既有成果基礎上，對《商君書》各篇逐一考證，以期對該書之成書及真偽獲得一個比較符合歷史實際的認識，是我們首先試圖解決的問題。

---

〔註1〕今傳本《商君書》26 篇中第 16 篇《刑約》僅存篇名，原文已亡；第 21 篇篇名、內容俱亡；現存之《六法》篇名及內容乃後人據唐代魏徵等主編之《群書治要》卷 36 所引之《商君書‧六法篇》抄錄而成，並不完整。

值得一提的是，與多數子書以闡述一己一派學術觀點爲主要特色不同，傳世本《商君書》24 篇體例不純，既有關於一己一派觀點之陳述，又有涉及政令、法規、制度者，並非純然的商鞅學派思想著作之集粹。前輩學者對此或在論述中各執一端，或綜論該書之思想主張，或參照此書稽考相關之制度，鮮有全面考察此書者。故欲理清眉目，最宜綜合研究。惟其如此，我們才能對《商君書》全書的內容及性質有比較完整的認識，從而在前人研究基礎上做出自己的回答。

不僅如此，研究《商君書》這本體現商鞅及其後學或他人思想與治道的作品，對我們認識先秦思想學術及華夏兩千年封建制度的創立等意義重大。

在先秦思想領域，特別是戰國時期出現了諸子蜂出並作、百家爭鳴的繁榮景象。從對當時以及後世的影響來看，諸子當中以儒、法兩家最爲突出。儒家產生最早，其學說自孔子創立，經過七十子後學、孟子至荀子幾代人的薪火相傳，儒學的發展從春秋末年一直貫穿整個戰國時期，在三百餘年間流傳最廣、影響最大，在戰國時期即號稱「顯學」。法家的出現則是戰國時期的事情。在先秦法家思想的系統裏，商鞅和韓非子堪爲傑出代表。韓非被視爲法家思想的集大成者，作爲韓非思想來源之一的商鞅自然也不容小覷。商鞅及其後學或他人所展開的關於歷史、人性、治國等問題的論述，在戰國百家爭鳴的時代，獨樹一幟，研究他們的學說及其特點，無疑有助於加深我們對戰國諸子思想的認識。

其次，就探討華夏統一國家的形成而言，制度的創立尤爲關鍵。戰國時代，是其後秦、漢統一王朝所用制度的開創時期，而追尋這些制度的源流，《商君書》顯然是不能迴避的。處戰國群雄並爭之世，商鞅及其後學或他人面對紛繁複雜的內外形勢，他們是如何將其思想、主張一步步落實爲制度，最終實現秦的統一的？《商君書》無疑給我們提供了重要而直接的歷史訊息。

此外，相關考古資料的相繼出土也爲我們繼續研究《商君書》提供了便利。自上世紀 70 年代以來，雲夢睡虎地秦簡、雲夢龍崗秦簡、青川秦更修田律木牘、馬王堆漢墓《戰國縱橫家書》、銀雀山漢簡、張家山漢簡、湘西里耶秦簡、岳麓秦簡、北大秦簡等接連問世，這些珍貴的實物資料，極大程度地彌補了文獻不足的缺憾。

凡此種種，皆使得我們對《商君書》進行再研究存有餘地。

在進入正題之前，有必要對如下幾個問題作簡要說明：一、《商君書》研究現狀；二、商鞅及《商君書》；三、本文的研究思路與方法。

# 一、《商君書》研究現狀

《商君書》自成書迄今已兩千餘年，歷代學者的研究成果頗豐，以下大致分四個方面來綜述之。

## （一）《商君書》的流傳及文本的整理與研究

《商君書》自成書後因傳習夙稀，舊無善注，且訛誤滋多。經乾隆末年嚴萬里等先後校勘，始漸可讀。故此書之流傳與研究，又可以嚴萬里的《商君書新校正》〔註2〕為界，再分為前後兩大階段。

### 1. 流傳及沿革

《商君書》早在戰國後期即有某些篇章開始流傳於世。如《韓非子·五蠹篇》謂：「今境內之民皆言治，藏商、管之法者家有之。」〔註3〕《南面篇》曰：「人主者，明能知治，嚴必行之，故雖拂於民心，立其治。說在《商君》之內外。」〔註4〕《韓非子·內儲說上》、《定法篇》等還直接引用商鞅之語，

---

〔註2〕　我們這裡以嚴校本為界，蓋因此書實開乾嘉學者研究《商君書》風氣之先。宋刊本《商君書》到清代早已亡佚，清人所見的最早版本即嚴萬里所得之元刊本。現在最流行的《商君書》讀本即是經嚴氏校改過的元刊本。

〔註3〕　「商、管之法」是否就是商君、管子之書目前仍未有定論。《五蠹篇》作於韓非入秦之前，故論述的當是韓國的情況。而秦惠王即位後，秦人婦孺皆言商君之法，可證商君之法在戰國後期流行於秦、韓等國。若將「商君之法」理解為商鞅製定的法律政令，那麼它其實也是商鞅理論的落實和寫照，故「商君之法」可以指代「商君之書」。

〔註4〕　關於「內外」二字之含義，學界頗有爭議。陳啟天認為韓非子所稱的「內外」並非今本《商君書》中的《外內篇》，後者應是西漢法家者流的作品。（見其所著：《商鞅評傳》，上海：商務印書館，1935年5月初版）而王志成則持異說，他指陳「韓非所謂：『說在商君之內外』，與今本《商君書·外內篇》不合，顯然只是單篇而已。迨至漢武帝之前，始有『書』之出現。」（見王志成：《商鞅農戰政策之研究》，國立臺灣師範大學，國文研究所集刊第二十三號。轉引自賀凌虛《商君書今譯今注》，臺北：臺灣商務印書館，1987年3月第1版。）陳奇猷在注解《韓非子·南面篇》該句時認為「商君之內外而鐵殳，重盾而豫戒也」一句指的是《史記·商君列傳》：「趙良曰：君（商鞅）之出也，後車十數，從車載甲，多力而駢脅者為驂乘，持矛而操闟戟者旁車而趨，此一物不具，君固不出。」這樣以來，「內外」二字又完全與《商君書》無關了。（見陳奇猷：《韓非子新校注》，上海：上海古籍出版社，2000年10月第1版，第337頁。）關於這一問題我們將在後文展開論述。

據此我們雖不能像多數學者那樣斷言《商君書》已最終成書〔註5〕，但至少可以肯定其中的一些篇章在戰國後期已廣爲流傳，而且一直到漢初，研習申不害、商鞅及韓非等法家學說的賢良之士仍大有人在。如漢文帝時名臣晁錯早年曾「學申、商刑名於軹張恢先所，與雒陽宋孟及劉禮同師。」〔註6〕當時的軹縣人張恢以申、商之學授徒講學，從學者當不在少數。如東方朔盡管「直言切諫」，但商鞅學說的不見用已難逆轉。這種局面到武帝時發生較大改變，《漢書》卷六《武帝紀》建元元年（西元前140年）冬十月條云：「詔丞相、御史、列侯、中二千石、二千石、諸侯相舉賢良方正直言極諫之士。丞相綰奏：『所舉賢良，或治申、商、韓非、蘇秦、張儀之言，亂國政，請皆罷。』奏可。」這是官方公開禁止研習商鞅學說的詔令，但仍不排除有人在私下繼續爲之。漢武帝時人東方朔上書陳農戰強國之計，「其言專商鞅、韓非之語也，指意放蕩，頗復詼諧，辭數萬言，終不見用。」〔註7〕三國時期曹操在爲政之餘亦曾研讀過商鞅的著作，如「漢末，天下大亂，雄豪並起⋯⋯太祖（指曹操）運籌演謀，鞭撻宇內，攬申、商之法術，該韓、白之奇策，官方授材，各因其器。」〔註8〕劉備遺詔後主劉禪曰：「可讀《漢書》、《禮記》，閒暇歷觀諸子及《六韜》、《商君書》，益人意智。」〔註9〕唐代魏徵等主編之《群書治要》亦引《商君書》相關篇目內容作爲治國之參考。由此觀之，儘管在儒學居於正統地位的漢魏隋唐時期，仍有當政者重視和研讀《商君書》。

而在漢代傳世文獻中，明確提及《商君書》的有《淮南子》、《史記》及《論衡》。《淮南子·泰族訓》言及「今商鞅之《啓塞》、申子之《三符》、韓非《孤憤》，張儀、蘇秦之從衡，皆掇取之權、一切之術也」。太史公在《史記·商君列傳》曾云：「余嘗讀商君《開塞》、《耕戰》書。」〔註10〕東漢王充

---

〔註5〕 典型者如王曉波即據《韓非子》及《史記》的記述説：「由此可知，《商君書》之出現當在《韓非子》與《史記》之先。」（見王著：《商君與〈商君書〉的思想分析〉，《大陸雜誌》，第四十九卷第一期）

〔註6〕 （漢）司馬遷撰、（宋）裴駰集解、（唐）司馬貞索隱、（唐）張守節正義：《史記·袁盎晁錯列傳》，北京：中華書局，1982年11月第2版，第2745頁。

〔註7〕 （漢）班固撰、（唐）顏師古注：《漢書·東方朔列傳》，北京：中華書局，1962年6月第1版，第2864頁。

〔註8〕 （晉）陳壽撰、（宋）裴松之注：《三國志》卷一魏書一武帝紀，北京：中華書局，1982年7月第2版，第55頁，這段話是陳壽於《武帝紀》篇末所作評語。

〔註9〕 （晉）陳壽撰、（宋）裴松之注：《三國志》卷三十二蜀書二先主傳，第891頁，這段話是裴松之注摘引《諸葛亮集》原文。

〔註10〕 關於「開塞」、「耕戰」是否爲《商君書》中之篇名，亦有不同意見。有人認

在《論衡》〔註 11〕一書中多次徵引《商君書》，如《效力篇》云：「故夫商鞅三說孝公，後說者用，前二難用，後一易行也。觀管仲之《明法》，察商鞅之《耕戰》，固非弱劣之主所能用也。」〔註 12〕又如《超奇篇》曰：「周世著書之人，皆權謀之臣；漢世直言之士，皆通覽之吏⋯⋯商鞅相秦，致力於霸，作《耕戰》之書；虞卿爲趙，決計定說，行退作（《虞氏春秋》）。《春秋》之思，趙城中之議；《耕戰》之書，秦堂上之計也。」〔註 13〕《書解篇》：「管仲相桓公，致於九合；商鞅相孝公，爲秦開帝業，然而二子之書，篇章數十⋯⋯古作書者，多立功不用也。管仲、晏嬰，功書並作；商鞅、虞卿，篇治俱爲。」〔註 14〕《案書篇》：「商鞅相秦，作《耕戰》之術。管仲相齊，造《輕重》之篇。富民豐國，彊主弱敵。」〔註 15〕

即使我們不能完全斷定以上諸書所提及之「開塞」、「耕戰」就是今本《商君書》中的《開塞》、《農戰》二篇，但仍然可以說《商君書》雖經秦末戰火，在兩漢時期還有傳本或篇章傳世。

我們今天能對《商君書》之最初篇數及商鞅的著作有確切瞭解，首先是根據《漢書·藝文志》，是篇乃班固據劉歆《七略》刪節而成，其著錄曰：

　　法家：《商君》二十九篇。（原注：名鞅，姬姓，衛後也，相秦孝公，有列傳。）

　　兵權謀家：《公孫鞅》二十七篇。

　　農家：《神農》二十篇。（原注：六國時，諸子疾時怠於農業，道耕農事，託之神農。顏師古注曰：劉向《別錄》云「疑李悝及商君所說」。）

由此可見，經過西漢末年劉向、歆父子兩代人的校勘、刪輯，定本的二十九篇《商君書》最終問世。商鞅還著有兵家類著作《公孫鞅》，惜後世失傳。

---

爲司馬遷所謂開塞、耕戰是統稱全書，而疑「太史公時《商君書》有此名」，如呂思勉的《經子解題》。也有人說司馬遷所謂開塞指今本第七篇，如紀昀等主編之《四庫提要》；所謂耕戰，指今本第三篇《農戰》，農戰即耕戰，如王時潤的《商君書斠詮》。

〔註 11〕約成書於東漢章帝元和三年（86 年）。
〔註 12〕黃暉撰：《論衡校釋》（全四冊），北京：中華書局，1990 年 2 月第 1 版，第 586 頁。
〔註 13〕黃暉撰：《論衡校釋》（全四冊），第 611～612 頁。
〔註 14〕黃暉撰：《論衡校釋》（全四冊），第 1153～1156 頁。
〔註 15〕黃暉撰：《論衡校釋》（全四冊），第 1167 頁。

至於農家著作《神農》二十篇是否與商鞅有關也有待推敲，從顏注可知劉向在《別錄》中也只是懷疑而已，《別錄》一書班固一定也看過，但他仍認爲是書乃諸子僞託神農而作。這就說明，將《神農》歸於商鞅名下在去古未遠的漢代就存在爭議，是不足爲訓的。〔註16〕

根據傳統的目錄學著述，我們得以大致梳理《商君書》在漢以後篇卷的流傳脈絡。《隋書・經籍志》稱「《商君書》五卷」，並不言具體篇數，惟記有「或作《商子》」一句。唐人魏徵等編輯之《群書治要》卷三十六摘錄了《商君子》之《六法》、《修權》、《定分》三篇文字，其中《六法》篇今本已亡，且在《修權》篇之前。另，唐人張守節對《史記・商君列傳》中「余嘗讀商君《開塞》、《耕戰》書，與其人行事相類」一句做注解時說：「《商君書》，有《農戰篇》，有《開塞篇》，五卷三十六篇。」〔註17〕按，「三十六篇」之說與漢志不合，且僅此一說，我們無從稽考，但這表明《商君書》在唐代的傳本之篇目及各篇次序可能與今本不同，而在唐代《商君書》似較爲完全，未有亡缺。

五代時，後晉劉昫著《舊唐書・經籍志》及北宋宋祁、歐陽修等撰之《新唐書・藝文志》〔註18〕皆言「《商君書》五卷」，未詳其目。但從宋人私家著述中，我們發現此書之篇目至宋代始有散佚。鄭樵《通志・藝文略》說：「法家《商君書》〔註19〕五卷，秦相衛鞅撰，漢有二十九篇，今亡三篇。」〔註20〕晁公武《郡齋讀書志》卷十一亦言：「《商子》五卷，秦公孫鞅撰……本二十九篇，今亡者三篇」。〔註21〕南宋末年陳振孫《直齋書錄解題》卷十「法家類」

---

〔註16〕《神農》一書自《隋書・經籍志》已不見著錄，可知亡佚已久。《神農》雖佚，但其言論散見於諸子典籍中，清人馬國翰所輯《神農書》一卷屬輯佚之作，乃雜採各書所引神農言論而成。據輯本可知，《神農》一書主旨在於君民並耕和重農。重農的思想實爲戰國諸子之共同主張，李悝、商鞅皆有，不足爲奇。然強調「君民並耕」則顯然不是法家所能贊同的。故顏師古引用劉向《別錄》的懷疑值得商榷，但如果說商鞅汲取了神農勸民農耕的思想因素應不爲過，《商君書》中有多篇強調「壹民於農」即爲明證。

〔註17〕此段爲《正義》佚文，由學者據日人瀧川資言《史記會注考證》及水澤利忠《史記會注考證校補》輯錄而成。見張衍田輯校：《史記正義佚文輯校》，北京：北京大學出版社，1985 年 1 月第 1 版，第 223 頁。

〔註18〕《新唐書・藝文志》注曰：「商鞅。或作《商子》。」

〔註19〕宋代以來，學者多稱《商君書》爲《商子》，唯鄭樵例外。自清人嚴萬里校刊本復稱《商君書》後，此一名稱又復通行至今。

〔註20〕王樹民點校、（宋）鄭樵撰：《通志・二十略》，北京：中華書局，1995 年 11 月第 1 版，第 1651 頁。此書原文作「漢有十九篇」，當是遺漏了「二」字。

〔註21〕孫猛校證、（宋）晁公武撰：《郡齋讀書志》，上海：上海古籍出版社，1990

云：「《商子》五卷，秦相衛公孫鞅撰，或稱『商君』者，其封邑也。《漢志》二十九篇，今二十六篇，又亡其一。」〔註22〕值得注意的是，《四庫全書・〈商子〉提要》的作者懷疑宋代可能有不同傳本，故各書記載所亡篇目不同。案，此說實因抄錄元人馬端臨《文獻通考》之《書錄解題》誤文所致，因是說頗具權威，後人往往以訛傳訛。〔註23〕綜上所述，至南宋末年，《商君書》在私家藏書目錄中僅存二十五篇。

元代脫脫著《宋史・藝文志・子類》法家：「《商子》五卷，衛公孫鞅撰。」但未詳其篇目。清人嚴萬里《商君書新校正》目錄云：「余得元鑴本，始《更法》、止《定分》，爲篇二十六。中間亡篇二：第十六、第二十一，實二十四篇。與今所行范欽本正同。」〔註24〕據此似可推測《商君書》流傳到元代又遺失一篇。而明初人宋濂曾云：「予家藏本二十六篇，其第二十一篇亡。」〔註25〕這表明，明代初年《商君書》尚有二十五篇之傳本。由此可見，《商君書》的篇目在元、明之際因傳本不同，有二十五篇和二十四篇之別，但以二十四篇本流傳更廣。此後，《商君書》的篇目未再亡缺。換言之，自元刻本以來的各本與今本篇目、內容基本上比較接近。〔註26〕

需要指出的是，從流傳過程來看，《商君書》的名稱也在發生一些微妙的變化：在戰國秦漢時期，《商君書》被稱爲《商君》。三國時人始稱《商君書》，隋唐以後多稱《商子》，清人嚴萬里復改回舊稱《商君書》並沿用至今。

## 2. 傳世各版本關係

從流傳至今的版本來看，宋刊本《商君書》到清代早已亡佚。現存《商君書》的最早版本當即清代乾隆時人嚴萬里（即嚴可均）〔註27〕所得之元刊

---

　　年 10 月第 1 版，第 494 頁。

〔註22〕徐小蠻、顧美華點校，（宋）陳振孫撰：《直齋書錄解題》，上海：上海古籍出版社，1987 年 12 月第 1 版，第 291 頁。

〔註23〕詳細考證見朱師轍《商君書解詁・初印本自序》及高亨的《商君書注譯》之《商君書作者考》。

〔註24〕見嚴萬里：《商君書新校正》，諸子集成本，北京：中華書局據世界書局原版重印，1996 年 2 月第 9 次印刷，第 2 頁。

〔註25〕顧頡剛點校、（明）宋濂：《諸子辨》，北京：樸社，1926 年 7 月初版，第 29 頁。

〔註26〕目前傳世《商君書》各版本第二十一篇篇目皆亡，獨綿眇閣本作御盜第二十一，有目而篇亦亡。

〔註27〕嚴可均（1762～1843），清代著名的文獻學家、藏書家。字景文，號鐵橋，烏程（今浙江吳興）人。嘉慶五年（1800 年）舉人，官建德教諭。嚴氏博聞強

本。嚴氏對此本很重視，他結合明代范欽本、秦四麟本加以校正。光緒初年，浙江書局刊印《二十二子》之《商君書》用的即是嚴萬里的這個校本。現在最流行的《商君書》之底本亦多是經嚴氏校改過的元刊本。

自元刊本之後，明清以降不同《商君書》版本間的傳承關係已很難確定。但流傳較廣的幾種單行刻本與幾大叢書收錄的刻本之間尚能有明確的區分：

（1）單行刻本。《商君書》的單行刻本有明范欽的天一閣藏本，源自元本，後爲《四部叢刊》影印；明萬曆年間刊行的秦四麟本，被清人嚴可均選爲點校《商君書》的最好版本；明鄭宷本，爲清人俞樾、孫星衍用於校注底本中；明馮覲評校本，明嘉靖十四年（1535 年）乙未刻本。

（2）收入叢書的幾種刻本。《商君書》被收入叢書的版本分別是明馮夢禎本，收入《先秦諸子合編》，亦即綿眇閣本；吳勉學本，收入萬曆年間的《二十子》；程榮本，收入萬曆年間的《漢魏叢書》；歸有光本，收入天啓年間的《諸子彙函》；陳仁錫本，收入天啓年間的《諸子奇賞》；陳深本，收入《諸子品節》；王志遠本，收入《諸子合雅》；崇文書局本，收入光緒元年乙亥（1875 年）刻《子書百家》；朱蔚然本，收入《合眾名家批點諸子全書》；嚴可均《商君書校》，先收入《四部備要》，後收入世界書局的《諸子集成》；孫星衍、孫馮翼校《商子》，出版於孫氏刻《問經堂叢書》中；錢熙祚校《商子》先被收錄於道光年間的《指海》，後又收入叢書集成初編中。

識，精考據之學。博覽群書，一生著書不輟。早年著有《唐石經校義》、《說文聲類》、《說文校議》等，四十歲後即著作等身。後又合經史子集爲《四錄堂集》1200 餘卷。最後輯《全上古三代秦漢三國六朝文》46 卷。《清代樸學大師傳》稱「清代著述之富，蓋無有過之者。」烏程范聲山鍇《華笑廎雜筆》卷四云：「烏程嚴鐵橋，名可均，字景文，鐵橋其號也。初名萬里，爲歸安學生。乾隆末，游學京師，以宛平籍應嘉慶庚申鄉試，舉進士不第，改還本籍。」（說見朱師轍：《商君書解詁定本》凡例，北京：古籍出版社，1956 年 6 月第 1 版，第 11 頁。）又南京圖書館藏清道光十八年刻《鐵橋漫稿》13 卷，其卷端下署：烏程嚴可均景文撰。據該書序文記載：「伯兄名可均，字景文，號鐵橋，姓嚴氏，烏程人。初名萬里，爲歸安學生。乾隆末游學京師，以宛平籍應嘉慶庚申順天鄉試。舉進士不第，改歸本籍。」此後「嚴可均」就成了他的正式名字。由此可知，嚴萬里、嚴可均實爲一人，「萬里」爲其早期用名。其籍貫乃浙江烏程，因爲他曾經是歸安學生，所以有時籍貫亦署爲「歸安」。嘉慶五年嚴氏以宛平籍應順天鄉試，所以他有時在著作中亦署籍貫爲「宛平」。歸安、烏程並屬湖州府，而湖州舊稱西吳，所以他自署籍貫爲「西吳」也是對的。其早期著作，因已刻印行世，故署名仍爲嚴萬里。（見曹紅軍：《「嚴可均」、「嚴萬里」辨》，《文教資料》初中版 1996 年第 6 期）

　　上述諸本中以嚴可均校本影響最大，該本曾先後被多個叢書翻刻收錄：清光緒年間被浙江書局刻《二十二子》收入，光緒十九年癸巳（1893年）為上海鴻文書局石印《二十五子彙函》收錄，光緒二十三年丁酉（1897年）又被上海圖書集成局排印到《子書二十二種》中，宣統三年辛亥（1911年）被上海育文書局石印《子書二十八種》收入。民國二年癸丑（1913年）上海掃葉山房石印本再次收入嚴校本。民國九年庚申（1920年）上海五鳳樓石印《子書四十八種》本時復收入。民國二十四年乙亥（1935年）上海世界書局排印《諸子集成》本亦採之。民國二十五年丙了（1936年）上海中華書局排印、縮印《四部備要》本又取嚴校本。建國後1958年中華書局重印《諸子集成》本亦取嚴校本。

　　除嚴可均校本之外，清代《商君書》還有以下幾個版本較為流行：

　　（1）四庫全書本。此本為乾隆四十三年（1778年）抄校。1982～1986年臺灣商務印書館影印《文淵閣四庫全書》，大陸上海古籍出版社於1987～1989年又加以縮印。

　　（2）崇文書局本（又稱子書百家本）。光緒年間湖北崇文書局刊行的「子書百家」本，《商子》在第36冊。

　　（3）四部叢刊影印天一閣本。上世紀20～30年代張元濟先生組織上海商務印書館編輯出版《四部叢刊》，其中所選《商君書》底本為上海涵芬樓藏明天一閣刊本。

### 3. 校注與訓釋

　　白漢以降，和《商君書》先後問世的其他法家著作如《管子》、《韓非子》早有人校正注解。與之相比，《商君書》則為世人冷落。自西漢末年劉向校定直至明代，或許受秦行法治二世而亡故事及商鞅等法家人物「天資刻薄」、「嚴而少恩」聲名的牽連，《商君書》流傳數百年而鮮有人問津。雖亦有當政者研習該書藉以總結治國之術，但並未見對其作仔細之校正、訓解者，以致傳至宋代仍有學者慨歎此書「其文煩碎不可以句，至今開卷於千載之下，猶為心目紊亂」。〔註28〕

　　明代以來，隨著考據學的發達，《商君書》漸從「故紙堆」走入學者的研究視野。經學者的重新校正，此書文義大體理順，勉強可讀。較早對它進行評點、校定的是明人程榮、馮覲、范欽等，他們主要是在文字方面稍加校正。

――――――――――

〔註28〕黃震：《讀商子》，見《黃氏日鈔》卷五十五，北京師範大學圖書館藏清刻本。

清代乾嘉學者更群起董理此書〔註29〕，經他們之精校，《商君書》始得卒讀。其中著名者有俞樾之《諸子平議》、孫詒讓之《札迻》等，俞、孫二氏之著「於校正文字之外，間及文義的解釋，然尚為校書。非注書也。」〔註30〕

民國以來堪稱《商君書》之注解時代，各家注本相繼問世。先有王時潤之《商君書斠詮》一書於民國四年（1915 年）出版，是書參考嚴萬里本、崇文本、明陳仁錫本和俞樾《諸子平議》、孫詒讓《札迻》，既校正文字又詮注文義，較清人顯然更深一步。其後，朱師轍之《商君書解詁》（民國十年，1921年出版）、簡書之《商君書箋正》（民國二十年，1931 年出版）皆踵王氏治學之路徑而稍精。此外，尚有王仁俊《商君書微》、胡樸安《商君學說》，均側重於文義之闡發。其中集大成者當推陳啟天《商君書校釋》及朱師轍《商君書解詁定本》。陳氏參照明代主要刊本及清代至民國以來諸書，博採眾長；而朱氏則在前書出版後，於各地廣搜群書，陸續增補定訛遂著成定本。〔註31〕前修未密，後出轉精。蔣禮鴻之《商君書錐指》成書最晚〔註32〕，上述諸家之說皆為其所採，而又自成一說；且以校注精審、方法縝密見長。80 年代被納入中華書局之《新編諸子集成》中，故而流傳甚廣。

值得一提的是民國學者蒙季甫的研究，他通過對比《去彊》、《說民》、《弱民》三篇文句，對三者之關係及成書年代得出的結論，極具創見。他認為《商君書》中的《說民》、《弱民》二篇實為解說《去彊》而作，〔註33〕其說廣為學者信從〔註34〕，同時也提醒人們注意傳世本《商君書》在流傳過程中可能出現的一些問題。

文革後期，適應政治領域內「評法批儒」的需要，商鞅、《商君書》及整

---

〔註29〕 清代以漢學名家之乾嘉學者如烏程嚴萬里、陽湖孫星衍、孫馮翼、德清俞樾、金山錢熙祚、瑞安孫詒讓等諸氏先後校正此書，其中以嚴、俞、孫（詒讓）三氏用力最多。

〔註30〕 見陳啟天：《商鞅評傳》之《商君書考證》，上海：商務印書館，1935 年 5 月初版，第 112 頁。

〔註31〕 朱師轍《商君書解詁定本》五卷，《附錄》二卷。民國十年辛酉（1921 年）上海廣益書局排印本。民國三十七年戊子（1948 年）廣州中山大學排印《中山大學叢書》本。1956 年北京古籍出版社排印本。

〔註32〕 據蔣氏所著《商君書錐指·敘》知，其書完成於 1944 年秋。

〔註33〕 蒙季甫：《商君書說民弱民篇為解說去彊篇刊正記》，《圖書集刊》第一輯，1942年 3 月。

〔註34〕 如蔣禮鴻《商君書錐指》和鄭良樹《商鞅及其學派》都於書末附錄蒙氏原文，足見對其觀點的認同。

個法家在大陸學術界受到前所未有的高規格「禮遇」。據不完全統計，僅注釋
《商君書》者就達數十種之多，研究論文更不可勝數。此時的學術研究由於
受當時政治環境的影響，故所論多顯膚淺，然其中亦不乏佼佼者，如高亨之
《商君書注譯》。此書不避繁難，首次逐字逐句注解全書，是文革後期難得一
見的較爲客觀、紮實地研究《商君書》的力作，在學界影響較大。〔註35〕

　　80 年代以來，港臺學者中對此書作注釋、訓解者則以賀凌虛之《商君書
今注今譯》〔註36〕爲代表。賀氏於注解翻譯全文外，還注重分析各篇要旨並
判斷成書年代。

　　上述諸學者或校勘版本、考訂文字，或考辨各篇之成書年代及作者、發明章
句。由於著者多淹博通貫、精於小學，且諳熟乾嘉校注古書之法，故他們對《商
君書》所作之整理與研究，驅散了籠罩在此書之上的千年迷霧，使得我們今日所
見之《商君書》遠較古人完善，並爲我們繼續研究此書奠定了堅實的基礎。

### （二）《商君書》之綜合研究

　　因各時代有其學術風格和特點，受其影響，歷代學者對《商君書》的研
究也呈現出明顯的階段性：第一階段，可稱爲文獻的傳習及整理期，以清代
乾嘉至民國時期爲盛（前已述及）；第二階段，則是《商君書》之綜合全面展
開時期，自 20 世紀 50 年代至今。茲就綜合研究之情況分述如下：

#### 1. 思想研究

　　對《商君書》中所包含之思想，眾學者從多方面作了深入的探討，且成
果頗多。從縱向來看，該書在政治、經濟、軍事、歷史觀、人性論等各方面
的思想皆得到較爲深入的論述。比較而言，學者們討論更多的是《商君書》
中的法治思想和理論，且被視爲此書的主導思想。〔註37〕亦有學者指出「尙
公」思想是《商君書》的重要內容之一，反映了君主獨制的整體主義政治觀，
並最終成爲專制主義政治結構的理論來源。〔註38〕也有人認爲耕戰與法治思

---

〔註35〕70 時代後期以來的白話注解《商君書》各種版本大都借鑒和參考高亨《商君
　　　　書注譯》的方法和觀點，茲不贅引。
〔註36〕賀凌虛：《商君書今注今譯》，臺北：臺灣商務印書館，1987 年 3 月第 1 版。
〔註37〕如黃中業《〈商君書〉法治思想述論》，《史學集刊》，1990 年第 4 期；劉澤華：
　　　　《先秦法家立法原則初探》，《天津社會科學》，1983 年第 1 期；楊鶴皋：《商
　　　　鞅論法》，《中國政法大學學報》，1984 年第 2 期；栗勁等著：《中國法律思想
　　　　史》，哈爾濱：黑龍江人民出版社，1983 年 1 月第 1 版。
〔註38〕夏增民：《〈商君書〉的「尙公」思想與整體主義政治觀》，http://www.Confucius

想是《商君書》政治思想的兩大支柱，而驅民耕戰是實現富國強兵的根本途徑，定分尚公則是其法治理論的主旨。〔註 39〕一般認爲商鞅在經濟上倡導重農抑商政策，對此有學者提出質疑，認爲商鞅的本、末範疇包含極爲深刻而廣泛的內容，不僅僅指經濟方面；抑末並不等於抑商，商業不應屬於被禁絕的部門和職業。〔註 40〕另有學者則分析了《商君書》中的軍事倫理思想，認爲主要表現在：「農戰」興國的增殖型國防價值論、「以戰去戰」的戰爭倫理觀、「壹賞、壹刑、壹教」的勸戰之道。〔註 41〕不少學者肯定了《商君書》在歷史觀問題上的理論貢獻，指出其內涵豐富，包含很多合理因素。〔註 42〕有學者深入分析了《商君書》中的「性惡論」，指出其受過墨家思想的影響，但比後者更徹底，《商君書》認爲解決性惡不能靠「尚賢」，而應該「以惡治惡」、「以愚治愚」。《商君書》和墨家學派都以「性惡論」作爲各自政治理論的前提，但卻走向幾近相反的極端。〔註 43〕還有學者集中考察了《商君書》中的「反人文主義」思想傾向，認爲商鞅的反人文觀以歷史觀、人性觀、法治觀、國家觀、名實觀五大理論爲基礎，其中以人性觀爲根柢。他的法治思想擯斥德治，反對詩書禮樂孝弟誠信，其政治思想不能植根於人之道德心靈的自覺，這反映出他的人性觀主體性不明，是形成其反人文觀的最大緣由。〔註 44〕

　　從橫向來看，該書與其他法家著作及儒家等諸子思想的比較研究，業已初步展開，如有學者從事功思想的角度比較了《商君書》與《韓非子》思想的異同〔註 45〕，還有學者指出「法治主義」和「術治主義」是《商君書》與《韓非子》的主要區別。〔註 46〕而將《商君書》與儒家思想作比較，還涉及

2000.com，2004 年 8 月 27 日。

〔註 39〕 劉澤華：《論〈商君書〉的耕戰與法治思想》，《山東師範大學學報》，1983 年第 4 期。

〔註 40〕 李家剛：《商鞅本末觀再考察》，《蘇州大學學報》，2000 年第 4 期。

〔註 41〕 王聯斌：《〈商君書〉的軍事倫理思想》，《軍事歷史研究》，1995 年第 1 期。

〔註 42〕 如盧楓：《商鞅歷史觀論評》，《湘潭大學學報》，1988 年第 4 期；駱志弘：《〈商君書〉歷史觀略論》，《徐州師範大學學報》，2001 年第 1 期；許殿才：《〈商君書〉對歷史知識的運用》，《史學史研究》，2004 年第 2 期。

〔註 43〕 劉家和：《關於戰國時期的性惡說》，見於《史學 經學與思想——在世界史背景下對於中國古代歷史文化的思考》，北京：北京師範大學出版社，2005 年 1 月第 1 版，第 341～343 頁。

〔註 44〕 黃紹梅：《商鞅反人文觀研究》，臺北：花木蘭文化出版社，2010 年 3 月初版。

〔註 45〕 王健：《法家事功思想初探》，《史學月刊》，2001 年第 6 期。

〔註 46〕 張涅：《法治主義與術治主義——〈商君書〉和〈韓非子〉的比較分析》，《舟

到思想文化史上儒、法之爭的大問題，自古及今論者頗多。有學者從邏輯思維特點上拿商鞅與孔子來作對比〔註 47〕；還有人討論《商君書》所代表的法家思想與儒學的衝突與融合〔註 48〕。有學者從儒法之爭的角度對包括《商君書》在內的法家和儒家進行了深入比較，指出兩者在政治理論、歷史觀念、政體觀念、經濟及法律觀念上的區別。〔註 49〕還有學者認爲儒法兩家都以維持社會秩序爲目的，其分別只在於他們對於社會秩序的看法和達到這種理想的方法。儒家主張禮治，他們所主張的仁義道德並不是獨善其身的個人主義，而是社會化的齊家治國平天下；而法家則主張法治，只有用同一度量的法來決斷方能維持理想的社會政治秩序，反對因貴賤、尊卑、長幼、親疏而異其施的禮。〔註 50〕

　　而在西方漢學界，人們普遍傾向於把法家的學說與尼可羅・馬基雅維里的理論相提並論。但也有學者指出兩者之間在兩個根本點上是不同的：第一，法家將全部增強國家權力的活動都用來服務於建立和平和秩序；第二，即使是爲了達到這個目的，他們也並不要求建立一個權力無限的國家，而是建立一個法制國家。〔註 51〕

　　上述研究從多方面深化了我們對《商君書》一書所蘊含思想的認識，但也存在明顯的不足，即多把《商君書》的思想等同爲商鞅本人的思想。商鞅雖死，「秦法未敗」。前輩專家多據此以爲《商君書》雖非全爲鞅作，但大體上仍反映了商鞅的思想和主張。這種認識忽略了一個重要的事實，即商鞅之法雖未敗，但法治的進一步完善和鞏固，還有待於歷史實踐的發展。正是在這個意義上，我們認爲商鞅後學或他人對其學說的補充和發展——《商君書》中那些非鞅之作亦不容忽視，且有深入挖掘的必要。

---

　　　　山師專學報》，1994 年第 2 期。

〔註 47〕 曾振宇：《道德與政治：孔子與商鞅的邏輯思維特點》，《煙臺大學學報》，1992 年第 2 期。

〔註 48〕 如劉紹云：《儒法思想的内在相通及其歷史融合》，《理論學刊》，2004 年第 12 期；李存山：《〈商君書〉與漢代尊儒》，《中國社會科學院研究生院學報》，1998 年第 1 期。

〔註 49〕 段渝：《儒法之爭再研究》，《社會科學研究》，1997 年第 1 期。

〔註 50〕 瞿同祖：《中國法律和中國社會》，北京：中華書局，2003 年 9 月第 1 版，第 292～309 頁。他還指出儒家哲學也並非純哲的，更不是出世的，他們的一切理論都是指向實踐，並以維護社會、政治秩序爲最終目的。

〔註 51〕 （德）羅曼・赫爾佐克著 趙蓉恒譯：《古代的國家：起源和統治形式》，北京：北京大學出版社，1998 年 10 月第 1 版，第 264 頁。

　　事實上，關於《商君書》一書究竟有無思想，在學界是有爭議的。有學者認爲此書並無什麼思想可言，如胡適即持此論。胡適認爲《商君書》是僞書，商鞅與管仲、子產、申不害等都是實行的政治家，不是法理學家，故不配稱爲「法家」。只是因爲他們的政策很有成效，才發生一種思想上的影響。〔註52〕呂思勉也作如是觀，他說：「（法家之學）大抵原本道德，《管子》最精；按切事情，《韓非》尤勝。《商君書》精義較少。欲考法家之學，當重《管》、《韓》兩書已。」〔註53〕在多數哲學史著作中法家也很少被談及，且多以討論韓非爲代表〔註54〕。這一方面是由於商鞅一類的法家關注的是當時社會的現實問題，而這不屬於純粹哲學的問題；而更重要的原因恐怕在於學者並沒有正視此問題，從中國文化的發展上來講，法家的用心及其在當時所擔當的事業是個重要的問題。〔註55〕中國哲學尤其是先秦哲學關注的重要議題從本質上講其實是一種政治哲學，採取迴避或忽略的方式顯然是不可取的。正如日本學者岡田武彥所指出，研究中國哲學必須關注三大課題，即現實主義、超越主義和理想主義。其中「現實主義」的傾向，基於其對於人類的功利心及由此產生的行爲的銳利的觀察，探討「社會」、「民族」、「國家」關係中的矛盾和對立面，故表現爲「權力」之思考。在學派的表現上，主要是以法家、縱橫家、兵家等爲主。〔註56〕

## 2. 制度考索

　　正如呂思勉所言，「全書（指《商君書》）宗旨，盡於一民於農戰一語，其中可考古制，及古代社會情形處頗多，亦可貴也。」〔註57〕目前學界專門就《商君書》中所見之制度進行研究的尚不多見，多數學者都是在研究戰國秦漢制度的某一方面時引用《商君書》的材料作論據，並未深究所引篇章的

〔註52〕 胡適：《中國哲學史大綱》，上海：上海古籍出版社，1997 年 12 月第 1 版，第262 頁。

〔註53〕 呂思勉：《先秦學術概論》，上海：上海書店出版社，1992 年 12 月第 1 版，第89 頁。

〔註54〕 如侯外廬主編之《中國思想通史》（第一卷）、任繼愈主編之《中國哲學發展史》（先秦卷）等對商鞅等前期法家人物的思想用墨甚少，法家部分以韓非爲主。

〔註55〕 牟宗三：《中國哲學十九講》，上海：上海古籍出版社，1997 年 12 月第 1 版，第 150 頁。

〔註56〕 李金山、孔慧穎譯，岡田武彥：《中國哲學的課題及其意義》，《孔子研究》，1986 年第 2 期。

〔註57〕 呂思勉：《經子解題》，上海：華東師範大學出版社，1995 年 12 月第 1 版，第169 頁。

成書時代等問題。故這裡只能根據《商君書》中言及的各種制度分條縷析：

《商君書》中談及土地制度問題，而土地制度的變革是商鞅變法的核心問題，而且與井田制密切關聯，因此極爲複雜，自古以來學者看法不一。上世紀 70 年代以來，伴隨著睡虎地秦簡和青川木牘《田律》等簡牘材料的出土，商鞅變法中的土地制度問題再次成爲學界討論的熱點。這方面的重要成果有趙儷生《中國土地制度史》、袁林《兩周土地制度新論》、朱紹侯《秦漢土地制度與階級關係》以及張金光《秦制研究》中的相關章節。〔註 58〕

《商君書‧境內篇》對爵制問題論述較爲集中，其他篇章也有涉及。學界對此問題用力最多的當屬朱紹侯，先後有《軍功爵制試探》及在前者基礎上的修訂本《軍功爵制研究》兩本專著問世。〔註 59〕朱先生的研究重點是軍功爵，對此爵制產生的背景、類型、等級、演變等作了深入的分析。日本學者西嶋定生對秦漢爵制也有專門研究，根據獲爵的方式將爵制分爲軍功爵、納粟拜爵、賣爵等多種，縷析細密。〔註 60〕臺灣學者杜正勝從分析《商君書‧境內篇》所揭示的商鞅新政中最具特色的爵制入手，闡明秦國新爵制的特質，與周代封建爵祿的異同，並深入考證秦授爵的條件，辨析歷來的誤解，論述爵制對秦政治社會結構的影響，新見迭出，不容忽視。〔註 61〕

戶籍制度在《商君書》中也多次提及。張金光《秦制研究》一書第十二章專論戶籍制度，從戶籍制度產生的背景、內容與形式、秦戶籍的編審與管理、人口分類與戶籍分類等多角度、多層面挖掘，同時結合大量出土材料與傳世文獻互爲發明，論證鞭闢入裏，很見功力。

《商君書》中還記載有官僚制度的內容，如《定分篇》提及中央到地方所設之法官制度，《禁使篇》、《去彊篇》中的上計制度，《賞刑篇》、《君臣篇》講的君主集權、監察制度等。就目前搜集的材料來看，學界對《商君書》這

〔註 58〕趙儷生：《中國土地制度史》，濟南：齊魯書社，1984 年 1 月第 1 版；袁林：《兩周土地制度新論》，長春：東北師範大學出版社，2000 年 1 月第 1 版；朱紹侯：《秦漢土地制度與階級關係》，鄭州：中州古籍出版社，1985 年 3 月第 1 版；張金光《秦制研究》分三章討論：第一章土地制度、第二章 爲田制度、第三章 阡陌封疆制度，上海：上海古籍出版社，2004 年 12 月第 1 版。

〔註 59〕朱紹侯：《軍功爵制試探》，上海：上海人民出版社，1980 年 4 月第 1 版；《軍功爵制研究》，上海：上海人民出版社，1990 年 1 月第 1 版。

〔註 60〕武尚清譯，（日）西嶋定生著：《二十等爵制》，北京：國際文化出版公司，1992 年 8 月第 1 版。

〔註 61〕杜正勝：《從爵制論商鞅變法所形成的社會》，《中央研究院歷史語言研究所集刊》第五十六本第三分，臺北：中央研究院歷史語言研究所，1985 年 9 月出版。

一方面研究較少，很多論著只是稍有提及，尚有進一步挖掘的空間。此外，《商君書》中還涉及到賦稅制度、軍事制度、館驛郵傳制度等相關內容，雖然較爲零碎，但也值得我們仔細考辨。

最後，尚有一些重點探討戰國秦漢制度的專著，如高敏《雲夢秦簡初探》和《秦漢史探討》、繆文遠《戰國制度通考》〔註62〕等，對我們考察《商君書》中的具體制度也很有參考價值。這些研究雖未以《商君書》爲直接對象，但卻爲我們評判此書中所見之制度實行與否、有無價值提供了可資借鑒的基礎。

### 3. 其他研究

此類研究涉及到《商君書》中的諸多專門之學，而且取得了不少成績。如吉聯抗等人對《商君書》音樂史料、音樂理論等的研究〔註63〕；李傑群、杜麗榮、寇宗基、李索等對該書用詞、語法等所作的語言學研究〔註64〕；馬宗申等對農政等四篇所作之農學研究〔註65〕。這些成果從不同角度給我們全面認識《商君書》提供借鑒和參考。

另外，還有一些學術著作雖未專門研究《商君書》，但考察了戰國時期重要歷史人物、事件及紀年等問題，對我們推斷《商君書》各篇之成書時代及其性質頗有參考價值。如宏觀方面，有對戰國史料、紀年的考訂和辨僞；微觀研究，則有對張儀、蘇秦史事的辨析，對合縱連橫活動及重大戰役的考證等等。〔註66〕

---

〔註62〕 高敏：《雲夢秦簡初探》（增訂本），鄭州：河南人民出版社，1981年7月第2版；高敏：《秦漢史探討》，鄭州：中州古籍出版社，1998年9月第1版；繆文遠：《戰國制度通考》，成都：巴蜀書社，1998年9月第1版。

〔註63〕 吉聯抗：《〈商君書〉、〈慎子〉中的樂話》，《中國音樂》，1986年第1期；還有未注明著者的專著《商鞅、荀況、韓非音樂論述評》，北京：人民音樂出版社，1975年9月第1版。

〔註64〕 李傑群既有專著還有論文，包括《商君書虛詞研究》，北京：中國文史出版社，2000年6月第1版；李傑群：《〈商君書〉中的常用介詞考察》，《古漢語研究》，1999年第2期；《〈商君書〉介詞考察》，《貴州師範大學學報》，1999年第2期；《〈商君書〉連詞考察》，《中文自學指導》，1999年第3期等。此外還有杜麗榮的《〈商君書〉語詞雜考》，《山東大學學報》，2004年第4期；寇宗基：《〈商君書‧算地篇〉「惑」字試解》，《語文研究》，1982年第1期；李索：《〈商君書〉追加式反覆述略》，《古漢語研究》，2001年第2期等。

〔註65〕 馬宗申：《〈商君書〉論農政四篇注釋》，北京：農業出版社、陝西科學技術出版社，1985年10月第1版。

〔註66〕 這方面的成果專著有：楊寬《戰國史料編年輯證》，上海：上海人民出版社，2001年11月第1版；陳夢家《六國紀年》，上海：上海人民出版社，1956年

## 二、商鞅與《商君書》

　　無論《商君書》是商鞅後學續補商鞅原著，抑或他人著篇立說偽託於商鞅，我們視商鞅親著之篇章爲此書之思想基石當不爲過。作爲前期法家的傑出代表，商鞅兼學者與政治家二任於一身，這就使得其人、其書有著不同於戰國諸子的特殊性。考察商鞅一生之行誼、思想、政績及其身處的時代等問題無疑有助於我們全面認識和研究《商君書》。

### （一）商鞅研究

　　學界有關商鞅的研究，主要涉及到他的生平、思想、政績三個方面，尤其是商鞅變法最受關注；相對而言，對商鞅的生平、思想的研究則成果較少，但亦不乏灼見。傳統學人一般皆據《商君書》而評判商鞅，褒貶不一，而尤以罪鞅者爲多。〔註 67〕至清末面臨列強瓜分中國之危勢，有識之士競相探究救國之道，商鞅才日漸爲世人推崇。如章太炎率先爲商鞅正名辯誣。〔註 68〕稍後，梁啟超爲倡導維新變法，重爲商鞅立傳。〔註 69〕此後學界始對商鞅其人進行較爲客觀的研究，如齊思和考證了商鞅的生平事宜，包括出身、仕途、見殺等，指出商鞅「既爲衛之公孫，恐不能復爲衛之庶孽公子」；「鞅事（公叔）痤，蓋當痤之晚年，故痤死時鞅仍年少」；鞅所任之中庶子「蓋大臣家臣舍人之類也」；鞅之見殺是平民階級遭貴族之傾陷而死者。〔註 70〕楊寬則著重

　　　　12 月新 1 版。論文包括：徐中舒：《論〈戰國策〉的編寫及有關蘇秦諸問題》，
　　　　《歷史研究》，1964 年第 1 期；車新亭：《〈戰國縱橫家書〉與蘇秦史料辨正》，
　　　　《北京師範大學學報》，1990 年第 3 期；晁福林：《張儀史事辨》，《江海學刊》，
　　　　1994 年第 3 期；《五國攻秦與修魚之戰考》，《安徽史學》，1996 年第 1 期；《垂
　　　　沙之役考》，《江漢論壇》，1996 年第 3 期等。此外，錢穆的《先秦諸子繫年》
　　　　一書爲了考辨先秦諸子活動的年代，也對戰國時期重要戰役、重大歷史事件
　　　　的年代、史實作了考證。這部著作對戰國史的考訂，貢獻突出。
〔註 67〕　太史公曰：「余嘗讀商君《開塞》、《耕戰書》，與其人行事相類，卒受惡名於
　　　　秦，有以也夫。」（《史記・商君列傳》）其後，晁公武之《郡齋讀書志》、黃
　　　　震之《黃氏日鈔》、陳澧之《東塾讀書記》等皆就《商君書》而詆毀商鞅。
〔註 68〕　見章太炎：《檢論・商鞅篇》，《章太炎全集》第三冊，上海：上海人民出版社，
　　　　1984 年 7 月第 1 版，第 605～608 頁。
〔註 69〕　梁氏主編之《中國六大政治家叢書》，商君位列其一，命其好友麥孟華執筆。
　　　　麥孟華言「嗚呼，商君固法學之巨子而政治家之雄也……後人曰詆法家，謂
　　　　非儒者之所道，遂使我中國積弊而莫之革，衰薾漢靡，蕩然無紀，以至於今
　　　　日也，悲夫。」見麥孟華著：《商君評傳》，《諸子集成》第 5 冊，上海：上海
　　　　書店，1986 年 7 月影印本。
〔註 70〕　齊思和：《商鞅變法考》，《燕京學報》第 33 期，後收入齊著：《中國史探研》，

分析了商鞅所處的時代背景，如戰國初年衛、秦、魏等國的發展狀況。〔註71〕
此外，學者們在考察商鞅思想的來源時已注意到刑名之學、尸子學說、李悝
之教、吳起兵家之術對他的影響。楊寬最早注意到這幾大因素，只是沒有展
開論證。〔註72〕後來鄭良樹對上述四點作了詳細分析〔註73〕，應當是受楊先
生觀點之啓發。在前輩學者的基礎上，晁福林深入辨析了商鞅虜魏公子卬之
役、孝公欲傳位商鞅、商鞅被誣與被誅等史實，〔註74〕對我們研究商鞅之生
平大有裨益。

　　商鞅變法是戰國乃至中國古史上的一件大事，學者們對變法的內容、意
義、具體史事多有探討。漢代以來尊崇儒學的學者對商鞅的治道及其主持的
變法多有指摘，如《淮南子·覽冥訓》一書即多次批評商鞅，「今若夫申、韓、
商鞅之爲治也，挬拔其根，蕪棄其本，而不窮究其所由生。」「然商鞅之法亡
秦，察於刀筆之迹，而不知治亂之本也。」〔註75〕精通戰國時事之大儒如劉
向、班固亦持類似論調。如《新序·善謀篇》：「秦孝公欲用衛鞅之言，更爲
嚴刑峻法，易古三代制度。」《漢書·食貨志》：「及秦孝公用商鞅，壞井田，
開阡陌。」這種傳統觀念影響深遠，漢以後的多數學者都認爲商鞅變法變亂
上古三代之制，是千古罪人，對之詆毀不遺餘力。〔註76〕上述清季之章太炎
指出商鞅變法乃改革制度，非徒指法律而言，且商鞅之嚴刑峻法，乃其手段
而非目的。〔註77〕此後學界才開始重新認識商鞅變法對中國歷史之貢獻。齊
思和對商鞅變法的次序、具體改革內容、變法成效一一做了詳考。如他指
出《史記·商君列傳》所述之變法內容「實包括商君一生施政綱領」，「史公

　　　　北京：中華書局，1981年4月第1版，第131～143頁。
〔註71〕　楊寬：《商鞅變法》，上海：上海人民出版社，1955年9月第1版，第8～16頁。
〔註72〕　楊寬：《商鞅變法》，第9～11頁。
〔註73〕　鄭良樹：《商鞅評傳》，南京：南京大學出版社，1998年12月第1版，第85～
　　　　90頁。
〔註74〕　晁福林：《商鞅史事考》，《人文雜誌》，1994年第4期。
〔註75〕　《淮南子·泰族訓》
〔註76〕　後世之治古史者，如馬端臨之《文獻通考·序》亦以爲「三代井田之良法壞
　　　　於鞅。」又清季學者陳澧言「自古帝王之法，至商鞅而變。」見楊志剛點校：
　　　　《東塾讀書記》（外一種），上海：中西書局，2012年4月初版，第253頁。
〔註77〕　「鞅之作法也，盡九變以籠五官，蠡其憲度而爲治本，民有不率計劃至無
　　　　悝，則始濟之以攫殺援噬。此以刑維其法，非以爲本。刑既著版，又不得
　　　　剟一字也。」見章太炎《檢論·商鞅篇》，見《章太炎全集》第三冊，第
　　　　605頁。

加以撮述，乃爲行文便利，非謂諸法令皆於一旦頒佈也。」「『民有二男以上不分異者倍其賦』之制，太史公記於商鞅初次變法時，實應在孝公十四年初爲賦之後。而統一度量衡尙在其後。」齊氏持論厚重，見解獨到。楊寬對商鞅變法的研究仍堪稱典範，他的《商鞅變法》一書分前後兩大階段對變法的背景、次序、內容、影響等做了詳細的分析、論證，確爲精研深思之作。〔註78〕晁福林對《史記・商君列傳》所載商鞅變法的主要史事詳加考證，指出商鞅變法並非一蹴而就的事情，開始變法應在孝公三年、第二次變法令在孝公十年。〔註79〕至於商鞅變法所涉及的具體制度變革，我們在前面介紹制度研究時已經述及。

### （二）《商君書》的真偽、成書時代及作者

釐清商鞅和《商君書》的關係，對於我們正確認識和評價後者至爲重要。這二者的關係，事實上關涉《商君書》之眞偽、成書年代及作者——這一學術史上聚訟不已的人問題。自趙宋以來，學界對此始有爭議，且異見迭出。

傳統看法認爲是書乃先秦子書，爲秦相商鞅自著，則其成書當在戰國前期。此說自《漢書・藝文志》班固自注倡其端，其後的目錄學著作多承其餘緒，如《隋書・經籍志》、《舊唐書・經籍志》、宋人鄭樵的《通志・藝文略》、晁公武的《郡齋讀書志》、陳振孫的《直齋書錄解題》、元人馬端臨的《文獻通考》、清人譚獻〔註80〕等皆因循是說，足見其影響之深遠。

傳統舊說自趙宋始受到挑戰，但是由於各人對是書眞偽質疑程度之不同，對該書成書年代及其作者的看法也不盡相同。懷疑《商君書》爲偽書者的觀點，大體可分爲兩種：

#### 1. 認為此書乃後人偽託商鞅之名所作

這種認識又可以再細分爲以下四種看法：

第一、未指明具體成書年代和著者

宋人始疑《商君書》爲偽書，如周氏《涉筆》〔註81〕則斷定此書實非商鞅

---

〔註78〕楊寬：《商鞅變法》，上海：上海人民出版社，1955 年 9 月第 1 版。

〔註79〕晁福林：《商鞅變法史事考》，《中國史研究》，1994 年第 3 期。

〔註80〕見譚氏所著《復堂日記》卷四，其文曰：「(《商君書》) 文氣鷔閟，眞先秦人書也。」石家莊：河北教育出版社，2001 年 1 月第 1 版，第 98 頁。

〔註81〕周氏《涉筆》，此書全稱當爲《西麓涉筆》，作者周氏生平不詳。遍查今《四庫全書總目》、《中國叢書綜錄》、《全國古籍善本書目》等，皆不見此書，知已失傳。而宋太宗時編修的《太平御覽》、《文苑英華》等類書也不見此書，

所著，周氏曰：「《商君書》亦多附會後事，擬取他辭，非本所論著也。其精確切要處，《史記列傳》包括已盡。今所存，大抵汎濫淫辭，無足觀者。」「凡《史記》所不載，往往爲書者所附和，而未嘗通行者也。」〔註82〕周氏僅以《史記》是否記載、以孝公身後事等爲由即輕率否定全書爲僞，實難令人信服。南宋末年之黃震亦云「或鞅亦法吏之有才者，其書不應煩亂若此，眞僞殆未可知。」〔註83〕這裡黃氏也只是對該書之眞僞提出懷疑，並未拿出切實的證據。

　　清代敕修之《四庫全書·〈商子〉提要》亦僅據《史記》的相關記載即懷疑「則孝公卒後，鞅即逃死不暇，安得著書？如爲平日所著，則必在孝公之世，又安得開卷第一篇即稱孝公之諡？」並進而斷言此書「殆法家者流，掇鞅餘論，以成是編」。《〈商子〉提要》的編撰者批評周氏「特據文臆斷，未能確證其非」，而他自己的立論也與周氏近似，未見得比前者高明多少。

　　近代學人胡適、齊思和、錢穆、顧實、郭沫若、劉汝霖等亦力主此說。胡適因《徠民篇》稱魏襄王諡號、記述長平之戰，且書中又屢稱秦王等皆商鞅身後事，於是認爲「今世所傳《商君書》二十四篇，乃是商君死後的人所假造的書。」並進而斷言「商君是一個實行的政治家，沒有法理學的書。」〔註84〕齊思和也贊同是說。他認爲《商君書》係後人僞撰，不足信據。所以他在討論商鞅變法時，另據先秦故籍，棄《商君書》而不用。〔註85〕甚至以考證精審聞名的錢穆也宗上述諸家之見，錢氏所據與諸家類似，如稱孝公諡、記載商鞅身後人物及史事等，他還認爲《弱民篇》襲自《荀子》、《靳令篇》與《韓非子》同篇雷同，故言「其書非出鞅手，明明甚顯。」〔註86〕顧實據《韓

其他宋人著述也未見援引。唯一的線索只有馬端臨的《文獻通考》，在《通考》中，周氏《西麓涉筆》多簡稱《涉筆》，周氏又稱西麓周氏，以區別於該書中稱引的平園周氏。周氏《涉筆》一書在《通考》中出現凡三十餘次，結合《文獻通考》及其他相關宋代文獻記載，我們初步推斷該書作者周氏就是南宋時人周端朝（1172～1234）。詳見拙稿：《周氏〈涉筆〉考》，《古籍整理研究學刊》，2007年第1期。

〔註82〕馬端臨：《文獻通考卷二百一十二·經籍考第三十九》，杭州：浙江古籍出版社，1988年11月第1版。
〔註83〕黃震：《讀商子》，見《黃氏日鈔》卷五十五，北京師範大學圖書館藏清刻本。
〔註84〕胡適：《中國哲學史大綱》，上海：上海古籍出版社，1997年12月第1版，第261頁。
〔註85〕齊思和：《商鞅變法考》，第129頁。
〔註86〕錢穆：《先秦諸子繫年》卷三《商鞅考》，北京：商務印書館，2001年8月第1版，第266頁。

非子》曰:「藏商、管之法者家有之」一句推測「蓋《商君》書與《管子》同，亦出傳學者之手。」其立論之據除稱孝公之諡及《徠民篇》外，還注意到《弱民篇》提及的秦昭王時破鄢、郢，垂沙之役等商鞅未見之事。〔註87〕郭沫若同樣因襲此說，他認為「現存《商君書》除《境內篇》殆係當時功令，然亦殘奪不全者外，其餘均非商鞅所作。其作僞之最顯著者當推《徠民》及《弱民》二篇。」〔註88〕據《徠民》、《弱民》而斷全書多爲僞作。

　　諸家之中，劉汝霖持論最爲公允，他批評《四庫提要》因首篇稱孝公諡而懷疑全書，未免武斷；並結合漢人搜集、編定古書之體例、各篇所記之歷史事件等對《更法》、《徠民》、《弱民》、《定分》等爭議較大之篇目的成書及作者作了初步論證，指出這幾篇雖非商君所爲，但亦非後人有意僞造。〔註89〕劉氏之考證方法比較客觀、審慎，所得之結論亦頗接近原書之眞實。美中不足是未對全書作分篇之研究，一些觀點論證略顯簡單，但相對同時代之學者，亦屬難能可貴。

　　第二、戰國晚期商鞅後學或贊同商鞅學說者（如申、韓等）僞託之作

　　乾隆年間永瑢等奉詔編撰的《四庫全書簡明目錄》（卷十子部三法家類）即持此說。該書稱「今案開卷稱孝公之諡，則謂不出鞅手，良信。然其詞峻厲而刻深，雖非鞅作，亦必其徒述說之，非秦以後人所爲也。」〔註90〕

　　蔣伯潛亦以爲「蓋商君相孝公，變法致富強，確爲惠王所殺，其政令言論，自爲秦人所共見聞，所樂稱道。且鞅勢位既尊，門客自多。如尸佼，即鞅門下一學者；如尉繚，即爲商君學者。此書殆爲門客後學掇拾而成者也。」〔註91〕

　　以上兩種說法雖不無道理，但尚屬於邏輯推理，缺乏系統的分析。比較而言，羅根澤、楊寬二人的觀點更有說服力。作爲20世紀30年代「疑古思潮」的代表人物之一，羅根澤致力於諸子眞僞及其年代的考辨，且成果頗豐。

〔註87〕顧實：《漢書藝文志講疏》，上海：上海古籍出版社，1987年2月第1版，第133～134頁。

〔註88〕郭沫若：《十批判書》之《前期法家的批判》，北京：東方出版社，1996年3月第1版，第339頁。

〔註89〕詳見劉汝霖：《周秦諸子考》，北平：文化學社，1929年6月初版，第283～289頁。

〔註90〕永瑢等著：《四庫全書簡明目錄》，上海：上海古籍出版社，1985年新1版，第374頁。

〔註91〕蔣伯潛：《諸子通考》下編《諸子著述考》第十三章，《法家之書——〈商君書〉、〈韓非子〉及其他》，杭州：浙江古籍出版社，1985年2月第1版，第494頁。

他曾列舉七條證據論證《商君書》的成書時代「約在西元前 260～前 232 年之間」，「上距商鞅之死，約百年上下」。「既相距百年，則其直接之徒屬已死，自亦不出其手，或者作於其間接徒屬，否則贊成商君之說者，採摭其遺言、遺教而加以闡發以成者也。」〔註92〕楊寬認爲「《商君書》本非商鞅所論著，乃戰國晚期秦商鞅學派所作，成書已在長平之戰後。」其論據亦主要集中在《徠民》、《墾令》、《更法》諸篇，所不同者在於其立足點，楊先生據各篇所述之史事分析當時秦國所面臨之具體形勢。如認爲長平之戰後，秦統一天下之大勢乃成，「是時秦向四周擴展，形成地廣人稀之局面」，因而「『墾草』與『徠民』成爲當務之急。」〔註93〕此外，楊先生在另一力作《戰國史》中亦堅持此說，並進一步指出「整部書（指《商君書》）大體上是總結秦國商鞅變法以後的統治經驗的。」〔註94〕雖然他視全書爲商鞅後學所作之觀點有值得商討之處，但很多具體見解持之有故，言之成理，極具啓發意義；同時他只是強調此書是商鞅後學僞託商鞅之名所作，並未否定全書內容，這種認識在懷疑論當中也是值得稱道的。

以上說法將成書時代確定在戰國晚期，但並未指明僞託者身份，只是籠統地歸於商鞅後學。傅斯年則明確指出《商君書》是三晉人士僞託商鞅而作，僞託者主要是申不害和韓非，「《商君書》純是申、韓一派中物，《靳令篇》言六蝨，即《韓子》中《五蠹》之論。商君決不會著書，此書當是三晉人士因商君之令而爲之論。《韓非子》說家有其書，則託於商君之著書，戰國末年已甚流行，《韓非子》議論從其出者不少。」〔註95〕

第三、大部分成書於戰國後期，首末兩篇出自漢初

這是學者容肇祖的看法。他經過深入研究後指出「《更法》篇語多出於《趙策》」，而「《國策‧趙策》此條出自秦漢間人所記，約在漢文帝博士作王制之前」；《定分》篇內所提出的官制也是秦亡後以至漢初才出現的，故「《商君書》

〔註92〕羅根澤：《商君書探源》，此文原刊於《國立北平圖書館刊》第九卷第一號，1935 年 1～2 月。後收入羅根澤：《商君書考索》，《古史辨》第六冊，上海：上海古籍出版社，1982 年版；又見於羅著：《諸子考索》，北京：人民出版社，1958 年版。

〔註93〕楊寬：《戰國史料編年輯證》，上海：上海人民出版社，2001 年 11 月第 1 版，第 19～20 頁。

〔註94〕楊寬：《戰國史》，上海：上海人民出版社，2003 年 4 月第 1 版，第 27 頁。

〔註95〕傅斯年：《戰國子家敘論》，見劉夢溪主編：中國現代學術經典之《傅斯年卷》，石家莊：河北教育出版社，1996 年 8 月第 1 版，第 327～328 頁。

的著成，除首末二篇爲後來加入外，大體約成於秦昭王晚年之時。」〔註96〕受陳啓天等人研究思路的啓發，容先生對全書逐篇作了詳實的考證，既充分吸收了當時學界的最新看法，又廣泛結合先秦、秦漢古書對全書各篇所提及之人物、史事、制度等逐一辨析，論證縝密、發人深省。然經他之考證，全書竟無一篇爲商鞅所作，與韓非、司馬遷等人所聞見不符，實難令人贊同。

第四、漢以後之人所撰

受俞樾《商子平議》根據此書並舉年月日時而推測成書時代之啓發，黃雲眉提出此說，他認爲「是書既述及長𠦑之役，則離漢興不過六十年，安知非僞託於曆法既密、《史記》既行之後乎？」〔註97〕這裡黃氏僅據此即斷定全書乃漢人所撰，顯然立論武斷。

今人詹劍峰所論與黃氏大體相同，只是他在疑古之路上走得更遠，認爲現行《商君書》絕非商鞅自著，亦非商鞅一派法家的著作，而是後代的酷吏或刀筆吏搜羅有關商鞅著作的殘篇而僞造成書。〔註98〕他所說的後人既包括漢人，還包括宋人。詹氏所論似有疑古過勇之弊，但其具體論證亦有可取之處。如除與上述學者雷同之處外，他還注意到《去彊》、《說民》、《開塞》諸篇關於「刑九賞一」的罰重賞輕思想與商鞅重刑厚賞的主張相矛盾，這一點也值得我們仔細推敲。

上述各家皆認爲《商君書》係僞書，但對係何人所撰則並未明指。他們據以立論的焦點主要集中在《更法》篇中的稱孝公謚、《徠民》、《弱民》、《定分》等記述商鞅身後事等問題較大的篇目上，而且由於證據確鑿，對於傳統舊說無疑是當頭棒喝。然而這些證據只是說明《商君書》的上述篇章成書年代偏晚，但並不能排除其中所述之內容、制度等沒有早期的痕跡。如稱及謚名可證某篇乃由後人所記述，但不能武斷其內容即全由後人僞造，與商鞅絕不相干。由《商君書》的流傳情況可知，其篇次是劉向等編校時所定，故《更法》篇列第一，以「開卷第一篇即稱孝公之謚」即疑全書爲僞，顯然不足爲據；再則，孝公卒後，商鞅雖不及著書，但其在秦變法二十餘年，定有上書及草擬之法令等，這些均可在《商君書》中求索，不能說商鞅全無著作。

〔註96〕容肇祖：《商君書考證》，《燕京學報》第二十一期。
〔註97〕黃雲眉：《古今僞書考補正》，濟南：山東人民出版社，1959年11月第1版，第151頁。
〔註98〕詹劍峰：《〈商君書〉辨僞》，《爭鳴》，1982年第3期。

總之，以上觀點多以偏概全，和舊說同樣沒有解決根本問題。

### 2. 認為此書為商鞅與他人著作之彙編

民國以後，在認為《商君書》係全出自偽託之論大行其道的時候，亦有肯定其並非偽撰者。如呂思勉即認為：「今《商君書》精義雖不逮管、韓之多，然要為古書，非偽撰。」〔註 99〕其後又有很多學者進而主張此書真偽相雜，乃商鞅與他人著作之彙編。這種認識具體說來可以分為以下兩種：

第一、商鞅及其他法家之著作彙編

此說以劉咸炘、陳啓天等為代表。劉咸炘首倡真偽相雜的見解，他根據各篇所記內容、體例、思想內涵等之不同，認為「今觀其書，大抵《更法》、《定分》本後人所記；《墾令》、《境內》或本鞅條上之文；《去彊》以下諸篇文勢有異，而語或復冗，必有徒裔所增衍。然其稱臣者，亦或當時敷奏之詞，而後人記之，不得全謂鞅作，亦不得謂全無鞅作也」。〔註 100〕時人陳啓天極為贊同劉氏之見，並參照前者之研究，對全書分篇加以分析，認為此書非成於一人、一時，將各篇分為商鞅自撰、疑為商鞅自撰、後人節錄、後人推衍、後人記述、後人偽託、他人撰作等七個層次。〔註 101〕陳氏雖注意到全書各篇成書年代不一，但在論述商鞅的法治、軍國主義和重農政策等主張時，卻又將全書所論之各種問題，視為商鞅個人的思想，顯然自相矛盾。然而值得肯定的是，他的研究已打破了「一書作於一人」的觀念束縛，對全書各篇分別考證，避免了前人研究中以偏概全之弊病，在研究方法上有開創之功。

第二、商鞅及其後學的著作

此說由高亨首倡，鄭良樹、賀凌虛等人進一步補充。高亨延續陳啓天之思路，遍考了《商君書》各篇之作者，根據書中所述史實、作者自稱「臣」、語言風格等原則將各篇作者歸納為六種情形，其結論是：「今本《商君書》並非作於一人，也非寫於一時」，「是商鞅遺著與其他法家遺著的合編。」〔註 102〕這些觀點顯然比陳氏更明朗化。對《商君書》一書的主要內容，高亨的判斷

---

〔註99〕 呂思勉：《經子解題》，上海：華東師範大學出版社，1995 年 12 月第 1 版，第 168～169 頁。

〔註100〕 詳見劉咸炘：《子疏》法家第八，成都：尚友書塾，1924 年刻、1927 年修版。

〔註101〕 詳見陳啓天：《商鞅評傳》，第 120～135 頁。

〔註102〕 高亨：《商君書作者考》，見高著《商君書注譯》，北京：中華書局，1974 年 11 月第 1 版，第 10～11 頁。按，這裡的「其他法家當指商鞅後學」，此可由同書之《商鞅與商君書略論》可知。

也極具識見：他認爲此書「闡述商鞅們的政治思想，也記載了秦國一些政治與軍事制度」。〔註103〕但在論述商鞅和《商君書》時，他雖注意到《商君書》各篇成書不一，卻在多數情況下仍引該書作爲商鞅本人的思想，僅在個別地方提及「商鞅們」來指代《商君書》中那些非鞅自著的內容。〔註104〕

對此說之闡述最爲全面者當屬海外學者鄭良樹。針對前人研究《商君書》中存在的「平面式」弊病——即明知此書中有僞作，而在討論商鞅的思想及其變法實踐等問題時，卻將整部《商君書》全都囊括進去——他主張將《商君書》視爲商鞅及其學派的集體著作，建立「立體式」的研究。同時在具體論證上，利用古籍辨僞學的各種方法，結合新出秦簡等材料，對各篇成書年代詳加考證，並且對書中各篇思想的繼承、同異、發展也作了比較詳細的分析。他認爲「《商君書》應該被認爲是一部集體的創作，由商鞅及其學派的學生分別在不同時代（分爲五個階段）內完成，然後，編纂成書。」〔註105〕

鄭良樹的這一思路較好地解決了前人研究方法上的自我矛盾，又能結合新出土的材料做二重考證，在方法論和研究深度上皆有創獲，於海內外學界影響較大，對本選題的研究也極具啓發。然而他所立論的一個重要前提即首先視全書爲商鞅及其學派的集體著作，正如他本人承認的那樣「除非我們否定《商君書》一些篇章是其他學派的著作，否則，『立體式』的商學派必須建立起來。」〔註106〕這樣的論證難免帶有先入爲主之嫌，似乎《商君書》的作者和學派歸屬是一個不辨自明的問題。而且他的一些論斷有「以論帶史」之嫌，我們將在正文分篇考證成書年代時述及。正如學者所說，從辨僞的原則上講，以自己所構擬的一套商鞅學派的思想發展模式爲標準來確定書中各篇的作者及著作年代，這種方法的根本立足點就錯了。〔註107〕

與鄭良樹同時，臺灣學者賀凌虛於撰寫《商君書今注今譯》之際，亦參考前人論述，對《商君書》作分篇之考證，認爲此書是戰國時代迄於漢初商鞅及其後學所共同發展出來的學說，其結論與鄭良樹可謂不謀而合〔註108〕，

〔註103〕高亨：《商鞅與商君書略論》，見高著《商君書注譯》，第 1 頁。
〔註104〕高亨：《商鞅與商君書略論》，見高著《商君書注譯》，第 1～20 頁。
〔註105〕鄭良樹：《商鞅及其學派》，上海：上海古籍出版社，1989 年 6 月第 1 版，第 139 頁。
〔註106〕鄭良樹：《商鞅及其學派》之自序，第 2 頁。
〔註107〕張覺：國學經典導讀《商君書》，北京：中國國際廣播出版社，2011 年 1 月第 1 版，第 31～32 頁。
〔註108〕按，賀凌虛在《商君書今注今譯》，臺北：商務印書館，1987 年 3 月第 1 版。

只是在某篇的具體成書年代上二人略有分歧。賀凌虛的不足在於，他雖然對各篇之成書作立體動態之考證，但在分析全書之歷史觀、人性論、價值觀等問題時，未能動態地把握商鞅及其後學思想的發展脈絡，而是籠而統之、不加區別地論述。這種研究取向無疑是在重蹈陳啓天等人的覆轍。

總之，偽書論者多舉《商君書》中某一兩篇的疑點做證據來論斷全書，致有以偏概全的流弊，難以使人信服；而主張《商君書》非偽書者，又未能加以詳細的分析，舉出有力的證據，足以打消疑慮。其實，誠如學者所言，《商君書》中「眞」、「偽」混雜，既有商鞅自著的，又有其後學所爲，甚或亦有他人偽託商鞅之名所作。縱然是他人偽作，偽造者必先搜集相關材料，因其思想而匯之於某篇，從這個意義上講，則書名可以偽造，然其材料則可爲眞。我們正可據以研究此材料所反映之時代及其思想，進而窺見偽作者之思想。

值得注意的是，在考證《商君書》各篇的成書時代時，學者們已經意識到該書各篇文體的差別，如劉咸炘、陳啓天就多次指出其中的一些篇章是商鞅上奏秦君的政論文，而高亨先生也曾根據《商君書》中文體特點而推測其中的《算地》、《錯法》等七篇是作者獻給秦君的書奏，不是專爲著書傳世而寫的。〔註109〕前已論及，作爲一個政治家的商鞅與單純著書論說的先秦諸子不同，因此《商君書》中出現不同的文體，有闡述爲政之要的，亦有陳說政令和制度的，其實並不奇怪。文體的差異性並不能作爲判斷各篇成書時代的單一尺規。

還有一些學者注意到《商君書》內容的駁雜，與純粹論理的法家著作不同，故而將該書由「法家類」改爲「雜家類」。如宋人陳振孫之《直齋書錄解題》明確將此書歸屬於「雜家類」，元代馬端臨之《文獻通考》謂「經籍雜家：《商子》五卷」、《宋史·藝文志》亦將是書列爲「雜家類」著作。只是這樣的看法不爲學界所重，自明清以來幾乎無人再提。當代學者在考證《商君書》中具體篇章的成書年代時亦有類似的認識。如備受爭議的《徠民篇》，即有學者認爲此篇可能是摻入《商君書》中的一篇《尉繚子》的佚文，作者很可能是被稱爲「兵形勢家」或「雜家」的尉繚。〔註110〕雖然持此論之學者甚少，

---

該書末尾附有《商君書及其基本思想析論》一文，所列參考書目未見有鄭良樹之《商鞅及其學派》，而鄭書曾於1987年8月率先在臺灣學生書局出版。因此，我們推測賀、鄭二人之見當是分別獨立思考的結果。

〔註109〕高亨：《商君書作者考》，見《商君書注譯》，第9頁。

〔註110〕徐勇：《〈商君書·徠民篇〉的成書年代和作者蠡測》，《松遼學刊》，1991年，

但由此可見，《商君書》的作者和學派歸屬問題仍值得仔細考證，不能帶有先入爲主的成見而妄下定論。

### 3. 《商君書》的編定與結集成書

與上述爭論《商君書》眞僞的研究思路不同，自 20 世紀 70 年代以來不斷有學者開始探討《商君書》的輯定年代問題。顯然這些學者已經意識到《商君書》各篇成書時代不一，他們關注的問題則是《商君書》各篇作爲一部完整的書究竟經歷了一個怎樣的編定和結集過程，編者又分別是哪些人？

傳統看法認爲《商君書》是由劉向最後編定成書，也有論者指出早在劉向之前定本的《商君書》就已經問世，從漢初《淮南子》、《史記》諸書徵引《商君書》中的部分篇章及篇目可知《商君書》在西漢初年已有傳本。漢成帝河平三年（公元前 26 年）光祿大夫劉向奉詔校經傳、諸子、詩賦，步兵校尉任宏校兵書，但並未留下《商君書》的敘錄，由此似可推測當時《商君書》保存完好，無須劉向再校訂重編。〔註 111〕

現代多數學者認爲《商君書》是商鞅後學所編成，如蔣伯潛即言：「《商君書》，亦猶《管子》、《晏子》爲後人所輯集，非鞅自著。」〔註 112〕高亨、鄭良樹等學者亦持此說。然而這一說法也遭遇質疑。如有論者根據古代弟子或再傳弟子編老師或宗師的書，往往改其師爲「子」，而傳世本《商君書》的《更法》、《定分》等都稱「公孫鞅」，根本不像其門徒的口氣。所以此書恐不能說是商鞅後學所編。〔註 113〕

在上述看法之外，還有一些學者跳出商鞅及其後學乃至漢志的傳統思路局限，如有人認爲《商君書》的編定者，當是秦國主管圖書檔案的御史，所以才會把檔案性質的《更法》編排在開頭第一篇，又誤把秦國大臣的上書《徠民》當做商鞅的作品而編入了《商君書》。〔註 114〕

也有論者從方法論的角度澄清了古籍整理過程中的幾個概念，即與著書相關的三種人物包括「發言者」、「篇章作者」和「編者群」；與之相應，古書的成書時代也將包含「發言年代」、「寫成年代」（篇章）和「輯定年代」（全書）。古籍的編者對作品的影響不容忽視，在他們的加工下，作品的用詞、語

　　　　第 2 期。
〔註 111〕張覺：《商君書校注》，長沙：嶽麓書社，2006 年 5 月第 1 版，第 6 頁。
〔註 112〕蔣伯潛《諸子通考》下編第十三章，第 471 頁。
〔註 113〕張覺：《商君書校注》，第 6 頁。
〔註 114〕張覺：《商君書校注》，第 6 頁。

法及內容都有混入原作的可能。《商君書》中主要篇章的「發言者」是商鞅本人，《更法篇》即是一個明顯的例子，而此篇的寫成者卻不是商鞅。《商君書》的作者群不易確定。此外，論者還通過分析比較《商君書》的主要用語「農戰」一詞與同義語「耕戰」在全書及戰國秦漢文獻中的特定用法及其差異，推測《商君書》的結集成書當在東漢初年。〔註115〕

以上看法讓我們意識到《商君書》各篇的成書年代、篇章結構和最終結集是一個較為複雜而漫長的過程，值得我們深入探究。

## 三、本文的研究思路與研究方法

### （一）當前研究中尚待深入的地方

綜觀前輩學者對《商君書》的研究成果，我們認為在以下幾個方面還有進一步深入研究的餘地：

首先，關於《商君書》之「真偽」問題。梁啓超總結偽書的種類及作偽的來歷時指出偽書的價值，「書斷不能憑空造出，必須參考無數書籍，假中常有真寶貝」〔註116〕。前輩專家雖已提出《商君書》中真偽混雜的灼見，但在如何看待「偽作」問題上認識還不十分明確。今本《商君書》中固然有偽託之作，但偽託者也並非向壁虛造，其中必有史實之真的地方。詳細考證「偽作」之作者及時代，無疑有助於深化我們對此書的認識。這是我們研究《商君書》首先應予以明確的。

其次，《商君書》的性質及學派歸屬。此書究竟是單純的商鞅及其學派的著作，還是摻雜有其他學派的東西。這些問題在一些學者那裡似乎是不需討

---

〔註115〕馮樹勳：《從商君書輯定年代看古籍整理的幾項要素》，《書目季刊》第38卷第3期。

〔註116〕梁啓超：《古書真偽及其時代》，北京：中國社會科學出版社，1997年6月第一版，第188頁。根據這些標準，他還斷定《商君書》本為戰國末年著作，其中不過多載商鞅的話及其行事而已，關於商鞅死後的事情記載亦復不少。「若認為戰國末年法家作品，其價值極高，有許多很好的參考資料。認為管、商本人所作，則萬萬說不通。」他的這一觀點有合理之處，但並沒有詳細論證。稍後，陳寅恪在批評疑古學術時也曾提到「真偽者，不過相對問題，而最要在能審定偽材料之時代及作者，而利用之。蓋偽材料亦有時與真材料同一可貴。如某種偽材料，若徑認為其所依託之時代及作者之真產物，固不可也。但能考出其作偽時代及作者，即據以說明此時代及作者之思想，則變為一真材料矣。」（馮友蘭：《〈中國哲學史〉上冊審查報告》，《金明館叢稿二編》，北京：生活・讀書・新知三聯書店，2001年7月第1版，第280頁。）

論的問題，本著求眞求實的原則，我們認爲此書之性質及學派歸屬也是應仔細加以考辨的，而非立論的前提。

　　復次，商鞅與《商君書》的關係。正如學者所指出，前輩專家在研究此書時一個突出的自我矛盾就是——雖然意識到《商君書》中包括商鞅身後之作，但在具體論述時則仍視全書爲商鞅一人之思想、主張。而在眾學者的「立體式」研究下，從各篇成書時代上已開始著力區分商鞅和他人的著作，然而進一步的問題即如何縷析出商鞅與其後學或他人在思想主張、具體政策上的發展脈絡來。如此，方能系統全面地理順商鞅與《商君書》的關係。

　　最後，《商君書》所見制度和思想。前已論及此書之體例明顯不純，既有關於一己一派觀點之陳述，又有涉及政令、法規、制度者，並非一般的子書。縱觀前人對《商君書》的研究，從文獻學角度切入者著力於全書各篇成書時代及材料眞僞的考證，而對書中思想觀念、制度發展脈絡的深度剖析明顯不足；古代制度史研究者則直接引用《商君書》中相關材料作爲論述的證據，並未深究此書中所述制度的具體時代；而思想史的考察者則試圖闡發該書中的法家思想及其與先秦諸子思想的比較，忽略對其中各篇思想的比較分析。上述情況反映出當前研究中存在的「各自爲政」的局面。我們認爲只有在全書各篇成書時代的文獻考證完成之後，綜合研究該書所見制度和思想，方能全面認識《商君書》。

## （二）本選題的研究思路和研究方法

　　首先，本著「辨章學術，考鏡源流」的原則，深入考察商鞅本人的生平、思想及其所處時代的學術背景，探討商鞅思想的傳承等問題，進而梳理《商君書》各篇成書的思想來源。

　　其次，縱觀前人對《商君書》的研究，一個迄今尚未合理解決的問題即關於本書各篇的成書時代問題。結合前人研究之成果，本選題的研究決定探取內、外考證〔註117〕相結合的辦法，重點對《商君書》的成書年代作分篇之

─────────────

〔註117〕按照托波爾斯基的說法，所謂外考證是指考證某一文獻的作者及成書時間、地點；而內考證是考證一部書的具體內容及其材料是否眞實、考察此書內容之間是否有矛盾、此書記載的內容與其他文獻是否一致。參見托波爾斯基著：《歷史學方法論》第五編，張家哲譯，北京：華夏出版社，1990年9月第1版，第425～447頁。當我們研究某一文獻的思想時，必然面臨內、外考證交互使用的問題。而要做到兩者互相配合、交相爲用，而不是互相干擾，甚或互相取代，比較可靠的辦法是應先區分出內、外考證的界限，儘量使兩者討

考證。爲避免前人研究中先入爲主之弊，本選題將按照目前傳世本《商君書》篇次順序對各篇成書逐一進行考證，個別篇章結合前人研究成果進行比較分析，並根據考證結果對該書的結構和構成做總體性的分析歸納。

復次，採取出土簡牘材料與傳世文獻二重比較的方法，對《商君書》中所包含之相關制度分別考證，力圖揭示該書各篇的作者在秦帝國完成統一的過程中是如何應對時勢、變思想爲制度，最終推動秦王朝的興盛富強。

最後，在分篇考證的基礎上，嘗試探討《商君書》各篇的思想。希望能對《商君書》的思想體系及其發展脈絡有一個總體的把握。

兩點說明：

第一，本文所使用的《商君書》注解本主要有以下幾種：

（一）嚴萬里校正之《商君書》，《諸子集成》本第 6 冊，中華書局據世界書局原版 1954 年重印本；

（二）朱師轍：《商君書解詁定本》，北京古籍出版社據 1948 年廣州排印本 1955 年重印本；

（三）蔣禮鴻：《商君書錐指》，中華書局 1986 年版；

（四）高亨：《商君書注譯》，中華書局 1974 年版。

以上四種本子皆以嚴萬里校正本爲底本，同時結合傳世的大型類書、明代諸家刻本校勘，個別地方的文字及標點、斷句不盡相同。本文引用《商君書》的字句，於諸家文本意見分歧之處，加注予以說明，共同之處則徑引原文。

第二，本文正文大量引用雲夢睡虎地秦簡的資料，爲討論方便計，茲對該簡的年代作簡要說明。首先，我們應該區分簡文的形成年代和簡的抄寫年代。出簡的睡虎地 11 號墓主喜，在始皇三年至十二年任地方司法官吏，因此這些簡多數很可能抄於其任職期間。換言之，睡虎地秦簡的抄寫年代約在秦即將統一六國之時。而簡的內容則要早一些，尤其是《法律答問》所引法律原文，很可能制定於商鞅變法時期，其他律文也應爲商鞅以來所逐步形成。而《商君書》也陸續成於商鞅變法至秦統一之前這一時段。因此，注釋秦簡者多參照《商君書》就是自然之事。

---

論的範圍和使用的材料區別開來。在此基礎上，視具體文獻的特點和研究目的，先從爭議較小的方面入手，逐層向前推進。但事實上，由於文獻內容本身的用詞習慣、主要論題等常常透露出有關成書背景的一些消息，因此像文獻成書年代這樣「外考證」的研究，也可以從「內考證」入手。

# 上　編

# 《商君書》分篇成書時代考證

# 引言　分篇考證之意義

　　古書從思想醞釀，到口授筆錄、整齊章句，再到分篇定名、結集成書，是一個較為漫長的過程。古書成書之後的流傳和研習也是極為複雜的事情，既受不同時代學術風尚的直接影響，也有很多偶然因素的推動或阻礙。因此，先秦古書能保留至今，殊為不易。由於古人並無我們今人著書署名的習慣，先秦古書往往不題著者，而且古書大多是隨時所作，即以行世，故多以單篇流傳。這就導致古書往往分合無定，出此入彼，缺乏穩定性，從而使得我們想要考證一本古書由單篇流傳到定本問世的過程變得難上加難。因此，對古書比如傳世本《商君書》的各篇做分篇成書時代的研究在一定程度上或許有助於我們深化對古書成書複雜過程的認識。

　　在先秦古書中，子書相對而言尤其具有特殊性。子書多標明某子或某氏著；子書中的大部頭一般為叢編本：如《管子》包括《經言》、《外言》、《內言》、《短語》、《區言》、《雜篇》、《輕重》等，《莊子》分內、外、雜篇，《孟子》亦有內、外篇之分（外篇今已亡）。這些子書都是由單篇匯集成小書，又由小書匯集成大書。叢編本的古書，其基礎多是單篇古書或篇數較少的古書，而且有些書經西漢末年劉向、歆父子「以人類書」，匯總到一起。需要指出的是，即使是這些以著者標題的子書，對其作者的歸屬問題並不能遽下定論。如《老子》著者究竟是誰，學界目前迄無定論，仍有待進一步研究。《論語》、《孟子》二書一般認為是孔子、孟子的門人所記。《莊子》外篇傳為門徒所作，而內篇也有學者懷疑未必莊子著作。《荀子》應是本人著作，而唐楊倞注以為《大略篇》是「弟子雜錄荀卿之語」。戰國末年的《韓非子》一書在流傳之初並未署名，若非李斯知曉《孤憤》、《五蠹》是韓非所著，秦始皇也不清楚自

己所讀之書是《韓非子》。傳世本《商君書》也面臨同樣的問題,關於此書作者是否商鞅的爭論已持續千年。目前學界對此書已形成「非一時一人之作」的共識,但具體到書中各篇的著成年代,則依然眾說紛紜,迄無定論。這使得我們進而研究商鞅一系法家的思想及對書中所見相關制度的考索都缺乏堅實的文獻學基礎。因此,對該書各篇成書時代作分別之考證也勢在必行。

　　文獻是傳統思想文化的載體,在古代學術發展史上起著承前啟後的作用。對於古代文獻(包括出土簡牘文書)成書時代的研究是進行學術史和學術思想探討的主要依據和基礎,正是在這個意義上,我們決定首先對《商君書》各篇成書問題進行逐一探討。

　　然而正所謂「讀其書,必知其人」。在我們逐篇考證《商君書》的成書時代問題之前,有必要先對奠定該書思想主體的商鞅其人、其事做深入的考證和分析。惟其如此,我們方能對《商君書》思想的淵源和發展脈絡有更為清晰的認識。

# 第一章　商鞅生平及其思想傳承考析

## 第一節　商鞅生平考析

戰國諸子中，既在思想學識上堪稱「博物君子」，又能「出將入相」、功勳卓著者，商鞅可謂首當其選。商鞅變法於中國古史所產生的巨大影響亦遠非春秋時代的管仲、叔向、子產等賢士大夫所能同日而語。作為前期法家的代表人物，商鞅身兼學者與執政者雙重身份，這就使得他具有了既不同於先秦諸子，也不同於普通政治人物的特殊性。

### 一、商鞅生平考析

商鞅（約公元前 390 年～前 338 年）〔註1〕，姓公孫氏，名鞅，衛國人，因此也叫衛鞅。《史記・商君列傳》記載商鞅出身於衛國公族，是「衛之諸庶孽公子」。衛國早在昭公（約公元前 442 年～公元前 436 年）時，就已經淪落為依附三晉的小國。〔註2〕到商鞅出生時，正值慎公（約公元前 425 年～公元前 383 年）末年。戰國初年，受李悝、吳起等人在魏、楚等國實現變法活動的巨大影響，衛國也產生了法家思想的萌芽。商鞅誕生在這樣一個國度，故他年少時雖然對當時的儒、墨、兵等各派學說也諳熟於心，卻最為喜好「刑

---

〔註1〕 關於商鞅的生卒年代，本文主要參考錢穆的觀點，見錢穆著：《先秦諸子繫年》之《諸子生卒年世約數》，北京：商務印書館，2001 年 8 月第 1 版，第 695 頁。全文其他諸子的年代如無特別指出，亦參考此書，餘不贅引。

〔註2〕 《史記・衛康叔世家》云「是時三晉強，衛如小侯，屬之。」衛昭公在位僅 6 年，其後歷懷公（在位 11 年）、慎公（在位 42 年）、聲公（在位 11 年）至成公十六年，衛貶號為侯。

名之學」。

　　由於衛國的積弱，很難有所作爲。因此，學有所成的商鞅滿懷治國平天下的壯志豪情，開始尋找「棲身之佳木」。戰國初年，魏文侯任用李悝變法，一躍成爲中原霸主。此外，文侯還任用以善用兵著稱的吳起爲西河郡守，選練能征善戰之武卒。對於偏好刑名之學的商鞅而言，魏國自然成爲首選。因此，在公元前 365 年左右，循著李悝、吳起的足迹，商鞅赴魏，投奔魏相公叔痤門下，任中庶子。據日人增淵龍夫的研究，「所謂庶子，在戰國時代是諸國的君主及貴族、高官的隨從家臣。在內則充當給事宿衛，侍於主人左右；外出則跟著主人做侍衛，是這種性質的私屬。」〔註3〕商鞅的身份當與此相類，任職雖僅四年，但卻甚得公叔痤的賞識，公叔痤在病危之際還特別向魏惠王舉薦商鞅，「年雖少，有奇才，願王舉國而聽之」，可惜惠王未聽其言。公叔痤死後，聽聞遠在西垂的秦孝公下令國中求賢者，「賓客群臣有能出奇計強秦者，吾且尊官，與之分土。」〔註4〕商鞅當機立斷，西入秦。入秦的第三年，秦孝公即任商鞅爲左庶長，命他實行變法。

　　關於商鞅變法的史事，《史記》記載最爲集中，但其中也存在不少自相矛盾之處。茲撮其大端，試辨析如下：

## （一）商鞅變法史事考析

　　《史記・秦本紀》和《商君列傳》都對商鞅變法的經過有詳細的敘述，但關於變法的先後順序，兩者的說法卻不太一致。《秦本紀》記「（孝公）三年，衛鞅說孝公變法修刑，……卒用鞅法，百姓苦之；居三年，百姓便之。乃拜鞅爲左庶長。……十年，衛鞅爲大良造，……十二年，作爲咸陽，築冀闕，秦徙都之。並諸小鄉聚，集爲大縣，縣一令，四十一縣。爲田開阡陌。……十四年，初爲賦。」而《商君列傳》則混而言之，商鞅與杜摯等在御前辯論之後，便言「以衛鞅爲左庶長，卒定變法之令。」「令行於民期年，秦民之國都言初令之不便者以千數。……行之十年，秦民大說……」「於是以鞅爲大良造」，「居三年，作爲築冀闕宮廷於咸陽，秦自雍徙都之。……居五年，秦人富強，天子致胙於孝公，諸侯畢賀。」因此，有必要對之加以辨析。

---

〔註 3〕　轉引自車新亭：《試說衛鞅「強國之法」中的爵制》，北京師範大學史學研究
　　　　　所 1987 級碩士論文，第 16 頁。

〔註 4〕　《史記・秦本紀》

　　至於變法的開始年代，《秦本紀》謂「孝公三年（前 359 年），衛鞅說孝
公變法修刑，內務耕稼，外勸戰死之賞罰，孝公善之。甘龍、杜摯等弗然，
相與爭之。卒用鞅法。」而《商君列傳》則云「以衛鞅爲左庶長，卒定變法
之令。」商鞅爲左庶長之年，《秦本紀》明確記載在孝公六年（前 356 年）。
也就是說，變法應始於孝公六年。

　　那麼變法究竟始於何年呢？信《秦本紀》乎？信《商君列傳》乎？我們
認爲應以前者的說法爲是，結合《商君書》中的《更法》、《墾令》兩篇及《戰
國策・秦策一》、《韓非子・和氏》等篇的相關記載，可知變法應初始於孝公
三年，此時所頒佈的主要是「墾草令」，這只是一個關於耕墾荒地的具體方案，
並非商鞅統籌全局的總體規劃。〔註 5〕

　　由墾草令發軔到孝公六年（前 356 年），秦國才發佈了全面的變法命令。
第一次變法的主要內容即「令民爲什伍，而相牧司連坐。不告姦者腰斬，告
姦者與斬敵首同賞。匿姦者與降敵同罰。民有二男以上不分異者倍其賦。有
軍功者各以率受上爵，爲私鬥者各以輕重被刑。大小僇力本業，耕織致粟帛
多者復其身。事末利及怠而貧者舉以爲收孥。宗室非有軍功，論不得屬籍。」
〔註 6〕這八項內容，貫穿其後的指導思想即通過明確賞罰將民眾嚴密組織起來
從事農戰，利用連坐和互相監督防止姦邪之舉，從什伍組織到軍功爵制度，
從獎勵耕織到對末業的處罰等等，皆有明確的法令。與「墾草令」相比，無
疑更爲系統和全面。

　　關於商鞅第二次發佈變法令的時間，《商君列傳》含糊其辭，只是對法令
的內容記述得比較清晰，其文云：「令民父子兄弟同室內息者爲禁。而集小鄉
邑聚爲縣，置令、丞，凡三十一縣〔註 7〕。爲田開阡陌封疆，而賦稅平。平斗
桶權衡丈尺。行之四年，公子虔復犯約，劓之。」而《秦本紀》則對變法的
時間和具體內容記載過於粗疏，難以詳考。有論者從太子之師公子虔受劓刑
這一線索入手，逆推出第二次變法令是在秦孝公十年（前 352 年）商鞅任大

〔註 5〕　晁福林：《商鞅變法史事考》，《人文雜誌》，1994 年第 4 期。
〔註 6〕　《史記・商君列傳》，此處的標點從日人瀧川資言之說並略有改動，見《史記
　　　　　會注考證》卷六十八，上海：上海古籍出版社，1986 年 4 月第 1 版，第 1354
　　　　　～1355 頁。
〔註 7〕　《史記・六國年表》與《商君列傳》同，獨《秦本紀》「並諸小鄉聚，集爲大
　　　　　縣，縣一令，四十一縣。」日人瀧川資言取清儒俞樾之說，認爲「古三四字
　　　　　多積畫，往往致誤」，《秦本紀》的「四」應爲「三」之誤。見《史記會注考
　　　　　證》卷五，第 380 頁。

良造之職時即發佈的，〔註8〕其說推理嚴密，茲從之。第二次變法的側重點在於對秦國社會風俗的改革和中央集權制度的建設，涉及到郡縣制。

總之，商鞅變法並非一蹴而就的事情，變法令的發佈始於秦孝公三年，其後明確記載頒布新法令的還有孝公六年、十二年、十三年、十四年等。可以說，孝公在位的二十四年當中大部分時間是和商鞅變法聯繫在一起的。

### （二）「孝公欲傳商君說」釋疑

學界對商鞅的研究主要集中於由他主持的變法活動，對商鞅生平特別是他在秦孝公去世之前的一段經歷即「孝公欲傳商君」一事則鮮有人關注〔註9〕。筆者擬在前賢研究基礎上，補充管見。「孝公欲傳商君」的說法主要見於《戰國策·秦策一》，其文曰：

「商君治秦，法令至行，……孝公行之十八年〔註10〕，疾且不起，

**欲傳商君，辭不受。孝公已死，惠王代後，蒞政有頃，商君告歸。」**

這裡的「傳」字，《戰國策》鮑彪注本謂「傳位與之」；而姚宏注本云「傳，猶禪也。『傳』，或作『傅』也。」〔註11〕顯然，鮑彪注本和姚宏注本的第一個說法是一致的，即都認為是秦孝公打算傳位商鞅。唯一的區別在於，姚宏本的「『傳』，或作『傅』也」，正是這一字之別，秦孝公的動機則變為「欲傅商君」，即孝公想任命商鞅作傅，輔佐太子（即秦惠王）。由此看來，關於秦

---

〔註8〕 晁福林：《商鞅變法史事考》，《人文雜誌》，1994 年第 4 期。

〔註9〕 目前所見僅有晁福林《商鞅史事考》一文對此有專門論述，參見《中國史研究》1994 年第 3 期。晁文從商鞅、孝公及戰國時期的王權觀念三方面分析認為孝公欲傳位商鞅一說有合理之處，然尚有餘意未盡，本文擬在晁文的基礎上對此問題做進一步補充。

〔註10〕 《戰國策》原文作「行之八年」，姚宏云：「一本『八』下有『十』字。」即認為此處當為「行之十八年」。清人王念孫曰：一本是也。《史記·秦本紀》：「孝公元年，衛鞅入秦；三年，說孝公變法；五年，為左庶長；十年，為大良造；二十二年，封為商君；二十四年，孝公卒。」計自為左庶長至孝公卒時，已有二十年。又《商君傳》：「商君相秦十年而孝公卒。」《索隱》曰：「案《戰國策》云：『孝公行商君法十八年而死』，與此文不同者，蓋連其未作相之年說耳。」據此，則《策》文本作「十八年」明矣。詳見王著：《讀書雜誌·戰國策》，收入《戰國策校釋兩種》，北京：首都師範大學出版社，1994 年 3 月第 1 版，第 7 頁。

〔註11〕 劉向集錄：《戰國策》，上海：上海古籍出版社，1998 年 3 月第 2 版，第 77 頁。此書所用底本為清嘉慶年間黃丕烈刊刻的姚宏本，即《士禮居叢書》本。同時該書在注解中又彙集了《四部叢刊》影印的元至正年間刊刻的鮑彪注吳師道校本，即鮑彪本。

孝公臨終前欲傳位商鞅？還是讓他爲傳，輔佐太子？在文獻當中是有爭議的。

　　一般認爲孝公欲傳位商鞅是戰國縱橫術士之言，不足爲據，因此很多學者對此記載多不予理會。而在《戰國策》的傳世版本中，姚宏本因爲保存較多的漢儒高誘注而素爲學界所重，鮑彪注本則因「多竄改」高注而倍受詬病，被認爲不如姚宏本。〔註12〕因此，鮑本的這一注解即「傳位」說之可靠性難免要大打折扣。而姚本的「任命商君爲傳」說也長期淹沒，未引起學人注目。究竟哪個本子的說法更可信呢？

　　從情理上分析，姚本的「任命商君爲傳」說完全講得通。任命商鞅作傳，輔佐繼任的惠王爲政這一做法無論從商鞅本人的威望還是孝公的本意來看都合乎常理。由於變法取得的巨大成功，商鞅的威望在秦國群臣中幾乎無人能及，作爲太子的輔政重臣自是不二人選；孝公本人也很想自己一手促成的霸業能得到延續，由商鞅輔佐太子繼續推行法治也符合孝公的本意。因此，商鞅其實是沒有理由拒絕的。但是《秦策一》下文緊接著卻說商鞅「辭不受」。商鞅究竟爲何「辭不受」呢？這一點是孝公命商鞅爲傳輔佐太子一說最令人費解之處。

　　就個人膽識而言，商鞅不會不敢接受孝公的臨終託命，去當太子的師傅。商鞅變法所面臨的阻力是巨大的，整個變法過程自始至終反對的言論、舉動從未停止過。據《商君書·更法篇》記載，變法還未付諸實踐，即遭到甘龍、杜摯等舊貴族的反對，雙方展開激烈的辯論。變法的過程中，又遇到了太子師傅唆使太子犯法的故意破壞行爲。最終商鞅秉公執法，對太子師傅公子虔、公孫賈分別施以劓刑和黥刑。　商鞅相秦十年，「宗室貴戚多怨望者。」名士趙良曾借機勸商鞅急流勇退，甚至還直言不諱地提醒商鞅：由於變法而招致積怨太多、四面樹敵，「亡可翹足而待。」其實，商鞅本人對此也有清醒的認識，並早有思想準備。他每次外出前，都要經過嚴密護衛，「後車十數，從車載甲，多力而駢脅者爲驂乘，持矛而操闟戟者旁車而趨。」爲了確保變法的持續性，商鞅沒有聽從趙良的意見，依然勇敢地同以太子爲首的反對勢力做

〔註12〕如清人黃丕烈在所撰《戰國策劄記》中曾云：「《戰國策》經鮑彪殽亂，非復高誘原本，而剡川姚宏較正本，博採《春秋後語》諸書，吳正傳（按，即吳師道）駁正鮑注，最後得此本，歎其絕佳。」說見劉向集錄：《戰國策》，第1204頁。又如張之洞在《書目答問》中列舉《戰國策》各傳世本時即明確指出：「鮑彪注本多竄改，不如此兩本（即姚宏的兩種校正續注本）」。說見張之洞：《書目答問補正》卷二史部，上海：上海古籍出版社，2001年7月第1版，第87頁。

鬥爭，置個人生死於不顧。從他主持變法時不畏權貴之氣度來看，商鞅絕非貪生怕死之輩。孝公這樣的臨終託命，正可爲商鞅緩和與太子的矛盾提供絕好的機會，而且他還可以繼續推行自己爲之奮鬥終身的變法事業。他又如何會輕易放棄呢？

既然「孝公欲傳商君」難以自圓其說，那麼「孝公欲傳（位）商君」說又何以服人呢？我們認爲孝公欲傳位商鞅之說並非空穴來風，只是未能付諸實踐罷了。而且只有作如此理解才能更好地解釋商鞅之死。茲辨析如下：

其一，從「傳」、「傅」二字的字義及用法來看，傳世《戰國策》兩個注解本的分歧似應以鮑彪注本的「傳位」說（同姚宏本第一說）更爲合理。

傳，《說文》：「遽也。從人專聲。」而《說文》辵部曰：「遽，傳也。」故傳、遽二字互訓。又因傳、遽二字有「以車馬給使也」、「驛也」、「舍也」等義，故段玉裁注謂「則凡輾轉引申之稱皆曰傳，而傳注、流傳皆是也。」〔註13〕同時，又由於「禪」通「嬗」，實爲「傳」，〔註14〕因此，「傳」又有「禪」之義。如《淮南子・精神訓》「故舉天下而傳之於舜」，高誘注云：「傳，禪。」〔註15〕由此，我們判斷《戰國策》「孝公欲傳商鞅」一句，姚宏本的解釋「傳，猶禪也」確乎出自高誘原注。《韓非子・外儲說右上》有云：「堯欲傳天下於舜，鯀諫曰：『不祥哉！孰以天下而傳之於匹夫乎？』」由後文可知，這裡的「傳」亦禪也，指傳位。不僅如此，「傳」、「禪」同字，《戰國策・趙策四》「昔者堯見舜於草茅之中……陰移而授天下傳。」姚宏本云：「劉（案，指劉向）去『傳』字。」黃丕烈《箚記》案：「『傳』、『禪』同字」。〔註16〕此外，「傳」，授也。《呂氏春秋・不屈篇》「願得傳國」，高誘注：「傳，授。」〔註17〕

傅，《說文》：「相也，從人尃聲。」而「尃」通「敷」，分佈也。《說文》：「尃，布也。」故從尃得聲之傅亦假爲敷。此外，傅還與「附」、「付」、「覆」

---

〔註13〕 （漢）許慎撰、（清）段玉裁注：《說文解字注》，上海：上海古籍出版社，1988年2月第2版，第377頁。

〔註14〕 朱駿聲：《說文通訓定聲》，北京：中華書局，1984年6月第1版，第748頁。

〔註15〕 何寧：《淮南子集釋》（中），北京：中華書局，1998年10月第1版，第533頁。

〔註16〕 劉向集錄：《戰國策》，第758頁。

〔註17〕 陳奇猷：《呂氏春秋新校釋》（下），上海：上海古籍出版社，2002年4月第1版，第1209頁。

通假，有「輔」、「迫」、「至」等含義。〔註18〕「傅」作名詞用時，義為「太傅」、「師傅」。如《左傳·襄公十六年》：「羊舌肸為傅」；《禮記·內則》：「十年，出就外傅」。這兩處的傅均為名詞，指太傅，為三公之一。又如《荀子·大略》「國將興，必貴師而重傅」；《韓非子·說林上第二十二》舉魯孟孫氏令秦巴西為其子傅的故事，云：「居三月，復召以為其子傅。其御曰：『囊將罪之，今召以為子傅，何也？』」後兩例中的「傅」也是名詞，指師傅。

在文獻中「傅」也作動詞，其後直接接賓語。如《國語·晉語四》載晉文公「欲使陽處父傅讙也而教誨之」〔註19〕、《國語·晉語七》晉悼公「乃召叔向使傅太子彪」〔註20〕、《國語·楚語上》楚莊王「使士亹傅太子箴」〔註21〕，再如《孟子·滕文公下》「有楚大夫於此，欲其子之齊語也，則使齊人傅諸？使楚人傅諸？」〔註22〕上舉數例中的「傅」皆為動詞，意即「做……的師傅」，句式皆為「使……傅……」，「傅」後接的是教授的對象。「傅」作動詞用時，含義也略有差別，如《左傳·僖公二十八年》：「鄭伯傅王。」杜注曰：「傅，相也。」這裡的「傅」作「相」解，非謂鄭伯作周襄王的師傅，而是指鄭文公參與並擔任了周天子策命晉文公重耳時的儐相，輔助禮儀。

從上述的例證可以看出，作「禪」、「授」解的「傳」字在古漢語中一般都是動賓結構，「傳」後的賓語或為「天下」、「國」，或為要「傳」的對象——某人。而作「師傅」解的「傅」字多為名詞。「傅」做動詞，或用作使動用法，無論含義如何，「傅」後都直接接賓語，而絕少有省略賓語的情況。

需要指出的是，「傅」、「傳」二字在本義、引申義上均無相通之處。從聲韻上來看，「傅」為非母魚部字，而「傳」為澄母元部字，這兩者無論聲部、韻母都相隔甚遠，讀音也無法通假。但是在字形上，「傅」所從的聲旁「尃」古字寫法卻與「傳」所從的聲旁「專」形混同〔註23〕，因此，「傅」、「傳」的相通其實是形近而訛，而在文獻中，「傳」、「傅」二字因形近訛誤而互相混用的例子不勝枚舉。〔註24〕

〔註18〕 朱駿聲：《說文通訓定聲》，第409～410頁。

〔註19〕 《國語》，上海：上海古籍出版社，1998年3月第1版，第386頁。

〔註20〕 《國語》，第445頁。

〔註21〕 《國語》，第527頁。

〔註22〕 楊伯峻：《孟子譯注》，北京：中華書局，1988年1月第7次印刷，第151頁。

〔註23〕 何琳儀：《戰國古文字典——戰國文字聲系》，北京：中華書局，1998年9月第1版，第600頁。

〔註24〕 如《儀禮·覲禮》「四傳擯」，鄭玄注謂：「古文傳作傅。」《周禮·夏官·

概言之，如按姚宏本「傳『或作『傅』也」的說法，「孝公欲傅商君」一句需要調整語序為「孝公欲商君傅」，並增補直接賓語（太子），意思才能完整。而考察「傅」的用例後，我們發現「傅」作動詞時省略賓語的用法極為鮮見。反之，若理解為「孝公欲傳商君」，既符合「傳」的用法，句義也曉暢明瞭。因此，鮑彪本「孝公欲傳商君」要比姚宏本「孝公欲傅商君」更為合理，姚本「『傳』，或作『傅』也」的說法應屬形近而產生的傳抄錯誤。因此，千百年來學界對這一說法並不看重。

其二，禪讓思潮的興起為孝公行禪讓奠定了輿論基礎。

禪讓在戰國時期曾經是盛極一時的社會思潮，並對現實政治產生一定影響。在戰國前期尚賢學說的基礎上，隨著思想界尚賢呼聲的急劇高漲，尚賢的極致即把最高統治權讓與賢能者的禪讓學說也應運而生。近年出土的戰國簡帛材料中，郭店楚簡的《唐虞之道》和上博簡《容成氏》、《子羔》等篇均集中討論禪讓。《唐虞之道》開篇即言：「唐虞之道，禪而不傳。堯舜之王，利天下而弗利也。」「禪而不傳，聖之盛也」，「禪也者，上德受賢之謂也。」〔註25〕上博簡《容成氏》認為從上古帝王到堯舜禹皆推行「不授其子而授賢」〔註26〕的禪讓之道，《子羔》亦云：「昔者而弗世也，善與善相受也。」〔註27〕在同一時期，儒、墨、道、法等主要的學術派別均對禪讓發表了自己的看法，推動了禪讓思潮的發展。〔註28〕特別是在戰國政壇上「事口舌、取尊榮」的縱橫家們，他們的遊說活動進一步擴大了禪讓思潮的影響，並促使其向現實的政治實踐邁進。戰國中後期，受禪讓思潮的影響，在現實政治當中確實出

---

訓方氏》「誦四方之傳道」，鄭玄注：「故書傳為傅。」《莊子‧山木》「從其強梁，隨其曲傅」中的「傅」，陸德明《釋文》云：「傅音附。司馬云：『曲附己者隨之。』本或作傳。」《戰國策‧齊策五》「車舍人不休傅」，黃丕烈按：「傅，今本作傳」。《韓非子‧說疑》「若夫轉法易位，全眾傅國」，俞樾《諸子平議》按語云：「傅作傳」。上述幾例中，與「傅」通用的「傳」，含義或近似於「傳」，指傳遞、傳播等，或指附著、依附，而與「傳位」、「師傅」等含義相去甚遠。

〔註25〕 荊門市博物館編：《郭店楚墓竹簡》，北京：文物出版社，1998年5月第1版，第157～158頁。

〔註26〕 馬承源主編：《上海博物館藏戰國楚竹書》（二），上海：上海古籍出版社，2002年12月第1版，第249頁。

〔註27〕 馬承源主編：《上海博物館藏戰國楚竹書》（二），第183頁。

〔註28〕 請參閱拙稿：《從尚賢到禪讓——戰國政治思想變化的一個側面》，《南都學壇》2005年第3期。

現了幾次君主欲主動禪讓臣下的事例。如《呂氏春秋・審應覽・不屈》篇記載魏惠王曾兩次欲讓位於其相惠施，惠施堅辭。「魏惠王謂惠子曰：『上世之有國，必賢者也。今寡人實不若先生，願得傳國。』惠子辭。王又固請曰：『寡人莫有之國於此者也，而傳之賢者，民之貪爭之心止矣。欲先生之以此聽寡人也。』惠子曰：『若王之言，則施不可而聽矣。……今施，布衣也，可以有萬乘之國而辭之，此其止貪爭之心愈甚也。』」〔註29〕其敘事方式與《秦策一》非常相似：都是國君讓國，臣下不受。又如《戰國策・魏策二》載魏國謀士犀首曾與張儀謀劃勸諫魏王讓位於張儀，其文曰：「犀首欲窮之，謂張儀曰：『請令王讓先生以國，王爲堯、舜矣；而先生弗受，亦許由也。衍請因令王致萬戶邑於先生。』張儀說。」〔註30〕這裡的記載已非常露骨地點出借堯舜禪讓傳說來沽名釣譽的術士策略。

　　唯一一次實現君主和平讓位的事件即燕王噲的禪讓。據《史記・燕召公世家》記載術士鹿毛壽勸燕王噲仿傚堯禪讓許由之舉讓國位於其相子之，於是燕王噲「因收印自三百石吏以上而傚之子之」，結果子之當仁不讓，「南面行王事」，燕王噲只好假戲真做，「噲老不聽政，顧爲臣，國事皆決於子之。」〔註31〕這場鬧劇發生在燕王噲三年（公元前318年），但很快就引起太子平與將軍市被的率眾反叛，燕國「構難數月，死者數萬」。〔註32〕不僅如此，燕國還遭受齊、中山等國的進攻。自燕國禪位事件後，禪讓學說遭到社會輿論的廣泛責難和摒棄。如明確主張伐燕的孟子就曾批評燕國的禪讓是一種不用王命、不顧逆順的「私受」行爲。〔註33〕因此，我們推測早於燕國禪讓二十餘年的秦孝公欲傳位商鞅〔註34〕一事，很可能也是受了這股社會思潮的影響。

　　其三，從孝公的爲人而言，此舉其實頗具深意。不可否認，與戰國時的諸侯國君相比，秦孝公不愧爲一代雄主。而究其爲人，則是一位推崇霸道的君主，與其他諸侯並無二致。孝公即位之初，有感於「諸侯卑秦」的恥辱，

〔註29〕陳奇猷：《呂氏春秋新校釋》（下冊），上海：上海古籍出版社，2002年4月第1版，第1205～1206頁。

〔註30〕劉向集錄：《戰國策》，第822頁。

〔註31〕司馬遷：《史記》卷三十四，第1556頁。

〔註32〕司馬遷：《史記》卷三十四，第1557頁。

〔註33〕楊伯峻：《孟子譯注》，第99頁。

〔註34〕據《史記・秦本紀》，孝公二十四年（公元前328年），秦惠王即位，次年改元。而商鞅在孝公去世後不久即被殺害，由此可知孝公傳位商鞅之年應在公元前328年或孝公二十三年即前327年。

求賢若渴。這才有商鞅的西入秦之舉。但商鞅得孝公重用也並非一帆風順，而是歷經波折。商鞅曾先後以帝道——王道——霸道遊說孝公，對遠古聖王之道和儒家的王道，孝公並無興趣，唯獨對富國強兵的霸道卻聽得非常入神，「不自知膝之前於席也，語數日不厭」。〔註35〕由此觀之，這樣一位野心勃勃、一心想稱霸的國君不會具有太高的道德操守。變法之初，商鞅曾因太子犯法而處置了太子的師傅。在變法的過程中，又「日繩秦之貴公子」。其實商鞅與他們素無怨仇，之所以如此大開殺戒，乃是爲了確立法的威信，加強秦孝公的權力。對商鞅的這些舉動，秦孝公也應該是支持的。爲了政治目的，他能夠暫時捨棄骨肉親情。但隨著變法的成功，商鞅無論在秦國還是諸侯國之間皆威望空前，孝公對此不會不有所顧忌。對於這個自己一手提拔並由他放手去變法的政治幫手，孝公既信任又有所戒備。他早知商鞅與太子存有芥蒂，太子的威望遠不及商鞅，這二人在他身後能否聯手延續他的霸業？商鞅有無取而代之之意？凡此種種，都讓孝公心存疑慮。因此，孝公在臨終之際假意要傳位商鞅，其實只是故作姿態，爲了試探商鞅而已。同時還可借當時流行的禪讓思潮爲自己留下聖明的美譽。

其四，商鞅本人有相當濃厚的權力欲和很高的威望。《史記·商君列傳》中名士趙良勸諫商鞅時說：「今君又左建外易，非所以爲教也。君又南面而稱寡人，日繩秦之貴公子。」此句中的「南面而稱寡人」一語，這裡有必要稍加辨析。

按，古代以坐北朝南爲尊位，故天子諸侯見群臣，或卿大夫見僚屬，皆南面而坐。後來引申泛指帝王或大臣的統治爲「南面」。如《史記·樗里子甘茂列傳》載秦國將伐蒲，蒲守派胡衍去遊說秦將樗里子，胡衍不辱使命後，蒲守賞賜他金三百斤，並許諾：「秦兵苟退，請必言於衛君，使子爲南面。」這裡的「南面」類似於《論語·雍也》：「雍也，可使南面」，指的應當是眾官吏之長。「寡人」指寡德之人，也非君主之專稱。古代王侯或士大夫自謙之詞。如《左傳》隱公三年：「請子奉之以主社稷，寡人雖死亦無悔焉」，這裡自稱寡人的是宋穆公。而唐以後唯皇帝得稱寡人。〔註36〕

「南面」和「寡人」二詞雖不專指君主，但二者連言在先秦文獻當中還

〔註35〕 司馬遷：《史記》卷六十八，第2228頁。
〔註36〕 見（清）趙翼：《陔餘叢考》卷三六《寡人》，北京：中華書局，1963年4月第1版，2006年10月第2次印刷，第782～783頁。

應視爲行國君之權。如《戰國策·齊策四》載顏斶說齊宣王之語曰：「當今之世，南面稱寡者，乃二十四。」《莊子·盜跖》：「凡人有此一德者，足以南面稱孤矣。」《韓非子》有《南面篇》，講的是爲人君之道。春申君黃歇擔任楚相20多年，「雖名相國，實楚王也」。他擔任楚相如日中天而權力甚大的時候，曾經有人勸他「代立當國，如伊尹、周公、王長而反政，不即遂南面稱孤而有楚國。」〔註37〕商鞅獲封爲商君，在孝公晚年其權力可謂「一人之上，萬人之下」。

　　凡此皆可證，「南面而稱寡人」即表明商鞅曾經有僭越君權的舉動。雖然還沒有材料能直接證明他一定是稱王了，但他出現僭越君主的行爲也不算意外。名士趙良還直言不諱地批評商鞅，「貪商、於之富，寵秦國之教」，義謂商鞅貪圖權勢。

　　對於孝公的「主動讓賢」，儘管商鞅「辭不受」，但在孝公去世後，他仍然未能避免慘遭殺戮的下場。商鞅主持變法二十餘年，在秦國已經擁有很高的聲望。孝公去世不久，惠王繼位。有人進諫說：「今秦婦人、嬰兒皆言商君之法，莫言大王之法。是商君反爲主，大王更爲臣也。且夫商君，固大王仇讎也，願大王圖之。」〔註38〕秦惠王殺掉商鞅固然是聽信了讒言，但商鞅的個人威望對其君位構成的威脅應是惠王的最大心病。因此，功高蓋主是商鞅之死的最主要原因。

　　綜上所述，我們推測孝公臨終前確有傳位商鞅之舉，而並非讓商鞅做太子的師傅。孝公欲傳位商鞅，但在禪讓之風盛行的戰國前期，弒君奪權之事雖早有先河，但尚未有國君眞正傳位於臣下的先例。這是孝公敢於做出「欲傳商君」這樣超乎尋常的試探之舉的深層原因，而深諳爲臣之道的商鞅及時推辭則實屬應然之事。在商鞅個人的仕途中，秦孝公對他的倚重和信任，包括後來有意禪位給他，這些經歷對商鞅的思想產生了深刻的影響，使他對於君權、君主與天下、公與私的關係等問題有著獨特的認識。這些在《商君書》中皆有所體現，我們將在下文分析各篇成書時述及。

### （三）英雄末路

　　孝公去世後，太子立，是爲秦惠王〔註39〕。關於商鞅的被誣和被誅經過，

〔註37〕《史記·春申君列傳》
〔註38〕劉向集錄：《戰國策》，第77頁。
〔註39〕案秦惠文王稱王是其即位後第十四年的事，這裡徑稱其爲王是爲了行文方便

《史記‧商君列傳》有較爲完整的記載：秦惠王繼位後，公子虔之徒誣告商鞅謀反，惠王遂下令緝拿商鞅。商鞅逃亡到邊境，想投宿館驛，卻被主人以「商君之法，舍人無驗者坐之」予以回絕。赴魏，魏國不僅拒其入境，還逼迫他返秦。無奈之下，商鞅被迫潛逃至其封地，發商、於十五邑邑兵，連同其私徒屬，北進擊鄭地。結果被秦發兵攻打，商鞅本人被誅殺於澠池。

對於《史記》的說法，已有學者指出其中的缺漏和訛誤。《戰國策‧秦策一》謂「孝公已死，惠王代後，蒞政有頃，商鞅告歸。」而商鞅告老的原因和具體情況，在《呂氏春秋‧無義篇》有更爲詳細的補充，「秦孝公薨，惠王立，以此（指欺公子卬一事）疑公孫鞅之行，欲加罪焉。公孫鞅以其私屬與母歸魏。襄疵不受，曰：『以君之反公子卬也，吾無道知君。』」而此舉是商鞅敗北的一個開端。〔註40〕襄疵爲魏鄗令，而鄗是由秦入魏的要衝。此時商鞅在秦權位尚尊，故得以長驅直入魏國的鄗地。遭鄗令拒絕後，不得已而返秦。結果惠王在貴族們的多方煽動之下下令捉拿商鞅，商鞅逃亡至關下，被舍人以「無驗」爲由拒絕入住。商鞅再次逃亡到魏國，此時商鞅已從炙手可熱的「商君」變成「秦之賊」，魏國不僅不敢接納他，還擔心秦國的報復而將他驅逐回秦國。〔註41〕

英雄末路，這位在秦國政壇上叱咤數十載的風雲人物，竟然落得作繭自縛的可悲結局。戰國末年，法家的集大成者韓非對前期法家人物的悲慘結局有著深切的理解和同情。他與堂谿公之間曾有這樣一段對話：

> 堂谿公謂韓子曰：「臣聞服禮辭讓，全之術也；修行退智，遂之道也。
> 今先生立法術，設度數，臣竊以爲危於身而殆於軀。何以傚之？所
> 聞先生術曰：『楚不用吳起而削亂，秦行商君而富強。二子之言已當

---

計。惠文王初即位時稱惠文君，見《史記‧秦本紀》。下文如無特別標注，皆同此。

〔註40〕晁福林：《商鞅史事考》，《中國史研究》，1994年第3期。這裡還有一個疑問：商鞅爲何帶著自己的私屬和老母去魏國而非衛國去避難呢？首先，從他在魏相門下任中庶子時與公子卬關係甚好可以判定商鞅在魏國還有其他舊交可投靠，他很可能還希望在魏國東山再起；其次，魏與秦接壤，距離最近，也是逃亡的首選。而商鞅帶著私屬和老母離開秦國，可見他是抱有去秦不再復返的決心。他的母邦衛國早已淪爲一個弱小的附庸國，因此，商鞅再回到衛國不會有大的作爲，他去魏國是必然的。

〔註41〕《史記‧商君列傳》記載「商君既復入秦，走商邑，與其徒屬發邑兵北出擊鄭。」有學者考證指出「鄭」當爲韓國，見晁福林：《商鞅史事考》，《中國史研究》，1994年第3期。

矣，然而吳起肢解而商君車裂者，不逢世遇主之患也。」逢遇不可必也，患禍不可斥也。夫舍乎全遂之道而肆乎危殆之行，竊爲先生無取焉。」韓子曰：「（臣）〔註42〕明先生之言矣。夫治天下之柄，齊民萌之度，甚未易處也。然所以廢先王之教，而行賤臣之所取者，竊以爲立法術，設度數，所以利民萌、便眾庶之道也。故不憚亂主闇上之患禍，而必思以齊民萌之資利者，仁智之行也。憚亂主闇上之患禍，而避乎死亡之害，知明夫身而不見民萌之資利者〔註43〕，貪鄙之爲也。臣不忍嚮貪鄙之爲，不敢傷仁智之行。先生〔註44〕有幸臣之意，然有大傷臣之實。」〔註45〕

　　在韓非看來，吳起、商鞅等人所選擇的「立法術，設度數」之舉，是「利民萌、便眾庶之道」，是眞正的「仁智之行」；而只顧個人安危的「全遂之道」則是可恥的「貪鄙之爲」。可以說，在商鞅身上，集中體現了堅持公正、公平而勇於犧牲自我的偉大精神。俗語曰：狡兔三窟。但醉心改革實踐的商鞅「法令至行，公平無私，罰不諱強大，賞不私親近」〔註46〕，完全不給自己留有退路，這無疑爲他後來的人生悲劇埋下伏筆。商鞅的努力沒有白費，在他生前，即已看到變法所帶來的可喜成果，「秦人富強，天子致胙於孝公，諸侯畢賀。」〔註47〕

### （四）商鞅再評價

　　太史公在《史記・商君列傳》文末論贊曰：「商君，其天資刻薄人也。跡其欲干孝公以帝王術，挾持浮說，非其質矣。且所因由嬖臣，及得用，刑公子虔，欺魏將卬，不師趙良之言，亦足發明商君之少恩矣。余嘗讀商君《開塞》、《耕戰》書，與其人行事相類。卒受惡名於秦，有以也夫。」細考商鞅的生平，我們認爲太史公所言未免對商鞅求之過甚。

---

〔註42〕顧廣圻曰：「藏本、今本『明』上有『臣』字。」此外，迂評本、凌本亦有「臣」字。見陳奇猷：《韓非子新校注》，第956頁。

〔註43〕顧廣圻認爲：「當作『知明夫身而不見民萌之資利者』，乾道本利作科，訛。」當據顧說改。說見《韓非子新校注》，第957頁。

〔註44〕俞樾曰：「先王」，當作「先生」，即謂堂谿公也。說見《韓非子新校注》，第957頁。

〔註45〕《韓非子・問田篇》

〔註46〕《戰國策・秦策一》

〔註47〕《史記・商君列傳》

首先，「干孝公以帝王術，挾持浮說」，「所因由嬖臣」。戰國時期縱橫遊說之風盛行，儒家代表人物如七十子後學、孟子、荀子等皆以遊說諸侯爲務，而遊說是要講究技巧的。孟子即時常順應時君世主的喜好來勸諫，如爲了鼓動齊宣王推行仁政、王道，孟子在遊說時曾多次根據宣王好戰、好樂和好勇等特點來做比喻，「王好戰，請以戰喻」，孟子將霸道比喻爲「率獸而食人」〔註48〕，提出「與百姓同樂則王矣」、「一怒而安天下之民」的「大勇」〔註49〕等主張。《韓非子·說難》篇專門論述遊說的艱難，「凡說之難：非吾知之有以說之之難也，又非吾辯之能明吾意之難也，又非吾敢橫失而能盡之難也。凡說之難：在知所說之心，可以吾說當之。」這段話指出遊說的困難不僅在於分析各種情況提出合理的建議，更在於揣摩君主的心理，使進言不觸犯君主之忌諱。商鞅的遊說顯然採取了投石問路的策略，他自幼好刑名之學，但初入秦國，對孝公並不瞭解，故先以流行的帝道、王道來試探。待探明孝公的眞正意圖後，方才詳述強國之霸道，最終君臣相談甚歡。事後景監曾與商鞅討論過其中的緣由，商鞅回答說：「吾說君以帝王之道比三代，而君曰：『久遠，吾不能待。且賢君者，各及其身顯名天下，安能邑邑待數十百年以成帝王乎？』故吾以強國之術說君，君大說之耳。然亦難以比德於殷周矣。」從商鞅的回答中可以看出，在商鞅本人的心目中「強國之術」顯然遠遜於「帝王之道」。

商鞅在秦國變法取得巨大成功時，名士趙良求見，商鞅回顧與趙良的交往，「鞅之得見也，從孟蘭臯。今鞅請得交，可乎？」從趙良的言談可知他是一位推崇儒家學說的名士，商鞅一直渴望和他結交，早年曾經通過孟蘭臯得見趙良，位極人臣時依然不改初衷。儘管後來商鞅沒有聽從趙良的建議，但由此可見，商鞅本人並非太史公所說的「天資刻薄人也」。

而所謂「所因由嬖臣」，係指商鞅得以遊說秦孝公，主要得益於結交孝公身邊的寵臣景監。商鞅作爲一個初來乍到的游士，在秦國無親無故，他在魏國也尚未建功立業名揚諸侯，要想面見秦王若無人引薦談何容易？其實不獨商鞅如此，魏人范雎得見秦昭王也是通過昭王身邊的謁者王稽，後來范雎通過遠交近攻的戰略在秦國屢建奇功，才被封爲應侯。〔註50〕而被儒家尊奉爲聖人的孔子在衛國時亦曾通過嬖臣彌子瑕得見南子。如《鹽鐵論·論儒篇》

〔註48〕《孟子·梁惠王上》
〔註49〕《孟子·梁惠王下》
〔註50〕事見《鹽鐵論·大論篇》、《史記·范雎蔡澤列傳》

曰：「孔子適衛，因嬖臣彌子瑕以見衛夫人。」這裡的衛夫人即衛靈公夫人南子，由於南子名聲不好，故子見南子還曾引起弟子子路的微詞，孔子爲此還曾與他發誓。此事還見於《淮南子・泰族訓》：「孔子欲行王道，東西南北，七十說而無所偶，故因衛夫人彌子瑕而欲通其道。」《呂氏春秋・貴因篇》亦曾記載此事，「孔子道彌子瑕見釐夫人，因也。」儘管各書記載略有差異，但孔子通過嬖臣彌子瑕而見衛夫人應是確實之事，後世儒者本著爲聖人諱的原則對此百般回護，認爲孔子此舉乃出於詘身行道，司馬遷作《孔子世家》對這一經歷更是隻字不提。應侯范睢因王稽而得覲見並未遭到後人鄙薄，太史公甚至還稱讚他是「賢者」，若非遭遇困厄境遇，不可能奮發有爲成爲一代辯士。兩相對比，足見太史公對商鞅的態度不可謂不苛刻！

其次，「欺魏將卬」。進入戰國時代，西周春秋以來的車戰逐漸淡出歷史舞臺，步兵已經成爲軍隊的主力。在車戰時代的「不鼓不成列」、「不傷二毛」等仁義概念連春秋時人都不願堅守，更遑論受「爭於氣力」、「詐謀見用」時代風氣浸染的戰國中人。成書於春秋末年的《孫子兵法》〔註51〕一書有所謂「兵者，詭道也」、「兵不厭詐」、「攻其不備，出其不意」之語，足見時風之一斑。商鞅不但是治國之能臣，對兵法也頗爲熟稔。他向秦孝公建議發動對魏國的戰爭也是蓄謀已久、志在必得之事，因此他採取欺詐的方式在聚會時埋伏甲士「襲虜魏將公子卬」，不過是「擒賊先擒王」的戰術策略。這種策略更爲戰國兵家所津津樂道，不必過於苛責。然而，從道德的角度來看，欺瞞舊交之舉顯示出商鞅性格中強烈的功利性，而交友不信是深爲時人所不齒的行爲。商鞅也因此而付出了生命的代價。正如《論衡・禍虛篇》所言，「商鞅欺舊交，擒魏公子卬，後受誅死之禍。」而《呂氏春秋・無義篇》亦援引商鞅的「無義」行爲作爲「士自行不可不審也」的前車之鑒。平心而論，太史公的批評從道德的角度講是無可厚非的，但從事功的角度而言則應另當別論。

再則，「刑公子虔」，「不師趙良之言」。自商鞅主政以來，「日繩秦之貴公子」、「一日臨渭而論囚七百餘人，渭水盡赤，號哭之聲動於天地。」〔註52〕其實商鞅與秦之貴公子素無怨仇，之所以如此，乃是爲了確立法的威信，加強孝公的權力。其實，商鞅本人對此應有清醒的認識。在他之前，就有吳起

〔註51〕何炳棣：《中國現存最古的私家著述〈孫子兵法〉》，《歷史研究》，1999 年第 5 期。
〔註52〕《史記・商君列傳》集解引《新序》，見《史記》第七冊，北京：中華書局，1959 年 9 月第 1 版，第 2238 頁。

因變法而遭肢解這一前車之鑒。從他踏上「刑名法術」之路起，就注定要面臨嚴峻的考驗。爲了其政治理想，商鞅執著地踐行變法措施。他不避災禍，屢次結怨於權貴，結果招來殺身之禍。對此，秦昭王時應侯范雎的評價似乎更爲客觀，「夫公孫鞅事孝公，極身毋二，盡公不還私，信賞罰以致治，竭智能，示情素，蒙怨咎，欺舊交，虜魏公子卬，卒爲秦禽將，破敵軍，攘地千里。」〔註53〕商鞅爲秦國的富強可謂窮盡所能，毫無私心。

商鞅是我國古史上首位獲得巨大成功的改革家，是一位爲改革而獻出熱血與生命的鬥士。與同爲衛人的吳起相比，商鞅幸運地遇到了堅決支持他的秦孝公，但不幸地是，他和吳起一樣結局悲慘，於秦孝公之後遭到政敵的誣陷與殺戮。商鞅被處以車裂極刑的時候，也許正預示著古代改革家悲壯命運的開始。中國古代真正的改革家，常常是堅持公平與正義的鬥士，在個人利益與國家命運、社會前途兩難選擇的時候，總是大公無私地選擇前者，而置後者於不顧。正如林則徐所說：「苟利國家生死以，豈因禍福避趨之。」商鞅雖推行了戰國時期最成功的變法運動，但卻落得慘遭車裂的下場。這對於商鞅個人來說，當然是十分不幸的；然而對於秦國的發展來說，商鞅苦心經營的變法成果卻又是幸運的，其身雖死，其法未敗，乃至「秦婦人、嬰兒皆言商君之法」〔註54〕。

## 二、商鞅學術思想淵源考析

在考察商鞅思想的來源時，前輩專家已注意到刑名之學、尸子學說、李悝之教、吳起兵家之術對他的影響。如楊寬最早注意到這幾大因素，〔註55〕後來鄭良樹對上述四點作了詳細分析〔註56〕。這些認識其實是從商鞅思想的核心入手，「順藤刨根」，對於我們把握商鞅的思想源頭極具助益。然而除此之外，生逢戰國前期的商鞅，還深受春秋戰國之際及與他同時期各大學派思想的影響。這些學派的觀點、主張也在時刻左右著商鞅思考的議題和觀察問題的視角，無論他是贊成還是反對。因此，我們有必要從春秋戰國之際的學術面貌這一宏大的背景來審視商鞅。

---

〔註53〕《戰國策·秦策三》
〔註54〕《戰國策·秦策一》
〔註55〕楊寬：《商鞅變法》，上海：上海人民出版社，1955年9月第1版。
〔註56〕鄭良樹：《商鞅評傳》，南京：南京大學出版社，1998年12月第1版，第85～90頁。

### （一）商鞅之前的主要學術流派及主張

錢穆曾縱論春秋戰國之際的學術變遷，謂：「孔子弟子之晚出一輩，如子夏、曾子，及其後輩如子思、曾西、申詳、田子方、段干木、李克、吳起之徒。墨起與儒相抗，而儒術流衍爲兵農（非九流農家）刑法諸家，皆在此期。時事之大者，爲越霸諸夏，三家分晉，田氏篡齊，及魏文、魯繆禮賢。春秋變而爲戰國，世襲之封建漸壞，遊仕漸興，乃先秦諸子學術之醞釀期也。」〔註57〕錢先生所論甚是，商鞅未降生之前的學術狀況大致如此。

### 1. 儒、墨兩大顯學

春秋戰國之際，正是中國上古社會發生巨大轉變的時期。當時的學術領域，以孔子爲代表的儒家與以墨翟爲首的墨家競爭風流爲主要面貌。對此，戰國秦漢時人記憶尤深。《呂氏春秋・有度篇》云：「儒、墨之弟子徒屬，充滿天下，皆以仁義之術教導天下。」《淮南子・泰族訓》曰：「孔子……養徒三千，……言爲文章，行爲儀表；墨子服役者百八十人，皆可使赴火蹈刃。」「周道衰而王道廢，儒、墨乃始列道而議，分徒而訟。」〔註58〕春秋末年，孔子（前551～前479）提出「仁」的學說，並首開私人講學之風，開啓了中國古代學術思想史上著名的子學時代。戰國初年，以子夏、曾子爲首的七十子後學，繼續宣揚儒家學說。他們散遊諸侯，大者爲師傅卿相，小者友教士大夫。戰國初年取霸中原的魏國在文侯、武侯時代，尊崇儒士，文侯尤以禮賢著稱，他尊奉子夏爲師。在儒家學說氣息十分濃厚的環境影響下，曾在魏國任中庶子的商鞅難免要受到影響。《史記・商君列傳》載商鞅曾以帝、王、霸三道遊說孝公，「吾說君以帝王之道，比三代，而君曰：久遠，吾不能待。且賢君者各及其身顯名天下，安能邑邑待數十百年以成帝王乎！故吾以強國之術說君，君大說之耳。然亦難以比德於殷、周矣。」由此可見，儘管商鞅與孝公並未施行三代帝王興起之道，而採納了能快速強國的霸道。但商鞅仍然認爲，推行霸道之君主，其德行要遜於行帝道者。另外，商鞅在秦位極人臣之際仍非常尊敬持儒家言的名士趙良。此皆可證儒家學說對商鞅影響之大。需要指出的是，正統儒家思想在秦國影響不大，荀子曾以無儒爲「秦國

---

〔註57〕錢穆：《先秦諸子繫年通表》第二，北京：商務印書館，2001年8月第1版，第605頁。

〔註58〕《淮南子・俶眞訓》。

之短」，其實恰恰反映了儒者在秦國不受重視的事實。

與此同時，曾「學儒者之業，受孔子之術」的墨翟（前 480～前 390）認爲儒家學說「其禮煩擾而不悅，厚葬靡財而貧民，（久）服傷生而害事，故背周道而用夏政。」〔註 59〕因此，他從非儒入手而自創墨家學說。墨子提出「兼愛」、「非攻」、「尚賢」、「尚同」等主張。墨子曾仕於宋，以「善守禦，爲節用」〔註 60〕著稱。墨子也講仁義忠孝，對於儒家典籍記誦嫺熟，在言談時常常徵引《詩》、《書》及各國《春秋》。〔註 61〕因此，從對古代文化的繼承來講，孔、墨二人皆爲博學多聞之士，甚至戰國末年的韓非仍盛讚「博學辯智如孔、墨」。〔註 62〕墨子曾西使衛，而且其學說在衛國頗具影響力。據《墨子·耕柱篇》載，墨子使其弟子管黔激結交衛人高石子，衛君因此對高石子致祿甚厚，設之於卿。高石子三朝必盡言，而言無行者，於是離衛投奔墨子門下。由此可見在商鞅成長的衛國已然有墨者的身影。

墨子的尚賢尚同等主張，既包含著體現時代進步的積極思想，但同時也具有便於中央集權制的因素。如他所謂「上之所是，亦必是之，上之所非，亦必非之」的尚同主張，很容易爲主張中央集權的法家人物商鞅所接受。墨子貴義，他所推崇的「利天下」思想對商鞅也有直接的影響。因此郭沫若曾說墨子的主張告密連坐（《尚同》中及下），「勸之以賞譽，威之以刑罰」（《兼愛》下）或「富貴以道（導）其前，明罰以率其後」（《尚同》下）的辦法，「後來爲商鞅、申不害、韓非之流的法家所極端擴大了」〔註 63〕，確爲不刊之論。

---

〔註 59〕 《淮南子·要略訓》

〔註 60〕 《史記·孟子荀卿列傳》

〔註 61〕 需要說明的是，墨子的學說雖因先習儒而保留了儒家的一些思想因素，包括仁、義、忠、孝等名詞術語，但其内容和特點與儒家有原則的不同。最明顯的例子如「義利觀」，在儒家那裡，「義」以禮爲最高標準，凡符合於禮的言行即是義，而把「利」理解爲私利、私欲，並認爲對於利的追求必然會妨礙義的實行，從而在道德價值觀的範圍内把義和利對立起來，主張「仁者安仁」、「何必曰利」，走向了道義論。而墨子則既貴義又尚利，主張「義」以「利」爲内容、目的和標準；而所尚之「利」主要是指「天下之利」，他人之利，認爲「利人」、「利天下」是仁者從事的最高目的，達到了義利觀的統一，這無疑是一種功利主義思想。

〔註 62〕 《韓非子·八說篇》

〔註 63〕 郭沫若：《十批判書》之《孔墨的批判》，北京：東方出版社，1996 年 3 月第 1 版，第 116 頁。

## 2.「刑名之術」的集中體現——李悝、吳起之教

戰國初年，法家的先行者李悝、吳起二人已經活躍於當時的政治舞臺，並在魏、楚等國推行了順應時代潮流的改革。對商鞅的思想和變法實踐影響最大者當首推此二人。李悝（前455～前395）〔註64〕輔佐魏文侯，行「盡地力之教」，結果使魏國一躍成為中原霸主。商鞅在遊宦之初，首先來到魏國，在魏相公叔痤門下任中庶子。李悝的治國之道必定是商鞅私下裏研習揣摩的重點，故而多數學者甚至認為「商鞅私淑李悝」。

李悝對商鞅的影響主要體現在兩個方面：

首先，治國之道——「盡地力之教」及「平糴之法」。《漢書・食貨志》追述了李悝的「盡地力之教」，其文曰：「李悝為魏文侯作盡地力之教。以為地方百里，提封九萬頃，除山澤邑居參分去一，為田六百萬畝。治田勤謹，則畝益三升；不勤，則損亦如之。地方百里之增減，輒為粟百八十萬石矣。」此書還詳細記述了李悝的「平糴之法」，謂「糴甚貴傷民，甚賤傷農。民傷則離散，農傷則國貧，故甚貴與甚賤，其傷一也。善為國者，使民無傷而農益勸。」緊接著分析了五口之家治田百畝的收入支出情況：「歲收畝一石半，為粟百五十石」，除去賦稅及口糧，僅「餘有四十五石」；再除去祭祀及衣服花費，所餘錢「不足四百五十」；若遇「疾病死喪之費及上賦斂」，則可能會入不敷出。「此農夫所以常困，有不勸耕之心，而令糴至於甚貴者也。是故善平糴者，必謹觀歲有上中下孰。上孰其收自四，餘四百石；中孰自三，餘三百石；下孰自倍，餘百石。小飢則收百石，中飢七十石，大飢三十石。故大孰則上糴，三而舍一，中孰則糴二，下孰則糴一，使民適足，賈平則止。小飢則發小孰之所斂，中飢則發中孰之所斂，大飢則發大孰之所斂而糶之。故雖遇飢饉水旱，糴不貴而民不散，取有餘以補不足也。行之魏國，國以富強。」

李悝的「盡地力」之教及「平糴」之法對商鞅影響很大。《商君書》中的《墾令》、《農戰》、《去彊》、《算地》、《開塞》等篇，主張大力開墾荒地，同時控制好糧食的流通，保證農業和農民不受到傷害；商鞅制定的法令也有所謂「大小僇力本業，耕織致粟帛多者，復其身」，鼓勵民眾努力生產。

其次，即李悝所創之《法經》。《晉書・刑法志》提及「悝撰次諸國法，著《法經》。以為王者之政，莫急於盜賊，故其律始於《盜》、《賊》。盜賊須劾捕，故著《網》、《捕》二篇。……是故所著六篇而已，然皆罪名之制也。

---

〔註64〕錢穆認為此李悝即李克，見《先秦諸子繫年》之《魏文侯禮賢考》，第153頁。

商鞅受之以相秦。」〔註65〕此外,《魏書・刑罰志》亦云:「商君以《法經》六篇,入說於秦,議參夷之誅,連相坐之法。」這說明李悝和商鞅制定的秦律之間有著一脈相承的關係。

《法經》今已亡佚,李悝的刑法觀念,據《說苑・反質篇》記載:「魏文侯問李克(悝)曰:『刑罰之源安生?』李克曰:『生於姦邪淫佚之行。凡姦邪之心,饑寒而起,淫佚者久饑之詭也。雕文刻鏤,害農事者也;錦繡纂組,傷女工者也。農事害則饑之本也;女工傷則寒之原也。……故上不禁技巧則國貧民侈,國貧民侈則貧窮者爲姦邪,而富足者爲淫佚,則驅民而爲邪也。民以爲邪,因以法隨誅之,不赦其罪,則是爲民設陷也。』」〔註66〕李悝主張對富裕者的無謂浪費以及舊貴族的奢侈生活享受,要加以限制。這些思想傾向顯然對商鞅有直接的影響,如《商君書・墾令篇》云:「聲服無通於百縣」,「惡農慢惰倍欲之民無所於食」,「貴酒肉之價,重其租。」《壹言篇》曰:「民壹則樸,樸則農,農則易勤,勤則富。富者廢之以爵,不淫;淫者廢之以刑而務農。」

衛人吳起(前 440～前 381),曾先後仕於魯、魏,屢建戰功。後至楚,楚悼王任吳起爲相,實行變法。對於商鞅而言,吳起的意義更爲特殊。同爲衛人的吳起,作爲商鞅的前輩,他遊仕各國,既立下卓越的戰功,又有不俗的政績。最後因爲在楚國主持變法而遭到舊貴族的報復,慘死於亂箭之下。其生也榮,其死亦烈!商鞅少好刑名之學,對吳起的言、行應非常熟悉。吳起之慘死非但未能使商鞅卻步,反倒令他堅信法家之學確爲強國的必由之路;而且從一開始外出干祿,商鞅就選擇了取霸中原的魏國,因爲李悝、吳起曾在這裡行法家之策,給自己找到了恰當的起點。

吳起早年以善用兵而出名。他曾學於曾子,事魯君。在魯國時率軍打敗強齊,並由此聲名鵲起。至魏後,文侯以起爲將,他又率兵攻下秦國的河西五座城,於是被任西河守。吳起能被楚悼王重用,也首先源於他精於用兵之道。吳起至楚後又顯露出卓越的治國才能。他教楚悼王以楚國之俗曰:「大臣太重,封君太眾。……不如使封君之子孫三世而收爵祿,絕滅百吏之祿秩,損不急之枝官,以奉選練之士。」〔註67〕此舉從簡政出發而達到強兵之效。

〔註65〕 (唐)房玄齡等撰:《晉書》卷二十,北京:中華書局,1974 年 11 月第 1 版,第 922 頁。

〔註66〕 (漢)劉向撰:《說苑校證》,北京:中華書局,1987 年 7 月第 1 版,第 518～519 頁。

〔註67〕《韓非子・和氏篇》

有鑒於楚國地大民少且分佈不均的特點，吳起還下令「貴人往實廣虛之地」
〔註68〕，這樣既打擊了強宗大族，又開墾了荒地，實現了富國的目標。《史
記・吳起列傳》記載吳起治楚，「明法審令，捐不急之官」。燕人蔡澤亦曾謂
吳起「使私不害公，讒不蔽忠」，「塞私門之請，一楚國之俗」。〔註69〕雖然
由於楚國的公族勢力龐大，吳起的改革歸於失敗。但吳起的這些治國之道後
來均被商鞅行用於秦。在商鞅身上，處處可見吳起的影子：商鞅在秦國變法
取得成功，在秦主政期間，他也曾多次率兵出征，荀子稱他爲當世之「善用
兵者」。〔註70〕商鞅變法時特別指出「有功者顯榮，無功者雖富無所芬華。」
對秦國宗室貴族也明令「非有軍功，論不得屬籍」，《墾令篇》中有對「祿厚
而稅多」者「賦而重使之」、「均出餘子之使令」等針對貴族的舉措；爲屬行
法治，商鞅還有過黥劓太子師、傅的舉動；現存之《商君書》中亦保留了不
少關於用兵之道的言論。

### 3. 孫武的兵家之教　　《孫子兵法》與銀雀山漢簡《吳問》

在商鞅之前，除儒、墨兩大顯學及李悝、吳起等早期法家人物之外，孫
武的兵家之教對當時及戰國時代的影響也不容忽視。從商鞅後來在秦國主持
變法和對外征伐的事迹來看，兵法、兵書自當在商鞅的學習範圍之內。因此，
探討商鞅思想的來源，孫武的兵家之教也是不能迴避的。

孫武，生卒年已不可考，約與孔子同時，爲春秋末年人。他本出自齊國
貴族，因齊內亂而流亡至吳。《史記・孫子吳起列傳》主要記載孫武以兵法十
三篇見於吳王闔閭。在「吳宮教戰」，吳王「卒以爲將。西破強楚，入郢，北
威齊晉，顯名諸侯，孫子與有力焉。」由此推知，孫武爲將、從政經歷主要
在吳王闔閭在位（前514～前496年）的十餘年間。

《漢書・刑法志》云：「吳有孫武，齊有孫臏，魏有吳起，秦有商鞅，皆
擒敵立勝，垂著篇籍。」與之相應，《漢書・藝文志》的兵權謀類，首列《吳
孫子兵法》八十二篇（顏師古注曰：孫武也，臣於闔閭），次列《齊孫子》八
十九篇，《公孫鞅》二十七篇，《吳起》四十八篇。

孫武的著作從初見吳王時的兵法十三篇，後來又有所補充增加，如《漢
志》記載《吳孫子兵法》八十二篇，其中有無後人附翼部分已不可考。目前

〔註68〕《呂氏春秋・開春論・貴卒篇》
〔註69〕《戰國策・秦策三》載蔡澤語。
〔註70〕《荀子・議兵篇》

《孫子兵法》主要版本有三種：其一爲曹操注本及其後的十家注或十一家注本。東漢末年曹操選擇對《孫子兵法》中的十三篇進行注釋，淘汰了其餘各篇，後來的「十家注」均以曹注爲首，並形成了魏武帝注本和「十家注」（十一家注）本；其二，武經七書本。北宋神宗時期欽定《孫子》爲《武經七書》之首，是爲武經七書本；其三，銀雀山漢簡本，是目前最早的版本，其中有不見於現存十三篇的佚文，應爲《孫子兵法》的失傳部分。

孫武的軍事思想立足於政治、經濟基礎之上，將土地耕種面積、糧食產量與兵力數額作爲一個整體來考慮。如《孫子兵法・形篇》云：「兵法：一曰度，二曰量，三曰數，四曰稱，五曰勝。地生度，度生量，量生數，數生稱，稱生勝。」這裡講的是古代算地出卒之法。此處的「度」指「度地」，即對土地面積的丈量，「量」指糧食產量，「數」指出兵員額，「稱」是指敵我實力優劣的比較。意即土地面積決定糧食產量，糧食產量決定出兵員額，出兵員額決定敵我優劣，敵我優劣決定戰爭勝負。〔註71〕可見，孫武的軍事思想中對「農」與「戰」關係有著深刻的認識。而這一思想爲商鞅所繼承，《商君書・算地篇》在論述土地和戰爭的關係時指出，治理國家應做到耕地占國土面積的十分之六，這樣「方土百里」之內才能徵調「戰卒萬人」，「故兵出糧給而財有餘，兵休民作而畜長足，此所謂任地待役之律也。」

自《漢志》以來孫武一般被認爲是兵家或兵權謀家的代表人物，而事實上春秋戰國時代的傑出軍事家，往往也是著名的政治家，孫武也不例外。銀雀山出土的《吳問》篇即表明他還是一位有遠見的具有法家思想的政治家。在《吳問》篇中，孫武對晉國六卿滅亡次序的分析主要著眼於六卿在經濟、政治領域的改革力度，並預測晉國將歸於畝制爲二百四十步的趙氏。這些觀點體現出法家思想的特色，〔註72〕並且被商鞅行之於秦。

總之，在商鞅出世前，先秦思想學術正處於醞釀發酵時期。春秋末年幫助吳國顯名諸侯的孫武學說在戰國時代流傳頗廣，其兵學思想和主張改革的政治思想在吳起、商鞅等人身上均有影響，而其軍事思想則主要被孫臏等兵家人物所繼承。春秋戰國之際，儒、墨兩家並稱顯學，而以李悝、吳起爲代表的「刑名之術」也開始在政治舞臺上初現成效。由於門徒甚眾，儒、墨之

---

〔註71〕（春秋）孫武撰、（三國）曹操等註、楊丙安校理：《十一家註孫子校理》，北京：中華書局，1999年3月第1版，第77～79頁。
〔註72〕吳樹平：《從銀雀山漢墓竹簡〈吳問〉看孫武的法家思想》，《文物》，1975年第4期。

思想主張流傳廣泛，商鞅對之也很熟悉，特別是墨子學說對於商鞅思想產生了直接的影響。但相對於儒、墨的迂遠空言，商鞅本人更爲喜好務實的刑名之術，因爲他渴望能建功立業。

## （二）與商鞅並起的諸子

自商鞅走上歷史舞臺之後，戰國時代百家爭鳴的局面正漸次形成。「自商鞅、申不害，下及惠施、莊周、孟軻、宋鈃、許行、陳仲，爲先秦學術漫爛壯盛之期。時事之大者，爲秦孝公變法，梁惠王、齊威王相王，遂及秦宋，而至五國相王。諸侯莫不稱王，而周室爲贅瘤。齊興稷下，遊仕奮起，蓋戰國之主要期也。」〔註73〕

### 1. 法家的勃興

同戰國諸子相較，法家的思想言論最切近時代脈搏，因此他們常常受到當世君主的重用，其治國之道廣爲應用。大約與商鞅同時，法家呈現出勃興的態勢，出現了申不害和愼到兩位代表人物。一般以爲，戰國前期法家中商鞅重法、申不害言術、愼到貴勢，這其實只是韓非的一面之辭。比愼到稍晚而同爲稷下先生的荀子則認爲愼到重法、申子貴勢。如《荀子·解蔽篇》即云：「愼子弊於法而不知賢」，「申子弊於勢而不知知」。《荀子·非十二子》還以「尙法而無法」批評愼子。由此可見，商鞅並非只言「法」、申不害不僅論「術」、愼到也不止重「勢」而不及其餘。「法」、「術」、「勢」作爲特定的學術話語在韓非之前並不是完全孤立的。因此，對前期法家代表人物的思想特點我們有必要仔細分析，不能囿於韓非一家之言。

在商鞅變法前後，申不害也在韓國推行改革。申不害（約前400～前337），鄭國京人。韓昭侯八年任用他爲相，「內修政教，外應諸侯，十五年。終申子之身，國治兵強，無侵韓者。」〔註74〕

《史記·老子韓非列傳》載申子「著書二篇，號名《申子》」。《漢書·藝文志》載《申子》六篇。《史記集解》引劉向《別錄》云：「今民間所有上下二篇，中書六篇，皆合二篇，已備，過於太史公所記。」可見，《申子》一書在漢代篇章有不同的分法。〔註75〕

---

〔註73〕錢穆：《先秦諸子繫年通表》第三，第623頁。
〔註74〕《史記·老子韓非列傳》
〔註75〕《申子》一書漢志僅言六篇而未詳其目，據《群書治要》知其中有《大體》篇，其餘可考者有《君臣》和《三符》兩篇。魏晉隋唐時期此書仍見載於史志，宋代《太平御覽》、《孔子集語》等書皆有引《申子》之文。南宋時逐漸散佚，元

　　申不害之學「本於黃老，而主刑名」，而尤重談「術」，主張君王「示天下無爲」，把術藏於胸中，以駕馭臣下。如《韓非子・定法篇》曰：「申不害言術，而公孫鞅爲法。術者，因任而授官，循名而責實，操殺生之柄，課群臣之能者也，此人主之所執也。法者，憲令著於官府，刑罰必於民心，賞存乎愼法，而罰加乎奸令者也，此臣之所師也。」此段論法術之別，最爲明白。要而言之：「則法者，所以治民；術者，所以治治民之人者也。」〔註76〕簡單地說，法就是成文的國法，是官吏據以統治民眾的條規；術就是手段，是人君駕馭臣民的權變，亦即所謂「君人南面之術」。

　　此外，申子還主張君主「無爲」的政治思想，認爲「鏡設精無爲，而美惡自備；衡設平無爲，而輕重自得。凡因之道，身與公無事，無事而天下自極也。」〔註77〕由此可見，申不害強調的是法外之無爲，即不主張在規律外尋求任何嘗試或改變。

　　商君相秦，申子相韓，雖同爲執政，然秦、韓強弱不同，憑藉各異，故二人之功業亦不可同日而語。商君言「法」，申子言「術」，政策雖異，但同爲戰國前期之法家。韓非雖爲法家之集大成者，其學取申、商之長，但終未獲執政之機，故其學說未得踐行。

　　和商鞅、申子等主政改革派不同，愼到更致力於法家學說的深入思考，屬於其中的理論派。愼到（約前 350～前 275），戰國時趙人。早年學黃老道德之術，將道家學說向法家理論方向發展。齊宣王時愼到在稷下學宮講學，並曾任上大夫。楚襄王爲太子而質於齊，曾聘愼到爲傅。齊閔王時期窮兵黷武，不聽勸諫，於是稷下先生四散離齊，愼到也在此時離開至楚，後來又返回齊國。〔註78〕

　　《史記・孟子荀卿列傳》記載，「愼到，趙人，學黃老之術」。《漢書・藝

明以降，此書失傳。清代輯佚《申子》有馬國翰和嚴可均兩家。馬氏所輯之《申子》刊於《玉函山房輯佚書・子編法家類》，是目前所見較爲詳盡的作品，不足在於錯字較多，且漏收唐代《群書治要》的引文；嚴氏所編《全上古三代秦漢三國六朝文》卷四也輯有《申子》佚文，可與馬氏所輯互補，其缺點是將《群書治要》引文割裂開來。民國學者王時潤所輯《申子佚文》一卷，作爲《商君書斠詮》的附錄之一，較以上各家最爲詳盡。說詳張覺：《〈商君書〉、〈申子〉、〈愼子〉流傳考略》，《中國圖書館學報》1991 年第 1 期。

〔註76〕 呂思勉：《先秦學術概論》，第 92 頁。

〔註77〕 （唐）魏徵等撰：《群書治要・大體篇》卷三十五，四部叢刊影印本。

〔註78〕 說詳李學勤：《談楚簡〈愼子〉》，《中國文化》，2007 年第 2 期；李銳：《上博簡〈愼子曰恭儉〉管窺》，《中國哲學史》，2008 年第 1 期。

文志》法家類有《慎子》。韓非以爲慎到貴勢，慎到所說的「勢」指政權、權位。他認爲國君只有憑藉權勢，才能做到「令則行，禁則止」，「堯爲匹夫，不能治三人；而桀爲天子，能亂天下。吾以此知勢位之足恃，則賢智之不足慕也。」〔註79〕慎到尊君，但並不主張君主專制獨裁，他認爲「立天了以爲天下，非立天下以爲天子也；立國君以爲國，非立國以爲君也。」〔註80〕

　　事實上，「法」在慎到的思想中也佔據很重要的地位。從今本《慎子》佚文來看，慎到強調「法」比「勢」更多。〔註81〕如慎子有言「法雖不善，猶愈於無法。所以一人心也。」〔註82〕「君人者，舍法而以身治，則誅賞予奪從君心出矣。」「故曰大君任法而弗躬，則事斷於法矣。」〔註83〕「爲人君者」，「無法之言，不聽於耳，無法之勞，不圖於功。無勞之親，不任於官，官不私親，法不遺愛。上下無事，唯法所在。」〔註84〕「故有道之國，法立則私議不行。君立則賢者不尊。民一於君，事斷於法，是國之大道也。」「故治國無其法則亂，守法而不變則衰，有法而行私謂之不法。」「法者，所以齊天下之動，至公大定之制也。」〔註85〕

　　慎到所強調的「勢」論在《商君書》中亦有體現，但二者究竟是前者影響了後者還是相反，還不宜妄下結論。只能說慎到更強調「勢」，但是未見得《商君書》的作者就意識不到「勢」的重要性。

---

〔註79〕《韓非子・難勢篇》
〔註80〕《慎子・威德》。《慎子》書早佚，元明以降通行的版本有三種：其一爲一卷五篇本，所存篇目有《威德》、《因循》、《民雜》、《德立》、《君人》五篇，與宋代殘本同：其二爲一卷七篇本，主要由清人據唐《群書治要》輯出《知忠》、《君臣》二篇，並舊有者爲七篇。其中嚴可均四錄堂本未刊行，目前通行之七篇本爲錢熙祚所校之《守山閣叢書》本。錢氏據唐宋類書補充明本之不足及訛誤，又依各書所引輯成《慎子佚文》附於後，實爲《慎子》之最佳校本。1935年世界書局編印《諸子集成》即取錢校本予以重刊：其三爲內外篇本，明萬曆年間吳興慎懋賞編輯校刊，此本乃慎氏據《慎子》殘本及各書所引《慎子》之文編製而成，其間眞僞混雜，可略備參考。本文所引《慎子》主要參考錢熙祚校本，亦即諸子集成本。
〔註81〕如英國著名漢學家葛瑞漢就曾指出，「『法』在慎到的佚文中居於主導地位，且荀子（似乎不知道《愼子》）最初把『法』和慎到聯繫起來，並稱申不害爲「勢」的倡導者。見張海晏譯，葛瑞漢：《論道者：中國古代哲學論辯》，北京：中國社會科學出版社，2003年8月第1版，第309頁。
〔註82〕《慎子・威德》
〔註83〕《慎子・君人》
〔註84〕《慎子・君臣》
〔註85〕《慎子・佚文》

## 2. 異軍突起的兵家

戰國時期的兵家以吳起、孫臏、尉繚爲代表。其中衛人吳起（前440～前381）擅長用兵，《韓非子‧五蠹篇》云：「境內皆言兵，藏孫、吳之書者家有之。」《史記‧吳起列傳》也記載他「好用兵」，仕魯、魏、楚均立下赫赫戰功。吳起早於商鞅，他的事迹相信出生衛國的商鞅定早有所聞。

齊人孫臏（前380～前320），乃兵家翹楚孫武之後代，約與商鞅、孟軻同時。公元前353年齊魏桂陵之戰，孫臏採取著名的「圍魏救趙」策略，商鞅此時已在秦國主持變法，作爲當政者定然知曉此事。正是借助魏國戰敗的契機，商鞅建議秦孝公於次年進攻魏國，一舉奪回河西地。孫臏著有《孫臏兵法》，即《齊孫子》，唐代以前散失。1972年山東臨沂銀雀山漢墓出土的竹簡本《孫臏兵法》僅保留其中的十五篇。

尉繚，一說《尉繚子》的作者是魏惠王時的隱士，曾與惠王談論富國強兵之道；一說爲大梁人尉繚，曾於始皇元年來秦遊說。著有《尉繚子》一書，劉向《別錄》云：「繚爲商君學」。則無論尉繚爲何時之人，他對商鞅的學說是欽慕的。關於尉繚我們將在後文繼續討論，茲不贅述。

概言之，戰國兵家的三大代表人物，與商鞅皆有一定淵源關係。此亦表明商鞅本人受兵家思想影響很深，《商君書》中有關於軍事方面的篇章亦屬應然之事。

## 3. 墨子後學

墨子死後，墨家學派內部發生分化。《韓非子‧顯學篇》謂：「墨離爲三」；《莊子‧天下篇》則云：「倍譎不同，相謂別墨」，然「俱誦墨經」，「以巨子爲聖人」。戰國時代各國相繼變法，都在積極探尋治國良策，廣泛搜羅各種人材，以圖稱霸天下。在這種形勢下，有著豐富科學技術知識、精於辯術、善於謀劃，並具有不畏艱險、勇於獻身特點的墨家，便受到各國普遍的尊重和歡迎。於是墨家隊伍也不斷壯大，其鼎盛時，「顯榮於天下者眾矣，不可勝數」〔註86〕，成爲影響巨大的學派之一。墨者在秦也得到當權者的任用，並對秦國的政治產生影響。秦惠王時「腹䵷〔註87〕爲墨者巨子，居秦」，並受到秦王的尊重。腹䵷居秦時，執「墨者之法」自殺其子，而秦

---

〔註86〕《呂氏春秋‧當染篇》
〔註87〕據錢穆考證，墨者巨子腹䵷生卒年爲公元前385～前315，與商鞅同時。由於商鞅得到秦孝公的倚重和信任，故直到秦惠王時腹䵷才得到禮遇。雖然此時他已垂垂老矣，但墨者已然在秦國發展起來。

王不之罪。〔註 88〕由此可見其勢力之一斑。除巨子腹䵍外，秦惠王嘗親近秦之墨者唐姑果，當時東方之墨者謝子聽聞秦國重墨，於是也打算西見惠王。由於唐姑果獻讒言中傷謝子，導致謝子未能仕秦。〔註 89〕另外，見諸文獻記載的尚有墨者田鳩，欲見秦惠王，留秦三年而弗得見。後至楚，楚王與之將軍之節以如秦，因見惠王。〔註 90〕前文業已指出，墨家能在秦地興盛，與其擅長攻守之術有關，然而更主要的是墨家學說中有可以直接爲統治者接受的因素。

墨子及其後學的思想及議題對商鞅影響很大，《商君書》中不時顯露出這一特色。對此，目前學界尚重視不夠。這或許與論者多將《商君書》視爲戰國晚期秦商鞅後學所作有關，因爲這種認識的一個著力點在於將全書的成書時間往後拖，即多從商鞅去世之後開始分析。於是論者多用孟子、荀卿、韓非等人的思想言論作爲一個參照系來評判該書各篇的成書，這一做法事實上已經犯了先入爲主的錯誤。我們將在正文討論分篇成書時具體展開討論，此處從略。

### 4. 大儒孟子

大約與商鞅同時，大儒孟子（前 390～前 305）也活躍於齊、魏等國的廟堂之間。當時「諸侯放恣，處士橫議，」「楊朱、墨翟之言盈天下。天下之言不歸楊，則歸墨。」〔註 91〕孟子以繼承孔子學說爲己任，強調「仁義」並主張實行「仁政」，而其時的七大雄國——秦、楚、齊、燕、韓、趙、魏則只講富國強兵。孟子曾云：「故善戰者服上刑，連諸侯者次之，闢草萊、任土地者次之。」〔註 92〕這些言論很難令胸懷統一天下野心的雄主們滿意，故孟子雖周遊列國，但他的不見用也是必然的。太史公說他「則見以爲迂遠而闊於事情」〔註 93〕，可謂正中其學說之要害。

孟子散遊諸侯，他的蹤迹遍佈當時的齊、宋、鄒、滕、魯、魏等國，晚年曾在齊國擔任卿相，但不久由於宣王未聽其言而離齊歸隱。孟子雖遊歷半

---

〔註 88〕《呂氏春秋‧去私篇》
〔註 89〕事見《呂氏春秋‧去宥篇》。案，唐姑果妒賢嫉能，已違背墨者尚賢舉能之宗旨。但他本人的確是作爲墨者的身份而見用於秦的。
〔註 90〕《呂氏春秋‧首時篇》。田鳩之未見秦惠王或許也與唐姑果有關，由於文獻闕如，故不得其詳。
〔註 91〕《孟子‧滕文公下》
〔註 92〕《孟子‧離婁上》
〔註 93〕《史記‧孟子荀卿列傳》

生，也曾有過「後車數十乘，從者數百人」〔註94〕的浩大聲威，但終其一生未曾遇到能將其政治理想付諸實踐的聖王。孟子以人性、人心、道德等詮釋一切社會現象，其理論始終停留於理論闡釋、道德說教的層面，忽略了隱藏在現象背後起決定和支配作用的物質因素，因而未能上陞到實踐操作和制度建設層面，其學說也缺乏實施的基礎。更重要的原因在於孟子思想與當時「天下方務於合縱連橫，以攻伐為賢」〔註95〕的時勢不相宜。因此，不待商鞅及其後學對之抨擊，時君世主對空言仁義的儒家學說已經不感興趣了。在戰國政壇上大行其道的主要還是以嚴刑峻法著稱的法家人物，而在當時真正能與法家爭鋒匹敵的則是墨家後學。故論者每每以《商君書》中反對所謂六蝨、仁義等即斷言這是針對孟子而發，看來是失之偏頗的。孟子本人未曾西至秦，他的學說影響主要還在中原地區。

綜上所述，與秦國的商鞅變法同時，諸侯紛言變法，法家學說在各國相繼付諸實施。韓有申不害為相，國治兵強；齊用鄒忌改革內政，起用孫臏、田忌為將，成為「最強於諸侯」〔註96〕的東方大國。擅長攻守之術的兵家及墨者後學大受歡迎，在秦國也頗具聲威。這些學說都成為講求實效的商鞅關注的重點所在，而空談危言的大儒孟子則到處碰壁，很難引起秦國當政者的興趣。

## 第二節　商鞅思想傳承考析

法家作為一種學術思想和政治理論，從來沒有聚合成為一個派別，也沒有形成像儒家那樣的所謂「道統」。所謂「法家者流」的說法，始於西漢初年的司馬談，東漢班固將之發揚光大。但由於受到秦行法家之治二世而亡故事的影響，法家的理論不再顯揚，更不可能再發展為一個學派。然而在戰國及秦代，法家學說則是世所稱道的顯學，因此，商鞅的思想亦當傳承有自。

商鞅相秦孝公，變法致富強，其政令言論，自為秦人所共聞見，所樂稱道。秦國各級官府之長、吏對此自當諳熟於胸。況且商鞅勢位既尊，相秦十餘年之久，門客弟子自不少。故我們推斷商鞅思想之傳承當不乏其人，以下分門人弟子及其他兩類述之：

〔註94〕《孟子・滕文公下》
〔註95〕《史記・孟子荀卿列傳》
〔註96〕《戰國策・齊策一》

## 一、門人、弟子等私徒屬

商鞅之弟子門人等私徒屬多未見之經傳，但也有可考者，如尸佼、尉繚等，茲分別述之。

關於尸佼（前 390～330），論者據《漢書·藝文志》列其爲雜家人物，故多趨向於認爲他是商鞅的老師，其學兼有各家，故商鞅受其影響而聞見博雜。〔註97〕我們認爲上述觀點實際上只注意到尸佼對商鞅的影響這一面，而忽略了商鞅的個人喜好及其政治作爲本身對尸佼境遇及思想所產生的反作用，因此對二人關係的認識失之公允，事實上後者在兩人的關係中是居於主流的，茲淺析如下：

尸佼的生平在文獻當中說法不一。班固漢志自注云：「名佼，魯人。秦相商君師之。鞅死，佼逃入蜀。」〔註98〕而史遷《孟子荀卿列傳》則云：「楚有尸子、長盧」，《集解》引劉向《別錄》又云「楚有尸子，疑謂其在蜀。今按《尸子》書，晉人也，名佼，秦相衛鞅客也。衛鞅商君謀事畫計，立法理民，未嘗不與佼規之也。商君被刑，佼恐並誅，乃亡逃入蜀。自爲造此二十篇書，凡六萬餘言，卒，因葬蜀。」《索隱》：「按，尸子名佼，音絞，晉人，事具《別錄》。」

綜上可見，尸佼的籍貫有魯、晉、楚三說，由於書缺有間，未詳孰是。而尸佼的身份則有商鞅之師和商鞅之門客兩種說法。案，這兩說或許並不矛盾，因爲隨著商鞅仕途的遷轉，尸佼很可能從先爲商鞅之師而轉變爲其門客。商鞅在秦國嶄露頭角之後，邀請其師尸佼爲上賓，也未嘗不可能。尸佼作爲賓客參與商鞅主政時秦國政令、法案的起草和策劃，直到商鞅死後他才逃亡到蜀地。因此，尸佼與商鞅亦師亦友，這種關係貫穿於商鞅變法的始終。如果說商鞅公務繁忙而疏於著述，那麼尸佼則是有大量時間著書立言的。

《漢書·藝文志》記載雜家有「《尸子》二十篇」，三國時已亡一半，唐《群書治要》尚殘存《尸子》佚文十三篇。今本乃清人汪繼培輯佚而成，《尸子》佚文思想兼宗儒、墨、名、法、陰陽，但其中究竟保留多少先秦《尸子》

---

〔註97〕持此說者大有人在，如祝瑞開《先秦社會和諸子思想新探》一書第 138～141 頁對尸佼思想的論述，福州：福建人民出版社，1981 年 7 月第 1 版；林劍鳴《秦史稿》對商鞅思想的分析，上海：上海人民出版社，1981 年 2 月第 1 版，第 177 頁；鄭良樹《商鞅評傳》直接指出商鞅「習雜家（指尸佼）之言」，南京：南京大學出版社，1998 年 12 月第 1 版，第 86～87 頁。

〔註98〕《漢書·藝文志》雜家類《尸子》條下。

原本的內容，難以辨析。因此，想要從今本《尸子》中找尋其與商鞅思想的關聯仍有待可靠的文獻考證。

尉繚，生卒年不詳。尉繚的生平，《漢書·藝文志》雜家類有《尉繚子》，顏注曰：「尉姓、繚名。劉向《別錄》云：『繚為商君學。』」《隋書·藝文志》以為尉繚是梁惠王時人，則與商鞅為同代。明人宋濂《諸子辨》曰：「尉繚，或曰魏人，或曰齊人，未知孰是。」

《史記·秦始皇本紀》則記載，始皇十年（前 250 年），「大梁人尉繚來說秦王」，此年上距商鞅被誅（即孝公二十四年）已過 88 年。則尉繚晚商鞅數十年。

目前多數學者傾向於認為尉繚是梁惠王時人之說更為可信。其一，今本《尉繚子》在陳述政見和兵法時，反覆強調農戰和「修號令」、「明刑賞」、「審法制」等思想，這些政見獻給力挽敗局、圖謀中興的梁惠王，則比較適宜；若獻給經過變法、日漸強盛的秦始皇，則實為無的放矢。其二，今本《尉繚子》在引證歷史人物和歷史事件起自黃帝而止於吳起，戰國時代名將輩出，作者只引吳起一人，且次數最多，並對吳起治軍的事蹟記述最詳。其三，《尉繚子》中屢屢嚴屬批評「世將」，正反映了戰國早期士人向貴族爭奪政權的時代背景。〔註99〕

尉繚的著作在《漢書·藝文志》中兩現，分別是雜家類《尉繚》二十九篇和兵形勢家《尉繚》三十一篇。目前傳世《尉繚子》主要有唐《群書治要》本、宋《武經七書》本及銀雀山漢墓所出竹簡殘本，從內容來看各本大同小異，主要談的是兵法，其中關於兵教及兵法、兵令的論述可與《商君書》的《戰法》、《兵守》、《立本》等篇互為發明，由此亦可見他和商鞅關係密切。

劉向去古未遠，他說尉繚為商君學，加之傳世本《尉繚子》多次記述尉繚與梁惠王的問對，我們以為尉繚是魏國人的可能性更大。因為商鞅早年曾

---

〔註99〕分別見華陸綜：《尉繚子注釋·前言》，北京：中華書局，1979 年 1 月第 1 版；何法周：《尉繚子初探》，《文物》，1977 年第 2 期；鍾兆華：《關於尉繚子某些問題的商榷》，《文物》，1978 年第 5 期；鄭良樹：《論孫子的作成時代》，《文史哲學報》第二十八期。也有論者以《尉繚子》主張用兵以仁義為本，「先禮信而後爵祿，先廉恥而後刑罰」，由此斷言其成書於戰國晚期。見張烈：《關於尉繚子的著錄與成書》，《文史》第八輯。案，此說實拘泥於「尉繚為商君學」的窠臼，而漢志將《尉繚子》列為雜家本身就說明其思想雜採諸子，未見得主張與商鞅完全一致。而仁義學說也並非孟子才提出，墨子實最早將仁義並舉。

仕於魏，魏惠王沒有聽信公叔痤「舉國而聽之（商鞅）」的臨終遺言，致使商鞅奔赴秦國變法取得巨大成功，並成為魏國的政敵。因此，商鞅的學說在魏國應頗具影響力。

　　除此二人外，商鞅還有其他私徒屬。《商君列傳》趙良曾云：「君之出也，後車十數，從者載甲，多力而駢脅者為驂乘，持矛而操闟戟者旁車而趨。」趙良又勸商鞅急流勇退，「歸十五都，灌園於鄙」。到秦惠王即位後下令追捕商鞅時，他入魏遭拒，無奈之下，「走商邑，與其徒屬發邑兵，北出擊鄭。」

　　以上記載表明商鞅所豢養之門客、私徒屬為數不少，惜文獻闕如，不得其名。這些私徒屬的身份類似於家臣。他們入則參與議政畫策，出則隨行護衛，並且與商鞅出生入死。

　　要之，上述之門人、弟子或私徒屬，他們與商鞅或為師、或為徒、為臣，關係最為密切，對商鞅思想也最為熟悉。作為商鞅思想的直接聞見者，在某種程度上，他們可以視為《商君書》中那些早期著作的「捉刀」者。

## 二、秦國之眾官吏──兼論「以吏為師」之制

　　在中國古代，學術思想傳承的主要方式是師傳家法。或父傳之子，或師傳之弟，口授筆錄，代代相傳。與這種主流的學術傳承方式相比，商鞅之學的「師承家法」在古代特別是戰國時期則顯得晦暗不明。前述商鞅門人、弟子或私徒屬，大多名不見經傳。見諸文獻的「為商君學」者尉繚，是通過何種方式研習商鞅的思想，也無以為考。那麼商鞅之學在其身後究竟是如何得以傳承呢？

　　戰國時期諸侯爭霸日熾，擺脫血緣宗族的士階層異常活躍，如縱橫遊說之士散遊各國，學說思想的傳播已不限於父子、師徒之間。戰國初年，魯繆公、魏文侯皆以禮賢下士而聞名，列國卿相養士之風也隨之大盛，如著名的戰國四公子之徒。而最著名者當屬齊國的稷下學宮，自齊威王草創至齊宣王時代達到全盛階段，成為名噪一時的「學術中心」，四方遊士紛至沓來，「鄒衍、淳于髡、田駢、接子、慎到、環淵之徒，皆賜列第為上大夫，不治而議論」，〔註100〕「各著書言治亂之事」〔註101〕。稷下學宮彙集儒、墨、道、法、名、農、陰陽五行等各學派代表，百家爭鳴，諸子學說相互激蕩交融，蔚為大觀。除資政干祿和學術爭鳴外，稷下學宮還兼具講學授徒功能。《戰國策·

〔註100〕《史記·田敬仲完世家》
〔註101〕《史記·孟子荀卿列傳》

齊策》云田駢有「徒百人」，而著名的稷下先生淳于髡去世時，「諸弟子三千人爲衰絰」，這些記載或許有誇大之處，但謂其人才濟濟，亦不爲過。

商鞅在世時，有私徒屬聚集在其周圍，相互切磋。但商鞅以謀反之名遭車裂後，身死族滅，其私徒屬幸免者自當逃亡於諸侯之間。商鞅之法留於秦，而商鞅之學則可能隨其私徒屬而傳播於各國，稷下學宮中當不乏議論商君學說者。

那麼，保留於秦國本土的商鞅之學是否就湮沒無聞呢？探討秦國的「以吏爲師」之制或許有助於我們窺見其間的若干消息。

商鞅雖死，其法未敗，而秦國素來有以吏爲師的傳統。秦孝公用商鞅之道，以刑法爲教。孝公去世，惠文王即位之初，「秦婦人、嬰兒皆言商君之法」。〔註102〕在以愚民爲國策的秦國，婦人、嬰兒所能言之「法」，只能理解爲商鞅的法令，而不大可能是討論商鞅思想的《商君書》。如果沒有廣泛的社會宣傳教育，秦國的婦孺又何以知曉商君之法呢？捨「以吏爲師」之制無他！

戰國末年的韓非也主張教導民衆應「以法爲教」、「以吏爲師」。《韓非子・五蠹篇》云：「今修文學、習言談則無耕之勞而有富之實，無戰之危而有貴之尊，則人孰不爲也？是以百人事智而一人用力。事智者衆則法敗，用力者寡則國貧，此世之所以亂也。故明主之國，無書簡之文，以法爲教；無先王之語，以吏爲師。」韓非之說絕非原創，應當是受了商鞅的影響。因爲在成書偏晚的《商君書・定分篇》〔註103〕中，也明確提出「爲法令置官吏」，「置主法之吏，以爲天下師」，這樣「萬民皆知所避就，避禍就福，而皆以自治也。」同樣的主張出現在關係密切的兩本書中，恐怕不僅僅是巧合。

將「以吏爲師」之制發揮到極致則是在秦始皇統一天下之後，丞相李斯有鑒於「私學乃相與非法教之制，聞令下，即各以其私學議之，入則心非，出則巷議，非主以爲名，異趣以爲高，率群下以造謗。如此不禁，則主勢降乎上，黨與成乎下。」故「請諸有文學《詩》《書》百家語者，蠲除去之。令到滿三十日弗去，黥爲城旦。所不去者，醫藥、卜筮、種樹之書。若有欲學者，以吏爲師。」〔註104〕顯然，這裡的「以吏爲師」所教之內容已經擴大到

---

〔註102〕《戰國策・秦策一》
〔註103〕關於《定分篇》的成書煩請參看本書上編第四章第七節的討論。
〔註104〕《史記・李斯列傳》。案，此段文字還見於《史記・秦始皇本紀》，其文曰：「若欲有學法令，以吏爲師。」《集解》引徐廣曰：「一無法令二字。」由此可見，「法令」二字在有的《史記》版本中是沒有的。這樣理解其實更符合古代「學

醫藥、卜筮、種樹之學，不限於法令。其目的在於蠲除私學《詩》、《書》百家語，而醫藥、卜筮之學自當在吏本身所學範圍之內，否則何以教民？

出土的簡牘材料證實，秦國的官吏有教民法令的職責，秦國的學僮進用為吏也有嚴格的身份限制和考覈選撥。如睡虎地秦簡《編年記》記載，墓主人令史喜在秦國擔任小吏，同墓出土有《語書》和《秦律十八種》、《秦律雜抄》、《法律答問》、《封診式》等內容，從中可以看出喜負有教民及學僮學習法律的責任。又如《秦律十八種》之《內史雜》曰：「令赦史毋從事官府。非史子也，毋敢學學室，犯令者有罪。」〔註105〕律文明確規定，只有「史之子」才有資格在學室學習，其餘人等違反者一概視為犯罪。這裡的學室，應是一種學校。古時以文書為職務的史每每世代相傳，要從小受讀寫文字的教育。許慎《〈說文解字〉敘》引漢《尉律》云：「學僮十七已上始試，諷籀書九千字，乃得為吏。」按，《尉律》為漢廷尉所守之律，該律規定學僮年十七已上才可參加選拔為吏的考試。而雲夢睡虎地秦簡中墓主喜的相關經歷也足以證明漢代《尉律》實源白秦律，許慎之說不妄。如《編年記》云：「今元年，喜傅」；三年「八月，喜揄史。」〔註106〕即始皇元年喜年十七，三年八月即十九歲被進用為從事文書的小吏——史。

《商君書·定分篇》也明確記載，「主法令之吏有遷徙物故，輒使學讀法令所謂，為之程序，使日數而知法令之所謂，不中程，為法令以罪之。」即是說主管法令的官吏若遷轉或死亡，就馬上安排接替者學習、誦讀法令所說之條文，並為他做出規定，使其在規定的時日內通曉法令條文，如不符合規定，將制定相應的法令治罪。

綜上所述，作為史之子的學僮首先要在學室接受識字教育，年十七之後進用為吏必須通過考試方可，其基本條件是誦讀籀文九千字。作為後備力量，從小吏成長為主法令之官吏，還須熟悉精通法令條文，並再次接受考覈。此外，醫藥、卜筮、種樹之學亦在吏的學習範圍之內。

---

在官府」和法家一貫主張的「聽吏從教」（《韓非子·詭使》）的宗旨。日本學者瀧川資言已注意到《秦始皇本紀》和《李斯列傳》記載的差別，還指出《通鑒·秦紀》作「若有欲學法令者」。說見：《史記會注考證》，北京：文學古籍刊行社，1955 年 7 月第 1 版，第 464 頁。

〔註105〕睡虎地秦墓竹簡整理小組：《睡虎地秦墓竹簡》，北京：文物出版社，1978 年 11 月第 1 版，第 106～107 頁。

〔註106〕睡虎地秦墓竹簡整理小組：《睡虎地秦墓竹簡》，第 6 頁。

　　有學者質疑秦國本土能產生「商學派」，認爲秦國的教育政策僅足以訓練足夠數量的法律工作人員，而很難發展出對法律政策作理論探討的學者群。由秦簡《內史雜》「非史子也，毋敢學學室」的規定可知，秦國的教育世襲僅局限於中層或以上的官吏，平民及下級官員的子弟都沒有受教育的機會。再從同墓出土的其他簡文內容來看，秦國的中下層官吏得到的教育是專業而技術性的法律條文。現存秦律中，完全沒有像《商君書》一樣，有法律原則及政策的探討。另外，從秦國極少輸出遊士的事實看來，秦國的政治、思想和外交人才都枯竭，不得不向外搜求。因此秦國恐怕很難存在商鞅學派。〔註107〕

　　其實上述顧慮完全是多餘的，《史記‧李斯列傳》記載趙高與李斯密謀篡改始皇遺詔時曾云，「高固內官之廝役也，幸得以刀筆〔註108〕之文進入秦宮，管事二十餘年」，「高受詔教習胡亥，使學以法事數年矣，未嘗見過失。」趙高之言難免有自誇之嫌，但他由於精通文書律令而被選入宮中，作爲王子胡亥的師傅教習法律政令。由此可知，法律政令也是太子學習的內容，並非僅限於中下層官吏。可想而知，秦國的上層官員和貴族子弟也應接受類似的教育。教導目不識丁的民眾學習法令，只要教會他們明白法令賞罰的標準即可。而要教育有一定文化素養的史或貴族子弟乃至太子學習法令，恐怕不能僅僅局限於此，作爲秦政和秦律指導思想的商鞅學說也應在其中。

　　總之，「以吏爲師」之制，迅速養成了一批能夠貫徹秦政、法律令的官吏階層，是秦保持國富兵強的重要條件，也是商鞅的學說和思想得以傳承的重要力量。他們有執行國家政策、政令的義務，也有學習和繼承商鞅思想的責任。儒家學派的弟子是「學而優則仕」，他們大多是普通的士。而商鞅學派的弟子們則主要是政府部門的各級官吏。商鞅之後在秦國政治舞臺上活躍的主政者，他們大多數也可被視爲商鞅思想的傳人。因此，從這個意義上說，商鞅的影響要遠遠大於諸子。典型者如李斯，他本與韓非跟隨荀卿學習儒學，但入秦後，卻搖身一變，服膺商君學說，儼然一法家「巨子」。

---

〔註107〕馮樹勳：《從商君書輯定年代看古籍整理的幾項要素》，《書目季刊》第三十八卷第三期，第73頁。

〔註108〕《史記‧張丞相列傳》張守節《正義》曰：古用簡牘，書有錯謬，以刀削之，故號曰「刀筆吏」，第2678頁。

# 第二章　《商君書》分篇成書時代考證
## （上）

-

## 第一節　「治世不一道，便國不必法古」──《更法篇》

　　《更法篇》是現存本《商君書》的首篇，該篇因記載商鞅的變法言論而著稱，但也因篇中屢稱秦孝公諡號等問題而連帶被人認定整本《商君書》都是僞造的，商鞅本人並無著作之可能。即使在認爲該篇所述基本可視爲商鞅生平材料的學者眼中，《更法篇》與《戰國策·趙策·趙武靈王平晝閒居》糾纏不清的關係也頗爲可疑，前者所述「治世不一道，便國不必法古」的商鞅名言似乎是「當時主張變法的一種公同主張，本沒有一定的主人翁」〔註1〕。因此，《更法篇》的成書問題其實疑竇頗多，值得深究。

### 一、《更法篇》成書諸說述評

　　關於《更法篇》之成書，前人早有研究，且看法趨於一致。傳統觀點認爲此篇非商鞅所作，典型代表即《四庫全書總目提要》，該書指出：「今考《史記》稱『秦孝公卒，太子立，公子虔之徒告鞅欲反，惠王乃車裂鞅以徇。』則孝公卒後，鞅即逃死不暇，安得著書？如爲平日所著，則必在孝公之世，又安得開卷第一篇即稱孝公之諡？殆法家者流，掇鞅餘論，以成是編。猶管子卒於齊桓公前，而《書》中屢稱桓公耳。諸子之書如是者多，既不得撰者之主名，則亦姑從其舊，仍題所託之人矣。」〔註2〕認爲此篇是商鞅之後的法

〔註1〕劉汝霖：《周秦諸子考》，第286頁。下文將詳述其觀點。
〔註2〕紀昀編著：《四庫全書總目》卷一百一·子部十一·法家類，上海：大東書局，1930年3月再版，第2頁。

家者流所作。

按，四庫提要的著者認爲《更法篇》後出的看法可謂持之有故，其舉篇中「稱孝公之諡」來證明其撰寫時代也是有說服力的。四庫的說法影響很大，近代以來在學界服膺者甚眾。如梁啓超在《古書眞僞及其年代》一文中多次指出《商君書》確爲先秦書，但指爲商鞅所作則僞〔註3〕；著名的戰國史專家楊寬也持大體相似的看法，楊先生認爲《商君書》本非商鞅所論著，乃戰國晚期秦商鞅學派所作，成書已在長平之戰後。〔註4〕當代學者高亨也贊同四庫提要之說，他在《商君書作者考》一文中指出，此篇很明確是作於商鞅死後，理由是該篇三次出現「孝公」這一死後的諡號。〔註5〕以治秦漢史聞名的林劍鳴亦作如是觀，他說：「其餘多爲商鞅以後的作品，這是有明顯證據的。如第一篇《更法》，開始就稱『孝公……』，孝公乃是死後諡號，公元前三三八年孝公死，而孝公一死，商鞅即被迫逃亡，後來被殺。當此之時逃死不暇，哪有機會著書？可見，這一篇決非商鞅所作。」〔註6〕

可以說，以四庫提要爲代表的傳統觀點，成爲關於《更法篇》成書的主流看法。但正是這一看似難以辯駁的觀點，對《更法篇》乃至整部《商君書》的眞僞問題帶來諸多先入爲主的認識上的誤區，成爲長期以來困擾《商君書》研究走向深入的一大障礙。主要表現如下：

其一，因《更法篇》非出自商鞅親撰，由此而簡單否定其記載的眞實性。

雖然《更法篇》出自後人之手，但它關於商鞅言論的記載究竟是否眞實可信呢？對此，以四庫提要爲代表的傳統觀點雖未明言，但從其判定整本《商君書》皆爲僞書的結論來看，他們恐怕很難相信《更法篇》的可靠性。關於這一點，早在民國時代已有學者提出較爲公允的看法。如劉汝霖就曾說：「漢

〔註3〕陳引馳編校：《梁啓超國學講錄二種》，北京：中國社會科學出版社，1997年6月第1版，第147頁、第158頁。梁啓超對自己的説法似乎有所保留，他在《中國歷史研究法》中討論古籍辨僞時又説：「《管子》、《商君書》，《漢志》皆著錄，題管仲、商鞅撰，然兩書各皆記管、商死後之人名與事迹，故知兩書決非管、商自撰，即非全僞，最少亦有一部分羼亂也。」（《梁啓超國學講錄二種》附錄甲，第261頁。）這就等於承認《商君書》中有商鞅本人的著作。
〔註4〕楊寬：《戰國史料編年輯證》，上海：上海人民出版社，2001年11月第1版，第19頁。
〔註5〕高亨：《商君書作者考》，見高著《商君書注譯》，第7頁。
〔註6〕林劍鳴：《秦史稿》，上海：上海人民出版社，1981年2月第1版，第270頁注釋第2。

人蒐求遺書，以多爲貴。偶然得到幾篇眞的古人著作，總嫌不夠，往往東拉西扯，敷衍成多篇。得到記載著書人事迹的材料，也時常採入。這種材料，常放於篇首。」他還舉先秦子書《公孫龍子》首篇是《迹府》、《黃帝內經》首篇是《上古天眞論》、《韓非子》首篇是《初見秦》、《存韓》爲證。「《商君書》首篇的《更法》，當然也是這樣。萬不能因這一篇時代不合就抹殺全書。」〔註7〕劉汝霖從漢人蒐求古書之慣例的角度論證《更法篇》所記應爲後人搜集商鞅本人事迹的材料，然後放入《商君書》中。換言之，他認爲《更法篇》的內容應當是可信的。

　　事實上，在劉氏的旁證之外，尚有其他一些材料可以證實《更法篇》所言不虛。如《韓非子·姦劫弒臣篇》有言：「商君說秦孝公以變法易俗而明公道，賞告姦，困末作而利本事。」〔註8〕直到漢代，商鞅的變法事迹及與甘龍等人的御前大辯論之事仍不時被學者提及，史學家司馬遷做《史記·商君列傳》御前辯論一段時又與《商君書·更法篇》的內容近乎雷同〔註9〕，劉向在《新序》一書中多次舉商鞅的變法主張爲例，其中《善謀篇》更是抄錄《更法篇》全文，只在首尾處稍有改易。可見，在戰國秦漢時人眼中，在孝公面前的爭論應爲商鞅有關變法的重要言論。有學者指出此篇「是商君的事略，較後的附入《商君書》」〔註10〕，當爲公允之論。先秦子書如《論語》、《孟子》、《墨子》、《莊子》等，多成於門人、弟子之手，《論語》的編定一般認爲當出自曾子、有若之弟子，《孟子》、《墨子》、《莊子》書中多記載孟、莊、墨本人之事迹及與他人論辯的內容。我們普遍認爲此類材料是其弟子所記，仍視其爲孟、莊、墨本人思想之表現。《更法篇》的內容當與此相類，將之視爲商鞅本人的主張也在情理之中。

　　其二，由《更法篇》的後出而斷定全書皆非商鞅所著，並進而抹殺商鞅著書的可能性。

　　在以四庫提要爲代表的傳統觀點看來，商鞅變法之時公務繁忙，無暇著書，否則不會「開卷第一篇即稱孝公之諡？」秦孝公死後不久，商鞅就被追

---

〔註7〕劉汝霖：《周秦諸子考》，第285頁。

〔註8〕陳奇猷：《韓非子新校注》，第283頁。

〔註9〕一般認爲司馬遷寫《史記·商君列傳》御前辯論一段時主要參考了《商君書·更法篇》，我們更傾向於認爲兩者的取材可能同出一源，即皆源自秦國史官記錄。詳見下文論述。

〔註10〕容肇祖：《商君書考證》，《燕京學報》第二十一期。

捕，只顧得上逃命，更不可能潛心寫作。因此，包括《更法篇》在內的整部《商君書》都是後來的人偽作的。**這種以一篇之偽而推論全書皆偽的論證，難逃以偏概全之嫌**；而且更為嚴重的是，還由此幾乎抹殺了商鞅著書的可能。可以想見，既然商鞅本人不可能寫書，整部《商君書》都是後人偽作，假託商鞅。那麼人們若要研究商鞅或商鞅變法，只能儘量繞開《商君書》。如此以來，《商君書》的文獻價值不免大打折扣。

四庫提要認為商鞅「無暇著書」的觀點直接影響到對於《商君書》價值的判斷。不過，類似的看法古已有之。宋代大儒朱熹在論《管子》一書時曾謂：「仲當時任齊國之政，事甚多。稍閒時，又有三歸之溺，決不是閒功夫著書底人。著書者是不見用之人也。」〔註 11〕更有學者將朱熹之說推而廣之，認為在諸子百家蜂出並作的時代，有書流傳於後世者如孔、孟、老、莊、墨、荀韓等，多為「不見用之人」；而那些「見用」的布衣卿相，其中雖不乏刻苦勤奮的飽學之士，但卻鮮有著述傳世者。原因主要在於前者閒暇時間較多，且以授徒講學為業；後者政務繁忙，亦無門人弟子為其撰述。〔註 12〕

上述看法有一定道理，但未免將問題絕對化。作為「見用」的政治家——商鞅亦堪稱「博物君子」，其著書立說也並非絕無可能。茲舉如下數端為證：

首先，戰國時代，諸子著書立說之風蔚為大觀。商鞅本人是滿腹經綸之士，有著書的先天條件。商鞅幼好形名之學，到魏相公叔痤門下任中庶子，熟悉李悝之法和魏國的制度和政務。至秦國之初，曾說孝公以帝、王、霸三家學說〔註 13〕，凡此皆可證其學養篤厚。商鞅變法於中國古史所產生的巨大

---

〔註 11〕 黎靖德編著：《朱子語類》卷一三七（第八冊），北京：中華書局，1994 年 3 月第 1 版，第 3252 頁。

〔註 12〕 白奚：《稷下學研究——中國古代的思想自由與百家爭鳴》，北京：生活·讀書·新知三聯書店，1998 年 9 月第 1 版，第 216～217 頁。

〔註 13〕 《史記·商君列傳》。關於帝、王、霸三說也有學者帶著《更法篇》成於後人之手的先入之見，認為「夫孟子出而始倡王道之說，以為『以力假人者霸』，『以德行仁者王』。至道家出，始有所謂帝道，以清靜無為為帝道。其說之興，皆在商君後，商君烏得而習其說哉？彼商君者，法家也，捨此安有所謂帝王之術哉？」（說見齊思和：《中國史探研》，第 132 頁。）其實孟子是「王道」、「霸道」並提，而主張「王道」的儒家學派和主張「霸道」的法家學派早在商鞅之前就存在；而所謂「帝道」，也並非出於後人虛構，這就是「黃老之學」中的「黃帝之學」……在商鞅同時代的人中，許多人都明確標榜祖述「黃老之學」，如申不害，「本於黃老，而主刑名」（《史記申不害列傳》）「慎到，趙人；田駢、接子，齊人；環淵，楚人，皆學黃老道德之術，因發明序其指意。」（《史記孟子荀卿列傳》）……因此，儘管「王道」、「帝道」、「霸道」並提可

影響遠非管仲、叔向、子產等賢士大夫所能同日而語，而他本人在思想學識方面亦可稱爲「博物君子」。商鞅本人兼學者與執政者雙重身份於一身，他相秦數十載，在爲政閒暇著書立說亦屬自然。據《漢書·藝文志》記載，商鞅不僅著有《商君書》，而且還有兵書傳世〔註14〕，惜後亡佚。再則，孝公卒後，商鞅雖不及著書，但其在秦變法二十餘年，定有上書及草擬之法令等，這些均可在《商君書》中求索，不能說商鞅全無著作。

復次，從傳世本《商君書》的篇幅和內容來看，與戰國諸子著述動輒千言相比，該書論理多簡單、粗疏，言辭簡略，甚少排比鋪陳、長篇大論。這或許亦比較符合商鞅作爲政治家的身份。退一步說，縱然商鞅忙於運籌帷幄，無暇著述，但仍不排除其所養之門客有捉刀代筆者。此類著述，必經商鞅本人授意、潤色、過目，故仍可視作商鞅本人思想之體現。《四庫提要》說《商君書》「乃法家者流掇鞅餘論，以成是編」，此語恰可證明商鞅本人有著作傳世，否則商鞅之後的法家們既無從掇拾鞅之餘論，其「僞作」亦將無所附麗。

總之，對《更法》篇之成書應作具體分析，此篇雖非商鞅所作，但所記應爲商鞅本人的生平，其論點應視爲商鞅的主張。《商君書》其他各篇是眞是假，也應區別對待。作爲「見用」的政治家，商鞅本人也是博雅之士，著書立說自在情理之中。

## 二、《更法篇》與《戰國策·趙策二》武靈王平晝閒居章關係辨析

在談及《更法篇》時，學者們爭論較多的是該篇與《戰國策·趙策·趙武靈王平晝閒居》的關係。由於二者相似之處頗多，故在學界產生的觀點分

能後來才出現，但作爲一種主張，早在商鞅之前就存在。（見林劍鳴：《秦史稿》，第 202～203 頁。）

〔註14〕班固：《漢書》卷 30，《藝文志》，第 1757 頁。有人認爲法家的《商君》和兵權謀家的《公孫鞅》是兩書，如顧實爲諸子略法家《商君》及兵書略兵權謀家《公孫鞅》兩書分別注釋，均認爲是商鞅所著。（分別見顧實：《漢書藝文志講疏》，南京：南京高等師範專科學校，1925 年刻本，第 69 頁、第 99 頁。）又有人說兩書實即一書互見，不過篇目多寡微有不同，如王時潤。（見王時潤：《商君書斠詮》，臺中：文聽閣圖書有限公司，2010 年 5 月第 1 版，第 8～9 頁。）由《漢書·藝文志》的記載可知，西漢成帝時派劉向校定諸子之書，兵書則由步兵校尉任宏校定，兩人所取之書類別、篇數、書名皆不同，顯然應爲兩本不同的書。《公孫鞅》一書雖失傳，但在殘存至今的《商君書》中有三篇是專論軍事的，且商鞅本人有多次率兵出征的事迹，他在兵法方面有心得並著書亦當在情理之中。故應以顧說爲是。

歧較大，主要有三：

第一種觀點：主張《更法篇》抄襲《戰國策》，代表學者有錢穆、齊思和等。錢穆認爲：「今按《史》文（指《史記・商君列傳》）本諸《商君書・更法篇》，而此篇多襲《趙策武靈王胡服》章。《趙策》云：『武靈王平晝閒居』，而《商君書》訛爲『孝公平晝』，是其證。」〔註15〕齊思和亦云：「《商君書》所載之辭頗與《戰國策・趙策》趙武靈論胡服之辭相類，恐非原文。至若《商君列傳》所載，則又似節自《商君書》者，更不足信矣。」經過列表比較三篇內容後，認爲三者內容「爲輾轉抄襲，而非當時之辭」。〔註16〕

第二種觀點：認爲《戰國策》抄襲了《更法篇》，代表學者如鄭良樹。他在逐一批駁持第一說的諸種說法後，從史實前後、改革重點不同所暴露出的用詞差異、《戰國策》他章所顯露出來的痕迹、引文詳略所透露出來的常理等四個方面，詳細論證了《趙武靈王平晝閒居》章抄襲《更法篇》的論點，認爲「本篇（即《更法篇》）成書時代應該在《戰國策・武靈王平晝閒居章》之前。」〔註17〕

第三種觀點：認爲二者同出一源，無所謂誰抄襲誰。此說以劉汝霖爲代表，他曾指出：「我看這篇（指《更法篇》）大意，和戰國《趙策》趙武靈王提倡胡服騎射所說的話相像，文字亦多相同。大概這種話是當時主張變法的一種公同主張，本沒有一定的主人翁，所以後來或歸之武靈王，或歸之商鞅。所以後來編兩書的人，都把這段採入。」劉氏的看法其實已流露出二者同出一源的意思，只是未能點破。直接挑明「同出一源」假設的是容肇祖。他在考證《更法篇》的成書年代時，將其與《戰國策・趙策・趙武靈王平晝閒居》做對比，在論證中提出了這樣的假設，「如果《商君書・更法》與《國策》的一段同一來源，則必不能比《國策》所記爲早。」〔註18〕儘管其觀點值得商榷，但「同出一源」的邏輯假設至少要比簡單地比較兩篇孰早孰晚這樣非此即彼的論證理路更高一籌，而且對我們討論《更法篇》的成書也極具啓發意義。

---

〔註15〕錢穆：《先秦諸子繫年》卷73《商鞅考》，第263頁。

〔註16〕齊思和：《中國史探研》，第132～134頁。

〔註17〕鄭良樹：《商鞅及其學派》，第19頁。

〔註18〕容肇祖：《商君書考證》，《燕京學報》第二十一期。容先生認爲後者無疑受了陰陽家理論的影響，其成書應在戰國末年；並進而指出《更法篇》「有可疑爲改削《趙策》而成的痕迹」。但他似乎持論遊移不定，又因《更法篇》引用郭偃之語，而《戰國策》及《史記・商君列傳》皆無，而懷疑「則似《更法篇》不出於《國策》。兩篇的來源早晚，是不易定的。或者是同一時期完成的。」

耐人尋味的是，司馬遷寫《史記·趙世家》時取材與《戰國策·趙策》所依據的戰國故事完全相同，而著《商君列傳》御前辯論一段時又與《商君書·更法篇》的內容近乎雷同。**《趙世家》與《商君列傳》中極爲相似的段落**想必太史公也應該意識到，但或許由於兩篇寫作時間前後懸隔，而竟然未曾察覺。這讓我們欲辨明《更法篇》與《戰國策·趙策·趙武靈王平晝閒居》的關係變得更加困難。

前已論及，《更法篇》中所講商鞅與甘龍、杜摯等人的御前大辯論當爲商鞅本人的事迹，因此我們贊同《更法篇》成書應在《戰國策·趙策》之前的說法，並補充論證如下：

首先，從商鞅御前辯論與趙武靈王胡服騎射兩件事的具體時間來看，前者在後者之前，且秦國面臨的背景和變法的側重點也與後者差別較大。

史書確載，商鞅遊說孝公變法事在公元前 361 年〔註 19〕；據《史記·趙世家》知，胡服騎射發生在趙武靈王十九年（公元前 307 年）〔註 20〕。在商鞅變法之後，齊有鄒忌、韓有申不害、燕有樂毅相繼進行了改革，而趙武靈王的胡服騎射則是戰國變法當中開始最晚的。

秦、趙兩國面臨的背景和變法的側重點也各有不同。秦國偏處西垂一隅，但早在春秋時期的穆公時代即已稱霸西戎，雄踞一方。至於戰國，魏人范雎在進諫秦昭王時曾這樣形容秦國的地理形勢：「大王之國，四塞以爲固，北有甘泉、谷口，南帶涇、渭，右隴、蜀，左關、阪，奮擊百萬，戰車千乘，利則出攻，不利則入守，此王者之地也。」〔註 21〕因此，從秦國所處的戰略形勢來看，它屬於守戰之國。這在「諸侯力政、爭相併」〔註 22〕的戰國時期是極爲有利的條件，但是秦國卻出於內部政局動蕩而未能有所作爲。自厲、躁、簡公一直延續到出子時期，秦國因君位繼承而爭奪不息，未暇顧及外事，導致被魏國奪去河西地。「諸侯卑秦，醜莫大焉。」〔註 23〕獻公有志於重振秦穆公之霸業，意欲東伐，但終其世而心願未遂。秦孝公即位後，內憂基本平定，主要的目標就是設法使秦國迅速富強起來，他任用商鞅變法即是爲此。

而趙國居於四戰之地，誠如趙武靈王所說：「今中山在我腹心，北有燕，

〔註 19〕分別見於《史記·秦本紀》和《商君列傳》。
〔註 20〕司馬遷：《史記》卷四十三，《趙世家》，第 1805～1811 頁。
〔註 21〕司馬遷：《史記》卷七十九，《范雎蔡澤列傳》，第 2408 頁。
〔註 22〕司馬遷：《史記》卷五，《秦本紀》，第 202 頁。
〔註 23〕司馬遷：《史記》卷五，《秦本紀》，第 202 頁。

東有胡，西有林胡、樓煩、秦、韓之邊，而無強兵之救。」﹝註24﹞不僅如此，趙國東邊有強齊虎視，南與韓、魏等國版圖犬牙交錯。﹝註25﹞進入戰國以來，這些周邊的游牧部族經常以騎兵侵擾趙國。武靈王即位後不久，在與齊、魏等國的戰爭中，趙接連敗北。而最具威脅性的則是秦國與中山國，自著名的五國攻秦失利後，秦即開始蠶食趙地；中山依仗齊、魏多次與趙交戰。當時的趙國成為七雄中國勢較弱的一個，因此軍事上的威脅、國家的安危是擺在趙武靈王面前的頭等大事。他要在趙國仿傚胡人「胡衣騎射」，以胡服教化趙人，加強趙的軍事勢力，從而達到北王諸胡、稱霸群雄的目的。趙武靈王主要的變法措施是胡服，特別是服飾禮俗的變革。

正是由於兩者的背景和變法的側重點截然不同，因此兩篇在遣詞造句上差別明顯：《更法篇》的重點在於強調變法更禮，自始至終討論集中在「法」與「禮」上；而《趙武靈王平晝閒居》章中的辯難焦點則是「服」、「禮」和「俗」。﹝註26﹞

其次，商鞅辯辭當是縱橫之士轉相學習的對象。戰國、秦、漢之際，縱橫家遊說和獻策之風，相沿未替。由於縱橫家重視計謀、策略與權變，他們所搜輯彙集之歷史經驗教訓，不限於合縱連橫之遊說，包容所有謀求對外勝利之計策，兼及法家與兵家謀求勝利之故事。縱橫家多次援引法家的學說來立論，如帛書《戰國縱橫家書》第十八章記左師觸龍說趙太后章，以為君王骨肉之親「猶不能持無功之尊，不勞之奉而守金玉之重也」﹝註27﹞，即為法家主張。商鞅變法是戰國前期的一件大事，商鞅與甘龍、杜摯等人在秦孝公面前的大辯論，甚為精彩，而且秦國因商鞅變法而聲威大震。因此商鞅關於變法的辯辭無疑成為時人遊說揣摩學習的成功典範。戰國末年韓非仍說：「世藏管、商之法者家有之」，可見商鞅的學說和言論流傳之廣，這些言論被縱橫家借用、改造，變為遊說之辭亦是應然之事。因此，《戰國策·趙策二》記趙武靈王推行以胡服騎射為標誌的軍事改革，其所持理論採納**商鞅辯辭的基本框架**而稍事改造也合乎情理。

﹝註24﹞ 司馬遷：《史記》卷四十三，《趙世家》，第 1806 頁。
﹝註25﹞ 參見楊寬：《戰國史》所附圖一戰國前期中原地區形勢圖（公元前 350 年）。
﹝註26﹞ 鄭良樹對此論述詳備，茲從其說。見鄭良樹：《商鞅及其學派》，第 14～19 頁。
﹝註27﹞ 馬王堆漢墓帛書整理小組編：《戰國縱橫家書》，北京：文物出版社，1976 年12 月第 1 版，第 76 頁。帛書的內容與傳世本《戰國策·趙策四》的內容幾乎完全相同。

　　第三，《韓非子》一書多引商君之言行，其中《難面篇》的記述足以與《更法篇》相互印證。《難面篇》云：「不知治者，必曰：『無變古，毋易常。』變與不變，聖人不聽，正治而已。然則古之無變，常之毋易，在常古之可與不可。伊尹毋變殷，太公毋變周，則湯、武不王矣。管仲毋易齊，郭偃毋更晉，則桓、文不霸矣。凡人難變古者，憚易民之安也。夫不變古者，襲亂之迹；適民心者，恣姦之行也。民愚而不知亂，上懦而不能更，是治之失也。人主者，明能知治，嚴必行之，故雖拂於民心，（必）立其治。說在商君之內外〔註28〕而鐵殳，重盾而豫戒也。」〔註29〕而在《更法篇》中，商鞅反覆強調「治世不一道，便國不必法古」的道理，並自信「有高人之行者，固見負於世；有獨知之慮者，必見驚於民。」《南面篇》關於商鞅厲行變法的記述與《更法篇》適相發明，更進一步證實《更法篇》所論為商鞅本人之言行。

　　此外，漢初群臣在議論秦亡教訓時，對商鞅也多有批評。如《鹽鐵論·申韓》載時人之言曰：「今商鞅反聖人之道，變亂秦俗，其後政耗亂而不能治，流失而不可復。」同書《尊道篇》亦云：「小人智淺而謀大，羸弱而任重，故中道而廢，蘇秦、商鞅是也。無先王之法，非聖人之道，而因於己，故亡。」從漢人的批評中可以看出，《更法篇》中的「是以聖人苟可以彊國，不法其故；苟可以利民，不循其禮」、「治世不一道，便國不必法古」等名言確乎出自商鞅之口。

　　綜上，我們認為《戰國策·趙策》所記趙武靈王胡服騎射的理論框架當源自商鞅御前辯論之語。

---

〔註28〕陳奇猷認為此處的「內外」是出入之意，不是篇名，他主要依據《史記·商君列傳》的記載，「趙良曰：『君（指商鞅）之出也，後車十數，從車載甲，多力而駢脅者為驂乘，持矛而操闔戟者旁車而趨，此一物不具，君固不出。』蓋即此所謂『商君之內外而鐵殳，重盾而豫戒也。』」（陳其猷：《韓非子新校注》，第337頁。）而羅根澤認為所謂「商君之《內外》者，即《商君書·外內篇》也。」（羅根澤：《商君書探源》，見羅氏編著：《古史辨》第六冊，上海：上海古籍出版社，1982年3月第1版，第302頁。）我們同意後一種說法。從上下文義來看，「商君之內外而鐵殳重盾而豫戒也」一句所在段落從正反兩方面來論證人主之知治。商鞅重法主張變革是韓非所熟知的，商鞅實行法治，驅民農戰正是「拂於民心」之舉。《外內篇》開篇即言：「民之外事，莫難於戰，故輕法不可以使之。」「民之內事，莫苦於農，故輕治不可以使之。」從內容上看，《外內篇》主要論述了重戰、重農兩大政策。重戰是為了對外，重農則是對內，所以才用「外內」二字名篇。篇題「外內」二字的含義應指戰和農，故外內即農戰。
〔註29〕陳奇猷：《韓非子新校注》，第334頁。

## 三、《更法篇》引用上古帝系問題辨析

《更法篇》在論證「治世不一道，便國不必法古」這一變法主張時曾多次援引古史及上古聖王故事爲例，其中提到「伏羲、神農，教而不誅；黃帝、堯、舜，誅而不怒」一段由於事涉古史傳說的「五帝」問題而備受關注。有學者指出，伏羲、神農見諸文獻約在戰國中晚期，而伏羲、神農、黃帝、堯、舜這樣的「五帝」系統也是戰國中晚期才形成的。《更法篇》應是援引《周易·繫辭下》所建立的「五帝」系列，屬於引證成說立論。因此，從引用古史傳說的情況來看，《更法篇》的成書應在戰國中晚期。〔註30〕

事實上，關於上古帝王系統問題，學界存在較大的爭議。顧頡剛、徐旭生等人相繼撰文指出伏羲、神農、黃帝、堯、舜這套五帝系統是戰國晚期才形成的，我國古代各部族都出自黃帝的大一統帝王世系，是戰國以來各族不斷融合、各國逐漸趨於統一的大形勢的產物。〔註31〕而近年來隨著出土文獻的問世，學界對於上古帝王傳說系統又有了新的看法，如有學者認爲上古帝王傳說在早期是隱微恍惚、很不規整的，而五帝體系則是經過儒家「整合」的一種結果。五帝體系之外，還另有儒家的上古傳說。〔註32〕

上古帝王傳說系統，儘管經過喜好託古的戰國時人加工整理，但一直到漢初各種說法依然駁雜淆亂，令人莫衷一是。太史公撰寫《五帝本紀》時就曾感慨「學者多稱五帝，尚矣。然《尚書》獨載堯以來。而百家言黃帝，其文不雅馴，搢紳先生難言之」，司馬遷爲此曾「西至空桐，北過涿鹿，東漸於海，南浮江淮」，經過多番實地訪察，又旁參「《春秋》、《國語》」等書的記載，才得出「不離古文者近是」，「其所表見皆不虛」的結論，最終「擇其言尤雅者」寫成。於是，以《尚書·堯典》及《大戴禮記》中的《五帝德》、《帝繫》等儒書所述五帝系統進入正史當中，其他的古史傳說和記載因此被忽略和淘汰。

近年出土的上博簡《容成氏》當中即保留有戰國時代關於上古帝王系統的寶貴記載，其文曰：「〔尊〕盧氏、赫胥氏、喬結氏、倉頡氏、軒轅氏、神農氏、

---

〔註30〕 張林祥：《商君書的成書與思想》，北京：人民出版社，2008 年 8 月第 1 版，第 32 頁、第 60～65 頁。

〔註31〕 顧頡剛：《五德終始說下的政治和歷史》，見《古史辨》第 5 冊，上海：上海古籍出版社，1982 年 3 月第 1 版；徐旭生：《中國古史的傳說時代》第 6 章，北京：科學出版社，1960 年 3 月第 1 版。

〔註32〕 李存山：《反思經史關係：從「啓攻益」說起》，《中國社會科學》，2003 年第 3 期。

槫？氏、爐連氏之有天下也，皆不受其子而受賢。」〔註33〕《容成氏》的這一上古帝王系統，與傳世文獻存在一定差異。如在《世本》、《帝王世紀》等書中，倉頡爲黃帝之臣，而《容成氏》中則將容成氏、倉頡氏與軒轅氏並列。

另外，《更法篇》的這段文字與《太平御覽》和《意林》所引的《六韜》佚文非常類似，其文曰：「昔柏皇氏、栗陸氏、驪連氏、軒轅氏、赫胥氏、尊盧氏、祝融氏，古之王者也，未使民民化，未賞民民勸，此皆古之善爲政者也。至於伏羲氏、神農氏，教民而不誅。黃帝、堯、舜，誅而不怒。古之不變者，有苗有之，堯化而取之。堯德衰，舜化而受之。舜德衰，禹化而取之。」這裡所述伏羲、神農之前的上古帝系與《容成氏》也不盡相同，只是後半段講伏羲以後的帝王次序及論證模式、用語都與《更法篇》異常相似。

由此可見，在上古帝系未經統一改造和梳理的戰國時期，存在各種不同的說法，想要在諸說中判斷孰先孰後、孰優孰劣並不容易。概言之，《更法篇》所述上古帝系未見得是戰國晚期才形成的，商鞅在各種帝繫傳說中任意擇取引用也是完全有可能的。《更法篇》引用上古傳說中的帝王事迹只是爲了說理的方便，並非刻意地陳述上古帝王世系。這一上古帝王傳說序列與戰國時期其他文獻記載出現類似或雷同，未必就能斷定是誰抄襲了誰，只能說明這套古史傳說系列應屬戰國時期廣泛流傳的諸說之一。

## 四、《更法篇》成書蠡測

以上我們評述了前輩專家有關《更法篇》成書的諸多觀點，在此基礎上擬對該篇的成書做出如下推測：《更法篇》最初極有可能出自秦國史官之手，後人（疑爲商鞅後學）編纂彙集商鞅言論時將之編入《商君書》中，並做了少許改動。主要論據如下：

首先，從《更法篇》君臣論辯的措辭來看，該篇很可能是秦國史官實錄。

該篇開篇首先交待了辯論發生的地點和主要人物，緊接著由孝公發起討論。言談應答，非常緊湊。孝公擔心「今吾欲變法以治，更禮以教百姓，恐天下之議我也」，公孫鞅接過話題，引用俗語及輔佐晉文公變法的郭偃等人的言論，鼓勵孝公「苟可以強國，不法其故；苟可以利民，不循其禮。」但甘龍徑直批駁道「聖人不易民而教，知者不變法而治」，「今若變法，不循秦國之故，更禮以教民，臣恐天下之議君，願孰察之。」既反駁了商鞅，又委婉

---

〔註33〕李零整理：《容成氏》，見馬承源主編：《上海博物館藏戰國楚竹書》（第二冊），上海：上海古籍出版社，2002 年 12 月第 1 版，第 250 頁。

地提出對孝公的擔憂。商鞅也毫不客氣，批評甘龍所言是「世俗之言也」，並再次列舉夏商周三代及春秋五霸的事例來說明「知者作法」、「賢者更禮」的道理，希望孝公「無疑」。杜摯取代甘龍再次勸諫孝公「利不百，不變法。功不十，不易器。臣聞法古無過，循禮無邪」。商鞅抓住杜摯「法古」、「循禮」的字眼反脣相譏，「前世不同教，何古之法？帝王不相復，何禮之循？」，又援引伏羲、神農、黃帝、堯、舜及湯武之興、夏殷之滅的故事，論證「法古者未必可非，循禮者未足多也」的道理。最終孝公聽從了商鞅的建議，決心變法。

從全篇對商鞅與甘龍、杜摯等人的辯論記載來看，《更法篇》不僅記載生動形象，言論符合人物身份及個性，而且雙方措辭既針鋒相對，又連貫、緊湊。若非親臨其境，很難有如此細緻而形象的描述。因此，該篇極有可能出自秦國史官記錄。

其次，秦國的史官之制在獻公、孝公時代日臻成熟，記錄御前辯論當屬史官分內之事。

《史記·秦本紀》記載「（文公）十三年，初有史以紀事，民多化者。」而根據學者對《史記·秦本紀》史料來源的考察，自文公十三年設立「史」官以後，秦國的「史」開始有紀年的記事。但這些記錄基本是以祭祀、征伐為中心的記事，而到了戰國特別是秦獻公、孝公時代，則變成了大事記形式的記錄，幾乎每年都有記事，而且連孝公的命令文書也大段引用。〔註 34〕本著「古之王者世有史官，君舉必書，所以愼言行，昭法式也。左史記言，右史記事」〔註 35〕的古訓，像孝公欲行變法這樣的重大決策，由公孫鞅、甘龍、杜摯三人在御前辯論，恐怕不會沒有史官旁聽、記錄。因此，我們推測秦國的史官應該會記錄下商鞅等人在孝公面前展開的這場對秦國國運影響深遠的大辯論。

《更法篇》最初極有可能出自秦國史官之手，並保存在秦國的檔案中。後人（疑為商鞅後學）在編纂搜集商鞅言論時將之編入《商君書》。我們甚至推測司馬遷在寫《商君列傳》時也看到了這些材料，並直接引用，所以《商君列傳》御前辯論部分才與《更法篇》驚人地相似。而後人（疑為商鞅後學）這種改編的痕迹從《更法篇》中也是可以找到蛛絲馬迹的。其一，篇末的「於

---

〔註34〕 曹峰、廣瀬薰雄譯 藤田勝久著：《〈史記〉戰國史料研究》第二編第一章，上海：上海古籍出版社，2008 年 1 月第 1 版，第 250～256 頁。

〔註35〕 《漢書·藝文志》

是遂出《墾草令》」是最爲明顯的內證。貫穿《更法篇》的一個主題即要不要變法而治，商鞅主張要變法，甘龍、杜摯等人反對，孝公最終支持商鞅的變法主張。文末「於是遂出《墾草令》」一句和全篇文氣、主題明顯脫節，當是後人爲使商鞅著作保持前後連貫性而增加的，因爲緊隨《更法篇》之後的就是《墾令篇》。其二，篇中關鍵人物的稱謂也暗藏些許線索。《更法篇》開篇即稱「孝公」之證，文中又兩次出現「孝公」的稱謂。如果我們拋開「僞書」的成見，後人編纂前人著作時對已故國君改稱謚號是極爲自然的事。不過，這種改動並不徹底。稱「孝公」時不加「秦」，而篇中第二段又稱孝公爲「君」，商鞅、甘龍、杜摯三人在辯論中也無一例外地都稱孝公爲「君」，如｜君亟定變法之慮」、「臣恐天下之議君」、「君無疑矣」、「君其圖之」等等，這些都提示我們《更法篇》最初應是稱孝公爲「君」的。對於商鞅的名號，《更法篇》反倒一仍史官記錄之舊，一律作「公孫鞅」。作爲戰國政壇上的風雲人物，商鞅在秦國之履歷眾人皆知。在與甘龍等人辯論之前，變法尚未開始，時人稱他作衛鞅或公孫鞅。商鞅的名號是由於他獲封商、於之地後所得，其事遠在孝公十八年之後。或許因爲這個緣故，改編者不便隨意筆削，才保留了原樣未動。

綜上所述，我們推測《更法篇》最初出自秦國史官之手，在後人彙集編纂商鞅言論時被編入《商君書》中，並最終定本。這種彙編的痕跡在《更法篇》篇末處表現得最爲明顯，該篇結尾「於是遂出《墾草令》」一句和全篇文氣、主題明顯脫節，當是後人爲使整部《商君書》保持前後連貫性而增加的。因爲緊隨《更法篇》之後的就是《墾令篇》。總之，我們認爲《更法篇》的成書過程其實也是先秦古書從單篇流傳到最終成爲定本這一普遍規律的一個縮影。

需要指出的是，《更法篇》雖然反覆重申要變法的理由，但是對如何變法卻幾乎隻字未提，這或許由於當時甘龍、杜摯等反對意見較大，秦孝公特別安排他們和商鞅進行一場公開的辯論，目的仍在於說服反對派，儘管事實上這一舉措並未奏效。孝公最終下令實行變法時，商鞅才正式提出關於變法的各項措施。

## 第二節　「爲國之數，務在墾草」——《墾令篇》

商鞅變法企圖改造的社會是家家歸農、人人奮戰的社會。而要實現家家歸農，除積極授田之外，還應設定各種禁令。《墾令篇》即明確表達了商鞅的

這一意圖——使民不貴學問，使便辟游惰之民、庸民、逆旅之民、惡農、慢惰倍欲之民皆無所於食，驅使各色人等歸農墾草。

　　注解《商君書》者多認爲《墾令篇》即「墾草令」，是商鞅變法前夕起草的政令，這一觀點得到多數學者的認同。如劉咸炘認爲「《墾令》或本鞅條上之文」〔註 36〕，陳啓天亦贊同此說，他說：「本篇名爲《墾令》，而文中又前後疊說」『則草必墾矣』共二十次之多，似乎本篇就應是所謂《墾草令》。但仔細一讀，又覺得不像一種令文，而像令文的一種說明或條陳。全篇共二十條，每條說明一種方法；每種方法的效果，都歸結到墾草。所以本篇主旨，全在重農。這二十種重農或墾草的方法，都與商鞅變法的根本精神相合；而文字的體裁又非常簡峻，非像商鞅這類的法家不易寫出。更從反面看，自篇首至篇尾也尋不出後人追述或假託的證據。」〔註 37〕蔣禮鴻也認爲「此篇所言，乃墾令之所從出，非即令也。篇題蓋後人加之。」〔註 38〕鄭良樹也贊成以上諸家之見，受容肇祖的啓發，他更斷定《墾令》篇與《算地》篇體例最相近，二者都分別就各種制度提出詳細的建議，文字都簡峻樸質，像一條條法律草案。二者應該是商鞅變法時所撰述的「草案」。〔註 39〕還有學者認爲該篇「專言『闢草萊，任土地』之事，是商鞅實施重農政策的綱領。」〔註 40〕

　　然而，主張該篇晚出或爲僞造的觀點也不容忽視。因此，《墾令篇》的成書年代仍有辨析之必要。

## 一、《墾令篇》成書諸說辨析

　　合而觀之，指陳《墾令》篇出自他人之手者，大致有如下兩種觀點：

　　（一）秦昭王時之商鞅後學所著。容肇祖認爲《墾令篇》與《算地》、《徠民》二篇關係密切，《算地》篇講人口與土地的關係，「民勝其地，務開；地勝其民，事徠。」《徠民篇》所說全在徠民，而《墾令篇》所說則全在墾草。故他斷定這三篇同出於一人之手，同在秦昭王晚年著成。〔註 41〕楊寬更明確指出該篇成書於長平之戰後，他根據《徠民》、《墾令》等篇所述之史事分析

〔註36〕劉咸炘：《子疏》第八《商鞅篇》。

〔註37〕陳啓天：《商鞅評傳》，第 123 頁。

〔註38〕蔣禮鴻：《商君書錐指》，第 6 頁。

〔註39〕鄭良樹：《商鞅及其學派》，第 20〜23 頁。

〔註40〕馬宗申注釋：《〈商君書〉論農政四篇注釋》，北京：農業出版社 陝西科學技術出版社，1985 年 10 月第 1 版，第 1 頁。

〔註41〕容肇祖：《商君書考證》，《燕京學報》第二十一期。

當時秦國所面臨的具體形勢，認為長平之戰後，秦統一天下之大勢乃成，「是時秦向四周擴展，形成地廣人稀之局面」，因而「『墾草』與『徠民』成為當務之急。」〔註42〕

案，容先生注意到《墾令篇》與全書其他篇章的關係，這種研究思路非常可取，其看法也不無道理。然而他之所以得出以上的結論是基於這樣的前提認識：他先已考證出《徠民》的成書在秦昭王的晚年；然後通過比較，發現《算地》與《徠民》關係密切，這兩篇大約是出於一人之手的；最後再由《算地》兼言徠民與墾草，而《墾令》和《徠民》則分述之，據此認為三篇同山於一人之手。我們認為這一看法也不無商榷之處，茲辨析如下：

首先，就三篇的體例而言，《墾令》、《算地》與《徠民》是判然有別的。如學者已經指出的，前兩篇都類似於法律條文，對某一項政策的實施提出各種具體可行的建議，帶有濃厚的強制色彩；而後者則是臣下針對一個論題進行多方面的論證，試圖去說服君王來採納其建議，類似於遊說之詞，頗多鋪陳。

其次，從內容上來看，《墾令》、《算地》與《徠民》篇差別也很大。《墾令》篇提出使民眾安心農作的舉措凡二十種，可謂鉅細不遺。通篇講的多是如何讓那些從事商業、傭工、遊說、逆旅、聲服等怠惰淫巧之民歸心於農，讓大夫家長之愛子、餘子亦不得逃脫農作和賦役。卻隻字未提招徠他國之民的問題，這或許說明在商鞅的時代，秦國國力尚弱，國內尚且有大量荒地急需開墾，驅民於農是當務之急。秦孝公對國富兵強的急切之情觀諸求賢令即可知，而要想兵強，首先得通過農作來使國富，這是對外攻伐的先決條件。容先生斷定《算地》與《徠民》同出一人之手的依據是兩篇中「先王制土分民之律」一段文字非常接近，這樣的推論似乎過於簡單，難以服人。因為《商君書》各篇中語詞相同的段落不勝枚舉，如果我們據此引申，那麼全書中出自一人之手者恐怕為數眾多，而無須我們深究。《算地》與《徠民》兩篇的最大區別在於：前者雖然指出要根據人地關係的規律或開荒或徠民，但主要論述的是君主如何通過刑賞兩種手段來驅使民眾從事耕戰，其鎖定的目標主要是本國的民眾，要他們既耕且戰；而後者則明確指出應招徠三晉之民耕作，令故秦人征戰。

需要指出的是，《徠民篇》歷來學者頗多注目，其成書偏晚確是明白無疑之事。篇中出現的諸多商鞅身後事帶有非常明顯的時代印記，正是在提醒人

〔註42〕楊寬：《戰國史料編年輯證》，第 19～20 頁。

們此篇絕非商鞅之作。但不可否認的是，篇中有很多思想和主張是出自商鞅本人的，關於這一點我們將在後文專門討論，此不贅述。

（二）後人彙聚有關商鞅著作的殘存篇章加以偽造的。詹劍峰即持此說，其論據如下：其一，《墾令篇》數言「百縣」，而在商鞅變法之初，秦國並沒有普遍施行縣制，故不可能有「百縣」的說法；其二，本篇提出「廢逆旅」的法令，與商鞅治秦的實踐不符；其三，篇中所謂「使商無得糴，農無得糶。農無得糶，則窳惰之農勉疾」的主張，令人費解，商鞅或其同派的法家不會這樣胡思亂想。

案，以上三條論據皆不能成立。首先，關於「百縣」，《墾令篇》的確多次出現，有「聲服無通於百縣」、「無得居游於百縣」、「百縣之治一形」、「去來賣送之禮無通於百縣」等說法。本篇的「縣」皆指郡縣之縣，「百縣」泛指全國。據《史記·六國年表》記載，「秦孝公十二年（公元前 350 年），初聚小邑爲三十一縣，令。」「十三年，初爲縣，有秩史。」對此，《秦本紀》與《六國年表》略有不同，其文曰：「（孝公）十二年，……並諸小鄉，聚集爲大縣，縣一令，四十一縣。」另據《漢書·百官表》：「縣令長皆秦官。萬戶以上爲令，秩千石至六百石；減萬戶爲長，秩五百石至三百石。皆有丞尉。」由此可見，無論是《六國年表》的三十一縣，還是《秦本紀》的四十一縣，指的都是大縣，並沒有提及那些不足萬戶的小縣。事實上，秦國早在春秋時期即武公十年（前 688 年）就開始設縣了〔註 43〕，自後凡新取之地皆設縣，但由於此後秦國國力時強時弱，所設之縣很不穩固，故數目多變。到秦孝公即位之初，經歷 300 餘年的發展，出現 100 多個大小不等的縣也是自然的。因此，結合《墾令》篇中多次出現的「百縣」一詞，我們更可推測此篇很可能寫成於商鞅變法前夕，約在公元前 359 年左右。商鞅本人提到「百縣」也在情理之中，並非不可能。

其次，關於「廢逆旅」。《墾令篇》云：「廢逆旅，則姦僞、躁心、私交、疑農〔註44〕之民不行，逆旅之民無所於食，則必農，農則草必墾矣。」

〔註43〕據《史記·秦本紀》記載：「（秦）武公十年，伐邽、冀戎，初縣之。十一年，初縣杜、鄭。」

〔註44〕朱師轍據《廣雅》：「躁，擾也」斷定廢逆旅，則姦僞無所藏，故心擾亂疑惑也。因此他斷此句爲「廢逆旅，則姦僞躁心，私交疑農之民不行。」（《商君書解詁定本》，第 6 頁）案，朱說不確。楊樹達謂：「躁心」即孟子所謂「熱中」，下文云，「愚心躁欲之民」，彼云「躁欲之民」，此云「躁心之民」，文異

　　此處的「逆旅之民」究竟是指「投宿館驛的人」還是「開館驛者」？馬宗申、賀淩虛認爲是前者，但蔣禮鴻、高亨、張覺等人則認爲指後者。我們同意前一種看法，論據如下：

　　第一，理解此文的關鍵點在於理解「逆旅」的作用。《左傳》僖公二年，「今虢爲不道，保於逆旅」，杜預注曰：「逆旅，客舍也。」關於逆旅之用，古人有言曰：「逆旅整設，以通商賈。」這說明逆旅主要是爲游士、商賈等各色東西南北之人提供臨時食宿的場所。然而更重要的是，各國的使臣往來、官府的公務人員因公出行皆仰賴逆旅提供食宿之便。故逆旅是不可能輕易廢除的。或以爲商鞅這裡所說的禁止開設旅店並非眞的禁止，而是規定旅店主人在留宿行人時，必須檢查其證件。〔註45〕其依據即《史記·商君列傳》所載秦孝公卒後，商鞅被秦廷追捕，逃亡至關下，欲舍客舍。客人不知其是商君也，曰：「商君之法，舍人無驗者，坐之。」案，此說不誤。前文提及的秦簡《工律》云「邦中之徭及公事館舍」，整理者注謂：「館，動詞，館舍即居宿於官舍。」此又添一證據。故而將「逆旅之民」視爲「開館驛者」顯然於理不通。

　　第二，「逆旅之民」作「投宿館驛者」解更符合《墾令篇》的主旨。通讀《墾令篇》就會發現，商鞅對商人、遊說縱橫之類不事勞作者採取嚴厲的打擊政策，而對這些東西南北之人而言，投宿逆旅是常有之事。從後文「則姦僞、躁心、私交、疑農之民不行」可以知曉，「廢逆旅」主要針對的正是這些人。因爲逆旅爲他們逃避農戰、苟且偷生提供了便利的條件，所以商鞅特別提出這樣一條辦法。《史記·商君列傳》記載商鞅本人因無驗足以證明其身份而被客舍主人拒絕的事例，說明儘管官方依然開設館驛，但對投宿者的身份盤查甚爲嚴格，「姦僞、躁心、私交、疑農之民」想要在館驛容身是很困難的；還可證明「廢逆旅」之舉在秦國是確實實行的。

　　第三，從《墾令篇》的句式來看，「……之民無所於食，則必農」中的「……之民」多爲姦邪事末作者。「姦僞、躁心、私交、疑農」之民正是商鞅所一再認定的惰怠者，故「逆旅之民」指的正是他們。

　　此外，蔣禮鴻曾舉例證明戰國時期已有公館、私館之別，這或許說明商鞅的「廢逆旅」之舉可能只是禁止私人開設旅店而已，官方設置在交通要道上的館驛並未廢除。睡虎地秦簡中抄錄的《魏戶律》規定：「自今以來，假門

<hr>

　　義同。（《積微居讀書記》，北京：中華書局，1962年9月第1版，第188頁）
　　故這裡當以「姦僞、躁心、私交、疑農」四詞並列爲是，指這四類人。
〔註45〕馬宗申：《〈商君書〉論農政四篇注釋》，第7頁。

逆旅、贅婿後父，勿令爲戶，勿予田宇。」〔註46〕魏戶律作於公元前 252 年，其打擊假門逆旅的做法應當是從秦國學來的。

最後，關於農商糶糴的說法。「使商無得糴，農無得糶。農無得糶，則窳惰之農勉疾。商無得糴，則多歲不加樂。多歲不加樂，則饑歲無裕利。無裕利則商怯，商怯則欲農，窳惰之民勉疾，商欲農，則草必墾矣。」

《說文》：「糴，市穀也。糶，出穀也。」關於此段「糶」、「糴」二字注家看法不一，或謂二字當互易，原文當作「使商無得糶，農無得糴……蓋商子之意，以農爲穀之所自出，如聽其市穀而食，則窳惰之農無所憚，將終其身不肯從事於田野，而荒蕪可立待矣。故必使之不得市穀而食，而後窳惰之農勉疾也。商則素不耕稼，勢不能不市穀而食。然使挾其多錢善賈之長技，以積穀而居奇，……故必使商人不得操出穀之權……今本糶糴二字上下互誤，故其義難通矣。」〔註47〕蔣禮鴻、高亨二人亦贊同是說；或謂原文不誤，商人必先買入，然後始能賣出。農民是糧食的生產者和出賣者，而不應當是糧食的購買者。

案，結合《墾令》篇重農的主張，此段的出發點是強調由官府對糧食的買賣進行管理，防止商人操縱糧價，傷害農民的生產和生活。商人往往能通過賤買貴賣獲取豐厚利潤，那麼很多窳惰之農就會轉而經商。防止他們買賣的最直接辦法就是禁止他們買糧，而如果禁止商人賣糧，他們買糧食也就無利可圖了。所以無論禁止商人買糧和賣糧，其結果是一樣的。買和賣是兩個相對、共時的動作，有買方必然有賣方。禁止了商人的投機活動，商人無利可圖會轉向農業生產，農民自然也就安心農作了。因此，這裡的「糶」、「糴」二字當以互文爲解。商君以農戰爲國，於農谷必有詳密之管理方法，《農戰篇》亦有言足以發明此段，是篇謂「我疾農，先實公倉，收餘以食親」是「農無得糶」矣。官以公倉之穀調劑民食，則「商無得糴」矣。

綜上，我們駁斥了關於《墾令篇》後出的各種看法。而隨著 20 世紀 70 年代以來出土秦簡牘、兵器銘文等材料的大量湧現，也在在印證著《境內篇》所述「墾草令」在秦國的政治實踐中確實得以貫徹落實。下面我們將結合該篇全文擇要逐條縷析之。

---

〔註46〕睡虎地秦墓竹簡整理小組編：《睡虎地秦墓竹簡》，第 293 頁。
〔註47〕王時潤：《商君書斠詮》，參見蔣禮鴻：《商君書錐指》第 8～9 頁。

## 二、《墾令篇》新證

### （一）改革吏制——「無宿治」、「百縣之治一形」

「無宿治，則邪官不及爲私利於民，而百官之情不相稽。則農有餘日。邪官不及爲私利於民，則農不敗。農不敗而有餘日，則草必墾矣。」

「無宿治」，指朝廷有事就辦，不拖延。睡虎地秦簡《行書律》云：「行命書及書署急者，輒行之；不急者，日𢠉（畢），勿敢留。留者以律論之。」〔註48〕此律所言與「無宿治」的思想可謂異曲同工。《墾令篇》強調的是「無宿治」的作用，官府辦事雷厲風行，官吏無暇謀私，則農業生產受損害較小，農民能夠專心耕作。

除了提高官府的辦事效率之外，商鞅還提出「百縣之治一形」的辦法，如此「則從迂者不敢更其制，過而廢者不能匿其舉。過舉不匿，則官無邪人；迂者不飾，代者不更，則官屬少而民不勞。官無邪則民不敖，民不敖則業不敗，官屬少徵不煩，民不勞則農日多。」

案，所謂「百縣之治一形」即統一全國各級官府的行政體制，各級官府的法令、機構設置、人員編制都統一有章法，這樣官吏們就不敢隨意變更制度或隱匿過錯，官府屬吏人數不會任意增加，吏治清明，農民自然能安心墾草。證之以睡虎地秦簡《置吏律》，可知此條舉措確曾實施過。《置吏律》云：「嗇夫之送見它官者，不得除其故官佐、吏以之新官。」〔註49〕即謂嗇夫被調任其他官府，不准把原任官府的佐、吏任用到新任官府。此律文亦反映出當時秦國各級官府的管理體制是統一且有章可循的，其目的無疑是防止官吏形成私人勢力。

### （二）訾粟而稅

「訾粟而稅，則上壹而民平。上壹則信，信則臣不敢爲邪。民平則慎〔註50〕，慎則難變。上信而官不敢爲邪，民慎而難變，則下不非上，中不苦官。下不非上，中不苦官，則壯民疾農不變。壯民疾農不變，則少民學之不休。少民學之不休，則草必墾矣。」

「訾粟而稅」，即按照穀物的產量來徵收農業稅。這樣以來，征稅合理劃一，無畸輕畸重，故民心平和無怨。「訾粟而稅」的做法在雲夢睡虎地秦簡中

---

〔註48〕睡虎地秦墓竹簡整理小組編：《睡虎地秦墓竹簡》，第103頁。
〔註49〕睡虎地秦墓竹簡整理小組編：《睡虎地秦墓竹簡》，第95頁。
〔註50〕「慎」，讀爲「順」。民平則慎，言人民平和則順從而不叛。

亦有所反映。如《田律》規定：「雨為澍，及秀粟，輒以書言澍稼、秀粟及墾田暘無稼者頃數。稼已生後而雨，亦輒言雨少多，所利頃數。旱及暴風雨、水潦、螽昆、群它物傷稼者，亦輒言其頃數。」「禾、芻稾撤木、薦，輒上石數縣廷。」〔註 51〕這兩條律文反映出秦國官府對農田耕種的頃數及農作物的生長、受災、產量等狀況非常關心，其原因當在於農作物的產量與官府的利益息息相關。如果不是實行「訾粟而稅」的稅收制度，官府不會如此在意。

## （三）愚民政策——「無以外權爵任與官」、「博聞、辯慧、游居之事皆無得為」、「聲服無通於百縣」

「無以外權任爵與官〔註 52〕，則民不貴學問，又不賤農。民不貴學則愚，愚則無外交。無外交，（則國）勉農而不偷。民不賤農，則國安不殆。國安不殆，勉農而不偷，則草必墾矣。」

「外權」，即與外國勢力勾結，藉以在本國求取官職。「無以外權任爵與官」，即不給依仗外力者官職和爵位。案，此處的「外權」實際上是指靠遊說求官的術士，他們是讀書言談之士。這些人常常假借一國的勢力，求得另一國的官爵。《算地篇》亦有言：「民資重於身，而偏託勢於外，挾重資，歸偏家。」《商君書·外內》篇曰：「奚謂淫道？為辯知者貴，游宦者任，文學私名顯之謂也。」依仗外國勢力為自己謀取權位，或勾結外國勢力以穩固其權位的現象，在戰國時期比較常見，也最招君主忌諱。如張儀欲讒害秦國權臣樗里疾，便設法讓樗里疾出使楚國，「因令楚王為之請相於秦」，然後張儀對秦王說楚王請秦任樗里疾為相，「今王誠聽之，彼必以國事楚王」。此事引起秦王大怒，樗里疾不得不出走避難。《戰國策·秦策一》所載此事或當出於術士假託，然而從中也可以看出在當時術士的心目中，揭露某人引外援而謀相位，確是攻擊政敵的有效手段。因為勾結外國是最犯君怒的行為。

《墾令篇》側重於通過打擊那些言談干祿之人來讓百姓思慮單純從而安心於農作，事實上帶有愚民的性質。本篇還禁止「國之大臣、諸大夫」從事「博聞、辯慧、游居之事」，「無得居游於百縣」，如此則「農民無所聞變見方」，「愚農不知，不好學問」，「務疾農」。禁止見識廣博的人到全國到處閒居遊逛，

---

〔註 51〕 睡虎地秦墓竹簡整理小組編：《睡虎地秦墓竹簡》，第 24～25 頁、第 28 頁。
〔註 52〕 陳啓天注釋此句時引用朱師轍說：「朱說：『權，勢也。』《管子·君臣篇》『以援外權。』不以民之有外交勢力者任爵與官，則民不貴學問，從事遊說，故重農。是爵任二字宜乙正矣。」

以免農民見到奇談異能，這也是一種變相的愚農政策。《農戰》篇所謂「止浮學事淫之民，壹之農」的主張與此說也是一致的。徵之秦簡《游士律》，足證對游士之禁止是確鑿之事，其文曰：「游士在，亡符，居縣貲一甲；卒歲，責之。」〔註53〕意即專門從事遊說的人如居留於所遊之地而沒有憑證，則所居之縣罰一甲；若居留滿一年者，應加誅責。

據《韓非子・和氏》云，商鞅還反對「《詩》、《書》、辯、慧」，認為這些有害於農戰，他甚至建議秦孝公「燔《詩》、《書》而明法令」，這與其「愚民」的主張也是一致的。愚民的思想也一直作為秦國的基本治國思想，《呂氏春秋・上農》：「民農則樸，樸則易用，易用則邊境安，主位尊。」這些言論都主張對農民實行知識封鎖，讓他們閉目塞聽，質樸無文。

「聲服無通於百縣，則民行作不顧，休居不聽。休居不聽，則氣不淫；行作不顧，則意必壹。意壹而氣不淫，則草必墾矣。」

「聲服」，當如王時潤說，「謂淫聲異服也。」泛指各類奢靡享樂之事。「淫，遊也。」商鞅認為聲色一類玩樂之事容易讓農人心神游蕩不安定，所以禁止其通行於全國鄉村，農夫不受外物引誘，心神安定，才能一心一意地墾荒。

### （四）打擊貴族勢力──對「祿厚而稅多」者「賦而重使之」，「均出餘子之使令」

「祿厚而稅多，食口眾者，敗農者也。則以其食口之數，賦〔註54〕而重使之。則辟淫游惰之民，無所於食。民無所於食則必農，農則草必墾矣。」

案，「祿厚而稅多」者，乃指擁有食邑或采邑的貴族之家。他們靠食邑所得稅收，不勞而獲。而春秋戰國之際，貴族之家養士的風氣極盛，加之貴族自身龐大的家族成員，眾多的家臣和奴僕，食口之數必眾。這些為數眾多、不事耕作的「辟淫游惰」之民，顯然不利於農業生產。商鞅建議對這些貴族之家，採取按照「食口之數」「賦而重使之」的懲罰性措施。不但讓他們納人口稅，而且據此加派勞役給這些閒人。證之秦簡《工律》「邦中之徭及公事館舍，其假公，假而有死亡者，亦令其徒、舍人任其假，如從興戍然。」〔註55〕律文規定在都邑服徭役和因有官府事務居於官舍，如借用官有器物，借者死亡，應令服徭役的徒眾或其舍人負責，和參加屯戍的情形一樣。律文中服徭

---

〔註53〕睡虎地秦墓竹簡整理小組編：《睡虎地秦墓竹簡》，第129～130頁。
〔註54〕此處的「賦」字原作「賤」字，注家通謂係「賦」字之誤，茲從之。
〔註55〕睡虎地秦墓竹簡整理小組編：《睡虎地秦簡竹簡》，第70～71頁。

役和因公住宿官舍的人，還帶著私徒屬和舍人，這就說明這類人身份不低，與《墾令篇》所言「祿厚而稅多，食口眾者」甚爲吻合。由此可知此條措施也曾付諸實踐。

《墾令篇》還嚴厲禁止「大夫家長」雇工，此舉除了怕妨礙農時外，可能還有一個原因，即通過限制雇工，可以使大夫家長的子弟也不得不參加農作。

不僅如此，商鞅還特別針對不從事農作的公卿大夫之庶子提出專門的對策，即「均出餘子之使令，以世使之，又高其解舍，令有甬官食槩，不可以辟役，而大官未可必得也，則餘子不游事人，則必農。」〔註56〕

這項措施提高了貴族庶子們免除徭役的條件，他們必須參加官方的勞役，由主斗斛之官提供給限量的口糧。他們無法逃脫賦役，也就減少了外出遊說謀取高官的機會。同時也增加了墾荒的勞動力。另外下文禁止國中博聞、辯慧者從事游居之事，即便卿大夫之庶子想出外游事人，也是會冒很大風險的。

上述這些打擊貴族的措施還取得另一效果，它使秦國貴族的養士之風遂被打壓下去，直到秦莊襄王時，呂不韋才又憑藉其權勢，重開養士之風。不過，秦國國君仍在不斷招賢納士，並未受此政策影響。顯然，這條草案主要針對的是大貴族。

## （五）重農抑商——貴酒肉之價，重其租；重關市之賦

對商業的打擊最爲直接的是「貴酒肉之價，重其租」與「重關市之賦」

「貴酒肉之價，重其租，令十倍其樸。」這樣做就可以收到「商酤少〔註57〕，農不能喜酣奭，大臣不爲荒飽。商酤少，則上不費粟。民不能喜酣奭，則農不慢。大臣不荒，則國事不稽，主無過舉」的實際效果。加重出售酒肉的成本和稅收，一則可以限制從商人數，二則節約了國家的糧食；三則使農人勤於墾草，大臣勞於國事，上下一心。另睡虎地秦簡《田律》明文規定：「百姓居田舍者毋

---

〔註56〕 案，這裡的「餘子」注家多謂乃指貴族卿大夫的庶子。「世」或疑乃冊之訛，謂按餘子之冊籍而使力役；或謂「世使」，以其世次使之。兩說似皆可。「解舍」爲戰國法制術語，謂免除兵役及其他徭役。《韓非子·五蠹篇》「故事私門而完解舍」可證。「高其解舍」者，謂提高免除兵役的條件。「甬官」指主斗斛之官。「槩」，原義指平斗斛所用的木板，這裡是指所食有一定限額。「辟」通「避」。

〔註57〕 陳啓天注曰：「商酤少」三字嚴校本作「商賈少」，影范本及崇文本俱作「商估少」。簡說：「估殆酤字之誤。《說文》：『酤，宿酒也；一曰買酒也。』蓋業酒漿者亦曰酤。商酤少謂業酒漿者少耳。」今據改。

敢酤酒，田嗇夫、部佐謹禁禦之，有不從令者有罪。」〔註58〕此律文禁止居住在農村的百姓賣酒，田嗇夫及部佐應嚴加監督，違令者有罪。由此可見，當時民間酤酒者不少。

「重關市之賦，則農惡商，商有疑惰之心。」

「關」指「關卡」；「市」指「市廛，集市」。此處專言用徵收重稅的手段來限制商業活動。

「以商之口數使商，令之廝輿徒童者〔註59〕必當名，則農逸而商勞。農逸則良田不荒，商勞則去來齎送之禮無通於百縣。則農民不饑，行不飾。農民不饑，行不飾，則公作必疾，而私作不荒，則農事必勝。」

這幾條措施僅是出於保護農業的目的禁止商人買賣糧食、酒肉，對商人之私徒屬也登記造冊，任之以賦役。雖然並未禁止商業活動，但無疑抑制了商業的發展。

### （六）限制人口流動──使民無得擅徙

爲了讓農民能夠安心耕作，商鞅還進一步提出「使民無得擅徙」的主張，他認爲如此則「誅愚亂農之〔註60〕民無所於食而必農。愚心躁欲之民壹意，則農民必靜。農靜，誅愚亂農之民欲農，則草必墾矣。」

### （七）不違農時──「無得取庸」、「令送糧者無取僦，無得返庸」

「無得取庸〔註61〕，則人夫家長不建繕，愛子<u>不惰食</u>，惰民不竊，而庸〔註62〕民無所於食，是必農。大夫家長不建繕，則農事不傷；愛子、惰民不

---

〔註58〕睡虎地秦墓竹簡整理小組編：《睡虎地秦墓竹簡》，第30頁。

〔註59〕此處的「之」如王時潤說，當釋爲「其」；「重」字，朱師轍釋爲「多也」；蔣禮鴻、高亨二人以爲「重當作童」，童爲僮奴本字，廝輿徒童四字同類並列。案，觀諸《墾令篇》的重農傾向，對商業採取抑制的政策，嚴格限制從商人數，對於商人私養的家奴「廝輿徒童」之屬自然亦在打擊之列，而無論其人數多寡。故當以釋爲「童」更好。蔣禮鴻以爲「者疑當作皆」，其說可從。

〔註60〕此文「誅愚」二字注家多從「誅」字著手，謂「誅」、「朱」義近於「愚」。但結合上下文，「誅愚亂農之民」當指不安心農作的人，如果他們愚魯，就不可能四處游蕩取食。按照商鞅本人對民眾的理解，聰明多智謀者一般不會「務疾農」。可見作「愚鈍」解於文義未安。蔣禮鴻看到了舊說的問題所在，指出「誅愚」乃疊韻連語，誅愚者與作奸一聲之轉。誅愚者，正謂桀巧之民，不安於農，且足以招致愚心躁欲之民相與他務，故曰亂農耳。其說甚確，茲從之。

〔註61〕此文「取」，聚也；「庸」借爲「傭」。

〔註62〕蔣禮鴻認爲「『而庸』屬上句絕，言不皆竊而爲人傭也。」（見《商君書錐指》

窳〔註63〕，則故田不荒。農事不傷，農民益農，則草必墾矣。」

此言「無得取庸」，蓋大夫家不許傭工修造，恐防農時。從後文「愛子、惰民不窳，則故田不荒」可知，此舉還可以讓大夫家長的子弟也不得不參加農作；那些隱匿在私家的懶惰之民則能回到國家的直接控制之下。《呂氏春秋·上農篇》云：「農不上聞，不敢私籍於庸」。夏緯瑛據孫詒讓注，解釋說：「上聞」，謂通名於官；「不敢私籍於庸」，謂不得養私庸以代耕。〔註64〕《上農篇》所言可與《墾令篇》此段相互發明。《管子·輕重》曰：「孟春既至，農事且起，大夫無得繕冢墓，理宮室，立臺樹，築牆垣；北海之眾無得聚庸而煮鹽。」案，齊國素來擅魚鹽之利，猶不許庸工以害農時。而商鞅又專恃農戰圖強，他重視農時自當不在管仲學派之下。「不違農時」之說是以擅長農業著稱的周人即有的認識，戰國時期更為盛行。大儒孟子亦曾多次疾呼這一主張。

如果說令大夫家長無得建繕取庸是從「肉食者」一方來禁止有礙農時的因素，那麼「令送糧無取僦，無得返庸」則是專門就農民本身而言的。

「令送糧無取僦，無得返庸。車、牛、輿重設〔註65〕必當名。然則往速徠

---

第11頁）案，如此斷句雖則「惰民不窳而庸」一句文義可通，但與上下文文義牴牾，此段首句即言「無得取庸」，「惰民不窳而庸」顯然與此矛盾；此句下緊接說「民無所於食，是必農」，若「惰民不窳而庸」，則民即「有所於食」而不農了。故蔣說不確。

〔註63〕清儒俞樾在校正此句時根據前文「愛子不惰食」一句，認為後文「愛子、惰民不窳」一句當於「愛子」後增補「不惰食」三字，其說廣為校者信從，但也有人如蔣禮鴻持反對意見。案，此處應從錢熙祚校本（即《《指海》》本，亦即叢書集成初編本），刪去「不惰食」三字。錢本刪去「不惰食」是根據明人董說的《七國考》卷二引文而來的。除此之外，尚有兩點理由：其一，據學者研究，《商君書》全書語詞有一突出特點即「追加式反覆」，全書24篇中「追加式反覆」共出現 52 次。與《墾令篇》此句類似的句式在《商君書》中不乏其例，如《戰法》：「王者之兵，勝而不驕，敗而不怨。勝而不驕者，術明也；敗而不怨者，知所失也。」（見李索：《商君書追加式反覆述略》，《古漢語研究》，2001年第 2 期）下文緊接著有「大夫家長不建繕，則農事不傷；愛子、惰民不窳，則故田不荒」一句，由此我們判斷「愛子不惰食」一句中的「不惰食」三字疑為衍文；其二，窳，意即苟且偷生，與「不惰食」顯然語意重複。

〔註64〕夏緯瑛校釋：《呂氏秋春上農等四篇校釋》，北京：農業出版社，1956 年 10 月第 1 版，第 13 頁。

〔註65〕「車牛輿重設必當名」一句，注家見解分歧較大。朱師轍據《廣雅》：「輿，載也。」《說文》：「設，施陳也。」認為此句謂回時車牛多載貨物，必罰之當名應役。明人馮覲以「車牛輿重」為句，「設」屬下讀，注「重」為「糧食輜重也。」蔣禮鴻謂「重，謂載重物車也。車牛皆徵發之，則載少車輕行速。」高

急，則業不敗農。」此條措施規定：農民為官府服役運輸糧食時往返皆不得受雇私運其他貨物。官府把所有閒散的牛車皆徵發來服役，這樣則裝載少、車輕，行走起來自然速度加快。車輛來往皆迅速省時，那麼農作就少受影響了。睡虎地秦簡《效律》也有相同的規定，其文曰：「上節（即）發委輸，百姓或之縣就（僦）及移輸者，以律論之。」〔註66〕意謂朝廷如徵發運輸的勞役，百姓有到縣裏雇車或轉交給別人運送的，應依法論處。這一律文與本條相合。

## （八）統一管理山澤之利——「壹山澤」

「壹山澤，則惡農、慢惰、倍欲之民無所於食。無所於食，則必農。」

論者多謂「壹山澤」指由官府獨佔山澤之利，不許民眾砍伐漁獵。

案，證之秦簡，則此說有誤。睡虎地秦簡《田律》規定：「春二月，毋敢伐材木山林及雍隄水。不夏月，毋敢夜草為灰，取生荔、麛卵鷇，毋□□□□□□毒魚鱉，置穽網，到七月而縱之。唯不幸死而伐棺槨者，是不用時。邑之近皂及它禁苑者，麛時毋敢將犬以之田……」〔註67〕田律對民眾進入山林川澤砍伐漁獵的時間進行了詳細的規定。這就說明商鞅所說的「壹山澤」，並非國家獨佔山澤之禁，不與民分享，而是指對山澤的利用要由國家統一管理，如此則那些懶惰、不願務農，而又貪得無厭的人便找不到生路，只能轉而耕作了。由國家設官立禁對山林藪澤統一管理，早在西周時期已有此制，其目的仍是從國計民生出發。《墾令篇》站在驅民於農的角度來看待「壹山澤」的效果，可謂頗具慧眼。

## （九）重刑而連其罪、無得為罪人請於吏而饟食之

對觸犯法律的罪犯，商鞅主張嚴懲不殆。他明確指出「重刑而連其罪，則褊急之民不鬥，很剛之民不訟，怠惰之民不游，費資之民不作，巧諛、惡

---

亨據《一切經音義》十五引《通俗文》：「雇車載曰僦」而認為取僦即雇別人的車去送糧。「車牛輿重設必當名」則是指車牛所載的重量在服役時必須和官冊所注明的重量相當。案，「僦」與「庸」當以蔣禮鴻說為是，蔣氏曰：「往曰僦，返曰庸，文相避耳。此謂送糧之車無論往返皆不得私受人載而取值」。前文既已禁止往返私受雇，則朱說「回時多載」云云顯然與之牴牾，不足據。秦簡《司空律》云：「官府假公牛車者□□□假人所。或私用公牛車，及假人食牛不善，牛瘠；不攻間車，車空失，大車軸騂；及不介車，車藩蓋強折裂，其主車牛者及吏、官長皆有罪。」《睡虎地秦墓簡》，第 81 頁。該律文告訴我們當時有人向官府雇車來承擔運輸軍糧的徭役，但這種行為是法律所禁止的。

〔註66〕睡虎地秦墓竹簡整理小組編：《睡虎地秦墓竹簡》，第 123 頁。
〔註67〕睡虎地秦墓竹簡整理小組編：《睡虎地秦墓竹簡》，第 26 頁。

心之民無變也。五民者不生於境內，則草必墾矣。」

注家皆謂「連其罪」即「連坐法」，正如《史記・商君列傳》所言：「令民為什伍，而相牧司連坐。」對民眾有罪者實行重刑且連坐的懲罰措施，從而消滅褊急好鬥的狂民、很剛好爭訟的頑民、怠惰的游民、費資的商賈技藝之民、阿諛詭詐的姦民等五類人。這五種人可以說是商鞅對不事農作的各類人的概括，從所用的明顯帶有貶義的詞語即可見商鞅對這些人的憎惡。在商鞅看來，正是這些人的存在才導致大量荒地缺人開墾，他們不僅「有害於國，無益於君」，而且更是害群之馬，還對農民一心耕作產生不良的影響。

另外，對監獄的囚犯也採取隔離孤立的策略。「無得為罪人請於吏而饟食之，則姦民無主。姦民無主，則為姦不勉，農民不傷，姦民無樸。〔註68〕姦民無樸，則農民不敗。」

此文禁止人們給犯法的姦民饋送食物，使他們無所依附。這樣他們便不會再毫無顧忌地去做壞事，農民也不受傷害。睡虎地秦簡多次提及對在官府服勞役的鬼薪、白粲、城旦、春之類的刑徒，提供口糧的記載，就連受饑餓懲罰的囚犯也給每天提供三分之一斗的口糧。〔註69〕兩者相較，足見《墾令篇》所言不虛。

## （十）嚴格管理軍市

此段原文作「令軍市無有女子，而命其商，令人自給甲兵，使視軍興。又使軍市無得私輸糧者，則姦謀無所於伏，盜輸糧者不私稽，輕惰之民不游軍市。盜糧者無所售，送糧者不私（稽），輕惰之民不游軍市，則農民不淫，國粟不勞，則草必墾矣。」今據陶鴻慶的釋讀〔註70〕，校正如下：

---

〔註68〕劉如瑛注謂：「樸，讀為僕，依附之意。」並舉《管子・地員》「累然如僕累」尹知章注：「僕，附也。」《去彊》：「六者有樸，必削。」此「樸」亦當讀為「僕」。其說甚確，茲從之。見劉如瑛：《諸子箋校商補》，濟南：山東教育出版社，1995年9月第1版，第178頁。

〔註69〕睡虎地秦簡《倉律》云：「食饋囚，日少半斗。」詳見睡虎地秦墓竹簡整理小組編：《睡虎地秦墓竹簡》，第53頁。

〔註70〕陶鴻慶云：「私輸糧，即下所云盜糧，謂姦民私售者也。輸糧者不私稽，即下所云送糧，謂官役輸送者也。不私稽，謂予以程限，不得稽留也。輸糧上不當有盜字。（下文云「令送糧無取僦，無得反庸。車牛輿重設，必當名。然則往速徠疾，則業不敗農」即輸糧者不私稽之義。）『送糧者不私』五字重複無義，當為衍文。案，陶說甚確，茲從之。見陶鴻慶：《讀諸子箚記》，《制言半月刊》第二十六期。

「又使軍市無得私輸糧，則姦謀無所於伏。輸糧者不私稽，則輕惰之民不游軍市。盜糧者無所售，輕惰之民不游軍市，則農民不淫，國粟不勞，則草必墾矣。」

這裡是說命令軍市中不得有女子；軍市中的商人需要自備鎧甲和兵器，隨時注意軍隊的出征，及時準備好物資供應。軍市中不得私運糧食，姦邪的計謀就無處潛伏；偷盜軍糧的人，無法賣出；運送軍糧的人不私自拖延；浮蕩、懶惰的人就不在軍市中遊逛。這是文獻當中有關軍市的最為集中的記載。睡虎地秦簡《倉律》曰：「有事軍及下縣者，齎食，毋以傳貸縣。」〔註71〕意謂到軍中和屬縣辦事的，應自帶口糧，不得以符傳向所到的縣借取。由此可見秦官方對軍糧的重視和珍惜。

前人治《商君書》有懷疑軍市是否存在者，謂「軍市之與軍中，果有其間與否，猶不可確知邪？」〔註72〕案，考諸其他文獻，可知《墾令》篇所言不妄。《史記‧李牧列傳》記載戰國末年駐守趙國北部邊防的大將李牧，因「市租皆輸入莫（幕）府，為士卒費」而甚得軍心。〔註73〕《戰國策‧齊策五》蘇秦遊說齊閔王時提及「彼戰者之為殘也，士聞戰則輸私財而富軍市，輸飲食而待死士，令折轅而炊之，殺牛而殤士，是路軍〔註74〕之道也。」在傳世的璽印中亦有「軍市」二字的實物，〔註75〕據專家考證，此印為戰國時期秦國的朱文官印。〔註76〕雲夢睡虎地出土的兩封家書也可作為戰國中後期

---

〔註71〕睡虎地秦墓竹簡整理小組編：《睡虎地秦墓竹簡》，第46頁。

〔註72〕蔣禮鴻：《商君書錐指》敘，第3頁。

〔註73〕楊寬指出這裡的「市租」即是指「軍市之租」，所論甚是。參見楊寬：《從「少府」職掌看秦漢封建統治者的經濟特權》，中國秦漢史研究會編：《秦漢史論叢》第一輯，西安：陝西人民出版社，1981年9月第1版，第224頁。

〔註74〕此處的路，或釋為露；或釋為贏，或以為路軍應作「路旦」，旦通癉，病也。（詳見諸祖耿《戰國策集注彙考》，南京：江蘇古籍出版社，1985年7月第1版，第651頁）案，此處當以贏為是，即傷、殘、疲、憊之義；而據王引之《經義述聞》卷二十六「林烝天帝皇王后辟公侯，君也」條說：「古者『軍』與『群』同聲，故《韓詩外傳》曰『君者，群也。』故古『群臣』字通作『君臣』。」則「群」通「君」。上文言士輸私財數語，皆民之所費，故路軍即路群，當耗費民力解。

〔註75〕此印收錄於故宮博物院編《古璽彙編》第5708號，為上海博物館藏品，北京：文物出版社，1981年12月第1版，第519頁。

〔註76〕據《古璽彙編》一書的編者說明，「古璽是指秦以前的官私璽印。目前傳世的古璽，則大都是戰國時期的遺物。」見原書第1頁，出處同上。另，據學者考證，此印文為秦朱文官印，詳見湯餘惠著《戰國銘文選》，長春：吉林大學出版社，1993年9月第1版，第75頁。

存在軍市的直接證據。〔註77〕以上幾則材料表明，軍市大體產生於戰國時期，並且蘇秦能把軍市因士卒的私財而致富的現象作爲說辭去講給齊閔王聽，商鞅能將對軍市的管理作爲驅民墾草的一項舉措提出，足見軍市在當時發展迅猛，已成爲當政者不容忽視的一種較爲普遍的現象，在秦國和東方的齊、趙等國皆存在。

　　合而觀之，《墾令篇》的主旨是講如何才能驅民於農，爲此該篇作者從多個層面、不同角度對保證民眾一心耕作做出了詳盡的立法和政策導引。如政治上要保障農業生產的穩定和發展，國家首先應厲行法治、統一各縣吏治，提高辦事效率；不給那些靠言說爲業的游士授予爵位和官職；爭取非農之民從事墾草，打擊工、商或禁絕游士、逆旅各色人等，從貴族之家爭取多餘勞動力；經濟上，改革稅制，統一按農業實際收穫量徵收；重農抑商，對商人和商業加重稅收和徭役。對山澤的利用要由國家統一管理；軍事上，嚴格軍紀特別是軍市貿易。凡此等等，不一而足。本篇提出的這些舉措具有很強的實踐性，雖然不是商鞅統籌全局的總體規劃，但從這些措施的大部分在睡虎地秦簡中皆有反映來看，它們在秦國的政治實踐當中已經產生了一定的影響。通篇二十條舉措，簡明扼要而又鉅細不遺，足見商鞅爲推行其重農政策可謂絞盡腦汁、用心良苦。其中反映的思想和主張對於我們認識《商君書》中那些非鞅之作的思想發展脈絡提供了重要的線索和源頭，也是我們判斷《商君書》其他各篇成書的重要參照系。

## 第三節　治國作壹，以農戰爲教──《農戰篇》

　　所謂農戰即農耕與作戰。此篇強調國君應以農戰爲教，授官予爵皆從農戰一孔，如此則能收富強之效。蔣禮鴻更直言：「商君之道，農戰而已矣。致民農戰，刑賞而已矣。使刑賞必行，行而必得所求，定分明法而已矣。」〔註78〕呂思勉先生甚至認爲：「至《商君書》之所論，則『一民於農戰』一語，足以盡之。」〔註79〕

---

〔註77〕 這兩封家書的内容是名驚和黑夫的兩兄弟在軍中向家裏要求寄衣物和錢，家書中說如果絲布價格貴，就讓家裏直接寄錢，他們可以在軍隊駐紮處買到。詳見《湖北雲夢睡虎地十一座秦墓發掘簡報》，《文物》，1976 年第 9 期。
〔註78〕 蔣禮鴻：《商君書錐指》，第 19 頁。
〔註79〕 呂思勉：《先秦學術概論》，第 98 頁。

## 一、《農戰篇》成書辨析

　　古代學者多認為《農戰篇》乃商鞅自著，是商鞅強國之道的集中表現。當然其間也有頗具疑古之風的宋儒如周氏《涉筆》一書的作者即懷疑此篇非孝公時作品，「秦方興時，朝廷官爵豈有以貨財取者？而賣權者以求貨，下官者以冀遷，豈孝公前事耶？」〔註80〕但其說影響甚微。自近代以來，不少學者重拾宋人舊說，並提出更多證據，指陳此篇成於商鞅身後。陳啟天、容肇祖二人申論最詳，堪為代表。

　　陳啟天認為此篇「大約係商鞅死後戰國時人推衍商鞅的主張而成。」他的論據如下：其一，篇中屢言「國危主憂」，與孝公時和以前的歷史不合；其二，篇中所言「修守備以待外事」，與孝公時對六國用兵取的攻勢亦不合。〔註81〕

　　容肇祖認為《農戰》與《開塞》同出一手，大約作於秦昭王時。他的論證方法與前面判斷《墾令》篇時完全一樣，主要依據三篇文句的重複互見來推論。他先比較《農戰》與《去彊》兩篇，指出這兩篇中皆提及「《詩》、《書》、禮、樂、善、修、仁、廉、辯、慧」這十者有害於國；都有「國作壹一歲，十歲彊；作壹十歲，百歲彊；作壹百歲，千歲彊。千歲彊者王」這樣的話，由此斷定二者「有相當的關係」；接著又比較《開塞》與《去彊》、《說民》兩篇的關係，因為三篇都有「王者刑九而賞一」的話。《去彊篇》提及的「以刑去刑」的思想與《開塞篇》「故王者以賞禁，以刑勸，求過不求善，藉刑以去刑」的主張「都是恰相符合的」。〔註82〕

　　比較而言，鄭良樹的看法更趨於保守，他雖然贊同陳、容二人關於此篇非商鞅親撰的說法，但同時又指出此篇成於商鞅逝世後的短時間內，作者是商鞅學說的忠實信徒。他的主要依據包括，一是本篇中的「壹」字都當作「心志、力量專一於農戰」解，與《墾令篇》完全不同；二是本篇對遊客非常敵視，全篇七段都有對於遊客的批評，這種態度符合秦國為遊客所苦的事實；三是本篇提出十種「國害」，即《詩》、《書》、禮樂、善修、仁廉及辯慧，幾

〔註80〕參見（元）馬端臨：《文獻通考・經籍考》卷三十九，上海：華東師範大學出版社，1985年6月第1版，第916頁。
〔註81〕陳啟天：《商鞅評傳》，第124頁。
〔註82〕容肇祖：《商君書考證》，《燕京學報》第二十一期。容文雖然沒有直言《農戰》、《開塞》兩篇的成書年代，但他在前文已經明確指出《弱民》篇作於秦昭王的時代或略晚，緊接著又說《去彊》、《說民》、《靳令》、《錯法》等篇與《弱民》屬於同一作者。換言之，《農戰篇》也大致作於秦昭王時或略晚。

乎都針對儒家而發，與《墾令篇》提到的五種「國害」即五民，差別較大。
〔註 83〕

值得一提的是，有學者仔細考察了「農戰」、「耕戰」兩個詞在《商君書》
和《韓非子》一書中出現的頻次，結果發現《商君書》中「農戰」一詞遠較
「耕戰」常用，而《韓非子》一書在討論秦法與商君時，則僅使用「耕戰」
一詞，而略「農戰」不用。「農戰」作爲法家的重要名詞，但韓非的選擇用詞
比率與《商君書》恰爲相反。《史記》使用「耕戰」以名《商君書》中《農戰》
之篇，且全文均使用「耕戰」而非「農戰」。《論衡》一書也認爲「耕戰」爲
《商君書》之篇名。由此判斷自劉向、歆父子，以迄班彪、王充，恐皆如史
遷般，未見《商君書》全體。只有班固的《漢書》中兼用「耕戰」與「農戰」
之詞，恐怕班固是《商君書》定本的最後輯定人物。〔註 84〕

案，其實不僅《韓非子》及漢代的文獻使用「耕戰」一詞，秦昭王時被
拜爲客卿的燕人蔡澤也曾評價商鞅說：「夫商君爲孝公平權衡，正度量，調輕
重，決裂阡陌，教民耕戰。是以兵動而地廣，兵休而國富……」〔註 85〕這裡
用的也是教民「耕戰」而非「農戰」。

耕，指翻土犁地。《說文》：「耕，犁也。」是農業勞動最基礎的一環。《說
文》：「農，耕也。」

案，陳啓天認爲「文中有一二處的取材和措詞，似非出於商鞅之手」，他
置全篇內容及主旨於不顧，僅憑隻言片語即下斷語，如此立論似乎過於武斷。
而容肇祖所用的迂迴曲折的論證方法雖然頗具新意，倒不如直接比較兩篇的
內容簡單明瞭。至於鄭良樹之見，我們將在下文予以回應。那麼《農戰篇》
究竟是否出自商鞅之筆呢？答曰是也，茲舉如下數端以爲解：

其一，《農戰篇》與《墾令篇》從用語及思想上看甚爲契合，兩者並無太
大差別。

從用語上看，兩篇的「壹」字含義相同，並非論者所說「完全不相同」。
《農戰篇》大量使用「壹」字，如「皆作壹而得官爵」、「上利之從壹空出」、
「民樸壹」、「壹教」、「修政作壹」、「壹之農」，民歸心於農，亦稱爲「壹」等
等；而在《墾令篇》中「壹」字只出現了三次，如「訾粟而稅，則上壹而民

〔註 83〕 鄭良樹：《商鞅及其學派》，第 25～29 頁、第 145 頁。
〔註 84〕 馮樹勳：《從商君書輯定年代看古籍整理的幾項要素》，《書目季刊》第 38 卷
　　　　 第 3 期。
〔註 85〕 《戰國策·秦策三》。

平」、「行作不顧，則意必壹」、「愚心躁欲之民壹意」。在兩篇中「壹」字的含義都是「專一（於）……」，專一於農、專一於農戰、心思專一等等皆是隨文生義，這些意義都是「壹」字在上下文中的具體語義，語言學上稱之爲「語用義」，並不能分別當作「壹」字的不同義項。

再從思想主張上看，兩者的共同點也很突出。如就反對倚仗外權而言，《農戰篇》中豪傑「務學《詩》、《書》，隨從外權，上可以得顯，下可以求官爵」一句與《墾令篇》「無以外權爵任與官，則民不貴學問」、「無外交」不僅文字近乎一致，思想也簡直如出一轍；又如吏治問題，《農戰篇》特別指出若國無常官，則官員「進則曲主，退則慮私」，上下勾結，導致吏治腐敗。對此《墾令篇》開篇即言「無宿治，則邪官不及爲私利」、「百官之情不相稽」；「百縣之治一形，則從迁者不敢更其制，過而廢者不能匿其舉」「則官無邪人。」再如對商賈技藝等末業的看法，《農戰篇》認爲商賈技藝之士「皆以避農戰」，對務農戰者有危害。「農戰之民百人，而有技藝者一人焉，百人者皆殆於農戰。」而《墾令篇》則通過「重賦而役使之」的辦法來直接打擊這些事末作者。兩篇都主張「愚民」，《墾令篇》認爲治國令民「壹意」，則農民思慮單一，必能專心墾草。《農戰篇》亦有類似的說法，「國去言則民樸，民樸則不淫。」「聖人知治國之要，故令民歸心於農。歸心於農，則民樸而可正也，紛紛則易使也，信可以守戰也。……夫民之親上死制也，以其旦暮從事於農。」

另外，《農戰篇》提到的「十者」和《墾令》的「五民」性質不同，故兩者不具有可比性。《農戰篇》所提出的十種國害：《詩》、《書》、禮、樂、善、修、仁、廉、辯、慧，該篇作者認爲治國依靠這些只能導致滅亡；而這十者都是智慧之人所擅長的，觀諸《墾令篇》，只提出「民不貴學問則愚」的主張，但對「學問」的具體內容，篇中並沒有明確指出。可見，《農戰篇》的「十者」即相當於《墾令篇》的「學問」。爲了驅民農作，《墾令篇》特別提出要反對「五民」，即褊急、很剛、怠惰、費資、巧諛惡心之民，這五民或愛爭鬥、好訟、懶惰、浪費財物、奸詐且存心不良，都不安心農作，所以要對他們加重刑罰。因此，兩篇中的十害與五民並不具有可比性，故論者以此爲據也難以令人信服。

其二，農戰政策是商鞅富國強兵的核心內容。雖然《墾令篇》專言驅民農作，隻字未提「戰」，但並不代表商鞅不重視「戰」。大量文獻記載證明，商鞅是農、戰並重的。如《戰國策・秦策三》蔡澤曾言：「夫商君爲孝公平權

衡，正度量，調輕重，決裂阡陌，教民耕戰。」《史記·商君列傳》記商鞅變法曰：「有軍功者，各以律受上爵……大小僇力，本業耕織致粟帛多者，復其身。」劉向《新序》論曰：「夫商君極身無二慮，盡公不盡私，使民內急耕織之業以富國，外重戰伐之賞以勸戎士」。足見在戰國、秦漢人眼中，內務耕織、外重戰伐的農戰政策應爲商鞅的強國之道。明乎此，則《農戰篇》可謂是《商君書》中的「點睛之筆」。

其三，篇中所言「國危主憂」、「修守備以待外事」的說法及賣官鬻爵的行爲，並非針對秦國的歷史和現實而言。通讀全篇可以發現，本篇的體裁像一篇遊說辭，全篇屢見「聖人」、「明君」與「世主」、「今爲國者」對舉成文，如「聖人知治國之要」，「明君修政作壹」；「今爲國者多無要」，世主「彊聽說者」、「任知慮」等等，顯然是爲了從正反兩面論辯的需要而做的假設，所謂「國危主憂」、「修守備以待外事」及賣官鬻爵之舉均是泛指，而並非特指秦國之君。

另外，《農戰》與《去彊》兩篇確實關係密切，但二者決不會晚至秦昭王時才成篇，關於這一點，我們將在下節《去彊篇》中詳論，此處從略。

需要指出的是，司馬遷於《商君列傳》文末論贊曰：「余嘗讀商君《開塞》、《耕戰》書，與其人行事相類。」學者每每據此來對《農戰篇》做出種種論斷：或以爲司馬遷所謂開塞、耕戰是統稱全書，而疑「太史公時《商君書》有此名」，如呂思勉；也有人說司馬遷所謂開塞指今本第七篇，如紀昀等主編之《四庫提要》；所謂耕戰，指今本第三篇《農戰》，農戰即耕戰，如王時潤。比較而言，後一種看法更爲合理。《商君書》二十餘篇，太史公行文時不便俱引，他拈出《開塞》、《耕戰》來指代全書也未嘗不可；而且《開塞》、《耕戰》二篇確實反映了商鞅治國之道的核心內容，史遷用之可謂恰如其分。此外，太史公於《管晏列傳》亦曾云：「吾讀管氏《牧民》、《山高》、《乘馬》、《輕重》、《九府》……其書世多有之。」案，《牧民》至《九府》，是《管子》的五個篇名。此亦可證，《開塞》、《耕戰》應是《商君書》的兩個篇名。

綜上，《墾令篇》顯然是商鞅變法前夕起草的政令，對各種有害墾草的現象從各個方面予以禁止，措辭簡潔質樸，更類似於行政法規，具有很強的可操作性；而《農戰篇》具有較強的論辯色彩，它更注重對農戰政策的理論闡述，並不提出具體的辦法。正如陳啓天所說：「本篇體裁像一篇論說，又

像一篇奏疏。通篇文字比較暢達」，確實一語道破《農戰篇》的言語特色。《農戰篇》近似一種辯論、遊說之詞，它觀點鮮明，論證充分嚴密。或以爲是商鞅初入秦時所作，文中大談以農戰強國興國之道，來迎合孝公迫切的強秦願望。〔註86〕如此看來，此說是能夠成立的。

## 二、《農戰篇》主旨論析

《農戰篇》的主旨是不言自明的，篇題「農戰」二字已開門見山地告訴讀者。但由於此篇在論述農戰之策時還旁逸斜出地提出反對通曉《詩》、《書》的博聞辯慧之士，故很多學者雖然明知此篇之主旨，卻常常顧左右而言他，強調細枝末節。因此辨明主旨仍然是必要的。

《農戰篇》開篇即直接破題立說，謂「國之所以興者，農戰也。」同時指出授官予爵「不以農戰」「而以巧言虛道」會使國無力而削弱。下文皆由此論展開，並從正反兩方面來論證。後文所說的「善爲國者，其教民也，皆作壹而得官爵」、「官法明，不任知慮」、「知治國之要」、「修政作壹，去無用」而使民「壹之農」皆是正面論證，講的都是要以農戰爲治國之道。比較而言，反面論證更爲突出，如《農戰篇》全篇七段，每段都反覆論證任用知慧之人的危害性；並且該篇還詳述官員上下謀私，指出這種腐敗之風會造成民皆「避農戰」的後果。尤其是本篇把那些言談游士和商賈技藝之人比喻成「螟螣蚼蠋」一類的害蟲，形象而生動地說明了他們對農民和農業的危害。有學者據此斷言此篇作於秦國對遊客反感情緒較強的時候，成書於商鞅車裂後的短時間內。觀諸秦自商鞅以後的歷史，可知此說難以成立。首先，秦國厭棄遊客術士，是晚在秦昭王三十六年（公元前 272 年）的事了，據《史記·范雎列傳》載：（秦）「數困三晉，厭天下辯士，無所信。」此時距商鞅去世已過六十餘年，不得謂《農戰篇》是商鞅去世後短時間內所作。其次，秦國對遊客術士的態度其實是不斷反覆的，史書確載的除秦昭王三十六年外，最著名的就是秦始皇時「下逐客令」，由於李斯上書勸諫，此令乃廢止。秦國自商鞅變法以來頻頻任用客卿爲相，除商鞅之外，從惠王時的張儀、魏章、甘茂、樂池，到武王時的甘茂、樗里疾，再到昭王時的屈蓋、魏冉、向壽、樓緩、韓侈、范雎、蔡澤、壽燭，莊襄王時的呂不韋等。其中除樗里疾和魏冉外，多是外來的「客卿」，正如李斯在《諫逐客書》中所言「士不產於秦而願服

---

〔註86〕張覺：《商君書全譯》，貴陽：貴州人民出版社，1993 年 10 月第 1 版，第 32頁。

者眾」。也正是由於商鞅認定農戰是富國強兵的不二法門，所以才一方面盡力獎勵農戰，又另一方面不遺餘力地非難其他一切。無論秦人、六國之人，只要贊同農戰政策，而且有才能保證這一政策的推行，秦國仍然是歡迎的。大量山東士人的湧入致使戰國末年秦國朝廷上下盡是異國面孔，這引起秦宗室大臣的不安和排斥，於是才發生了公元前 237 年的逐客事件，由此可以看出大量士人的湧入對秦國政治的衝擊。

《農戰篇》對如何實行農戰政策提出了具體的措施：其一，授官予爵有常規，即從農戰一孔而出，不給巧言虛道者入仕之機。如此則民樸不淫而作壹，則多力而國強；反之，則豪傑務學《詩》、《書》，隨從外權求取官爵；要靡從事商賈、技藝，都逃避農戰。以此為教則國削。睡虎地秦簡《司空律》規定：「居貲贖責（債）欲代者，耆弱相當，許之。作務及賈而負責（債）者，不得代。」〔註 87〕意謂以勞役抵償貲贖債務而要求以他人代替服役，只要年齡相當，可以允許。但手工業者和商人欠債的，不得以他人代替。律文也反映出對商人和手工業者的歧視政策，這也證明《農戰篇》對「事商賈，為技藝」之人的打擊政策是付諸實踐的。

其二，驅民於農則民樸實而可以治理，誠懇而易使，即所謂愚民政策。是篇謂：「令民歸心於農，則民樸而可正，紛紛則易使也，信可以守戰也。……夫民之親上死制也，以其旦暮從事於農。」意即只有令民眾都安心農作，他們才會智慮單一，也才會死心塌地地為國效力。否則，讓巧言辯說之類的狡詐者取得官爵，則會導致吏治的腐敗，媚上欺下。最終的後果是農民少、粟米少，兵力也隨之而弱。篇中多次表達了對「《詩》、《書》、辯、慧」等人類智慧的否定，如「雖有《詩》、《書》，鄉一束，家一員，獨無益於治也。」其實也是希望民眾閉目塞聽，愚昧不開化。

此外，《農戰篇》還提出摶民力的主張，作者認為只有治國作壹，即以農戰為教，輔之以賞罰，才能令民為國致死。而摶民力的關鍵則是「摶之於農」，即「是以明主修政作壹，去無用，止浮學事淫之民壹之農，然後國家可富而民力可摶也。」

由上面的分析可以看出，在《農戰篇》中「農」是戰的前提和基礎，此篇對「農戰」政策的論述側重點仍在於農，這一思路與《墾令篇》可以說是一脈相承的。

---

〔註 87〕睡虎地秦墓竹簡整理小組編：《睡虎地秦墓竹簡》，第 84～85 頁。

　　前已指出，《農戰篇》是商鞅初入秦時遊說孝公所作，篇中大談農戰乃強國之道，對種種削國之治不斷予以批駁，其目的在於證明己說之是、他說之非，讓聽者信服，因此對如何實施農戰等具體辦法則提之甚少。而《墾令篇》作於商鞅變法前夕，孝公已經任命商鞅來變革秦國的政治，作爲務實的政治家，面對現實政治中存在的諸多問題，提出切實的解決方案是當務之急，農戰能強國是上下已明之理，無須再饒舌論證。因此，《農戰》、《墾令》二篇是商鞅在不同情況下的作品，故而思想頗多相同之處，只是由於商鞅所處的境遇不同，兩篇的側重點也因而不同而已。《農戰》篇重點論述農戰是富國強兵之道，而《墾令》篇則就如何驅民於農提出二十條舉措。

# 第四節　「有道之國，務在弱民」——《去彊篇》與《說民篇》《弱民篇》

## 一、關於《去彊》、《說民》、《弱民》三篇關係的幾種觀點

　　由於《去彊》、《說民》、《弱民》三篇在內容和語詞上相同且重複之處頗多，故學者多將此三篇聯繫起來分析。或以爲三篇出於同一作者之手，如容肇祖；或以爲三篇語句約略相同；或以爲《說民》、《弱民》二篇實爲解說《去彊》而作，如蒙季甫。其具體觀點如下：

　　容肇祖斷定《去彊》與《弱民》、《說民》等屬於同一作者，即著作年代不早於秦昭王三十年（前227年）。他的主要依據即《去彊》和《弱民》、《說民》兩篇的內容相同而重複之語詞頗不少。〔註88〕

　　蒙季甫通過對比《去彊》、《說民》、《弱民》三篇文句，對三者之關係及成書年代得出極具創見性的見解，他說：

　　　　《商君書》《說民》、《弱民》二篇與《去彊篇》文多重出。詳繹其義，乃知《說民》、《弱民》二篇並爲《去彊》一篇之注。《弱民篇》節目次第全同《去彊》，惟間有脫佚。《說民篇》承《弱民篇》之後，節目次第亦太半與《去彊篇》同；間有異者，乃《去彊篇》錯簡，正可據《說民篇》次第移改。蓋古者注與正文別行，若《春秋》之《公》、《穀》，《易》之象、象，非如後世直系正文之下，故誤以爲別篇正

---

〔註88〕容肇祖：《商君書考證》，《燕京學報》第二十一期。

文而更立一篇耳。今本《去彊》第四,《說民》第五,此猶可見古注

必多附列正文之後,而《弱民》一篇則遠在二十,此又篇第之誤也。

又《去彊篇》前半爲《弱民篇》所注釋者,即不復見於《說民篇》;

《說民篇》所注釋者,亦不見於《弱民篇》。〔註89〕

　　蒙氏的觀點,概言之,即《去彊篇》是正文,《說民》、《弱民》二篇爲注釋,其說廣爲學者信從〔註90〕,同時也提醒人們注意傳世本《商君書》在流傳過程中可能出現的一些問題。

　　爲了便於比較和說明問題,茲將三篇內容及語詞重複處臚列如下:

以彊去彊者弱,以弱去彊者彊。(1)(《去彊篇》)

民弱,國彊;民彊,國弱。故有道之國務在弱民。民樸則弱,淫則彊。弱則軌,彊則越志。軌則有用,越志則亂。〔註91〕**故曰:「以彊去彊者弱,以弱去彊者彊。」**〔1〕(《弱民篇》)

國爲善,姦必多。(2)(《去彊篇》)

民善之則親,利之用則和,用則有任,和則匱,上舍法,**任民之所善,故姦多。**〔2〕(《弱民篇》)

國富而貧治,曰重富;重富者彊。國貧而富治,曰重貧;重貧者弱。(3)兵行敵所不敢行,彊;事興敵所羞爲,利。(4)(《去彊篇》)

民貧而力富,力富則淫,淫則有蝨〔註92〕。故民富而不用,則使民以食出官必有力,則農不偷。〔註93〕農不偷,六蝨無萌。故**國富而貧治**〔註94〕,**重彊。**兵易弱難彊,民樂生安佚;死,難;難正。易

〔註89〕 蒙季甫:《〈商君書〉〈說民〉〈弱民〉篇爲解說〈去彊〉篇刊正記》,《圖書集刊》第一輯,1942 年 3 月。

〔註90〕 如蔣禮鴻和鄭良樹,蔣禮鴻在校釋這三篇時即參酌蒙季甫的觀點,詳見《商君書錐指》。鄭良樹在論述這三篇的關係時亦贊同蒙氏的論斷,詳見《商鞅及其學派》。而且二人都於書末附錄蒙氏原文,足見對其觀點的認同。

〔註91〕 嚴萬里校本此數句文有訛誤,茲從簡書之說改定,見《商君書錐指》,第 121 頁。

〔註92〕 案,《說民篇》曰:「民貧則弱,國富則淫,淫則有蝨。」由此或疑《弱民篇》此句「力」應改爲「國」字。

〔註93〕 案,《靳令篇》云:「民有餘糧,使民以粟出官爵。官爵必以其力,則農不怠。」據此,則《弱民篇》此處「故民富而不用,則使民以食出官必以力」,當改爲:「使民以食出官爵,官爵必以其力。」

〔註94〕 嚴萬里校本作「故國富而民治」,注家據吳勉學本、崇文本、《指海》本,通謂此處當作「貧治」。

之則彊。事有羞，多姦；寡賞，無失。多姦疑敵，失必利。兵至彊，威；事無羞，利。用兵久處利勢，必王。**故兵行敵之所不敢行，彊；事興敵所羞為，利。**〔3〕（《弱民篇》）

主貴多變，國貴少變。（5）（《去彊篇》）

法有，民安其次；主變，事能得齊。國守法〔註95〕，安；主操權，利。**故主貴多變，國貴少變。**〔4〕（《弱民篇》）

國少物，削；國多物，強。〔註96〕千乘之國守千物者削。（6）（《去彊篇》）

利出一孔則國多物，出十孔則國少物。守一則治，守十則亂。治則彊，亂則弱。彊則物來，弱則物去。故國致物則彊，去物則弱。〔5〕（《弱民篇》）

戰事兵用國強〔註97〕，戰亂兵息而國削。（7）農、商、官三者，國之常官也。三官者生蝨官者六：曰歲、曰食、曰美、曰好、曰志、曰行。六者有樸，必削。三官之樸三人，六官之樸一人。（8）（《去彊篇》）

民辱則貴爵，弱則尊官，貧則重賞。以刑治民則樂用，以賞戰民則輕死。**故戰事兵用曰強。**民有私榮則賤列卑官，富則輕賞。治民羞辱以刑戰，則戰民畏死。事亂而戰，故兵農怠而國弱。農商官三者，**國之常官**〔註98〕**也。**農闘地，商致物，官治民。三官生蝨六，曰歲，**曰食，曰美，曰好，曰志，曰行。六者有樸，則削……六蝨成俗，兵必大敗。**〔6〕　（《弱民篇》）

以治法者彊，以治政者削。常官治者遷官。治大，國小；治小，國大。（9）（《去彊篇》）

---

〔註95〕此法字據蔣禮鴻說補，見《商君書錐指》，第123頁。
〔註96〕嚴萬里校本作「國多物，削；國少物，彊。」王時潤據《弱民篇》「利出一孔，則國多物；出十孔，則國少物。守一者治，守十則亂。治則彊，亂則弱。彊則物來，弱則物去。故國致物者彊，去物者弱」一段來改此文，其說可信，茲從之。見《商君書錐指》，第28頁。
〔註97〕嚴萬里校本作「戰事兵用曰彊」，朱師轍疑曰為國字之誤，其說可從。
〔註98〕嚴萬里校本作「國之常食官也」，今從俞樾說「食衍字」而刪去。

法枉，治眾〔註99〕；任善，言多。治眾，國亂；言多，兵弱。法明，治省；任力，言息。治省，國治；言息，兵強。故治大，國小；治小，國大。〔7〕(《弱民篇》)

彊之重，削；弱之重，彊。夫以彊攻彊者亡，以弱攻彊者王。(10)(《去彊篇》)

政作民之所惡，民弱；政作民之所樂，民彊。民弱，國彊；民彊，國弱。故民之所樂，民彊。民彊而彊之，兵重弱。民之所樂，民彊。民彊而弱之，兵重弱。故以彊重弱，弱重彊，王。以彊攻彊，彊存。以弱攻彊，彊去。彊存則弱，彊去則王。故以彊攻彊，弱；以弱攻彊，王也。〔註99〕〔8〕(《弱民篇》)

國彊而不戰，毒輸於內，禮樂蝨官生必削。國遂戰，毒輸於敵，國無禮樂蝨官，必彊。(11)舉勞任功〔註101〕曰強。蝨官生必削。農少商多，貴人貧商貧農貧，三官貧必削。(12)(《去彊篇》)

明主之使其臣也，用必加於功，賞必盡其勞。人主能使其民信此如日月，則無敵矣。〔9〕(《弱民篇》)

國有禮、有樂、有《詩》、有《書》、有善、有修、有孝、有弟、有廉、有辯，國有十者，上無使戰，必削至亡；國無十者，上有使戰，必興至王。國以善民治姦民者，必亂至削；國以姦民治善民者，必治至彊。國用《詩》、《書》、禮、樂、孝、弟、善、修治者，敵至必削，不至〔註102〕必貧。國不用八者治，敵不敢至，雖至必却。興兵而伐，必取，取必能有之；按兵而不攻，必富。(13)(《去彊篇》)

辯慧，亂之贊也。禮樂，淫佚之徵也。慈仁，過之母也。任譽〔註103〕，姦之鼠也。亂有贊則行，淫佚有徵則用，過有母則生，姦有鼠則不止。

---

〔註99〕嚴萬里校本作「治亂」，《指海》本改「亂」為「眾」，下文即有「治眾，國亂」之語，足證《指海》本改字甚確。

〔註100〕嚴萬里校本作「以彊政彊」「以弱政彊」，文義難通。今據蔣禮鴻說更正，見《商君書錐指》，第126頁。

〔註101〕嚴萬里校本作「舉榮任功」，陶鴻慶、簡書皆謂「榮」當為「勞」之誤，並舉《錯法》、《徠民》等篇為證，茲從之。

〔註102〕原文作「國不至必貧」，今依陶鴻慶說：「不至上衍國字」，刪去國字。

〔註103〕原文作「任舉」，范本、崇文本、《指海》本皆作「任譽」。舉、譽聲近通假耳。說見蔣禮鴻：《商君書錐指》，第35頁。

八者有群，民勝其政；國無八者，政勝其民。民勝其政，國弱；政勝其民，兵彊。故國有八者，上無以使守戰，必削至亡；**國無八者，上有以使守戰，必興至王。**①用善，則民親其親；任姦，則民親其制。合而復者，善也；別而規者，姦也。章善則過匿，任姦則罪誅。過匿則民勝法，罪誅則法勝民。民勝法，國亂；法勝民，兵彊。**故曰：以良民治，必亂至削；以姦民治，必治至彊。**②（《說民篇》）

國好力，曰以難攻；國好言，曰以易攻。國以難攻者，起一得十；以易攻者，出十亡百。（14）（《去彊篇》）

**國以難攻，起一取十；國以易攻，起一亡百。國好力，曰以難攻；國好言，曰以易攻。**民易爲言，難爲用；國法作民之所難，兵用民之所易，而以力攻者，起一得十；國法作民之所易，兵用民之所難，而以言攻者，出十必百。③（《說民篇》）

重罰輕賞，則上愛民，民死上；重賞輕罰，則上不愛民，則上不愛民，民不死上。興國行罰，民利且畏；行賞，民利且愛。行刑重其輕者，輕者不生，重者不來。〔註104〕<u>以刑去刑，國治；以刑致刑，國亂。故曰：行刑重輕，刑去事成，國彊；重重而輕輕，刑至事生，國削。刑生力，力生彊，彊生威，威生惠，惠生於力。舉力以成勇戰，戰以成知謀。</u>〔註105〕（21）國無力而行知巧者必亡。（15）（《去彊篇》）

**罰重，爵尊；賞輕，刑威。爵尊，上愛民；刑威，民死上。故興國行罰則民利，用賞則上重。**④法詳則刑繁，法繁則刑省。民治則不亂〔註106〕，亂而治之，又亂。故治之於其治，則治；治之於其亂，

---

〔註104〕錢本、崇文本、《指海》本等各本於「民利且愛」下皆有「行刑重其輕者，輕其重者，輕者不生，重者不來」十八字，當補足。另蔣禮鴻以爲「輕其重者」四字乃衍文，故從其說刪去。

〔註105〕嚴萬里校本「以刑去刑……以成知謀」數語與「重罰輕賞」一段相隔幾句，這裡取蔣禮鴻說，將這一段話接在「重者不來」下面。因爲整段內容談的都是關於行賞輕重與國家治亂的關係，這樣衡接不僅文氣貫通，且文義完整;《說民篇》是對《去彊篇》後半部分內容依次注解的，唯獨第5段話對應的句子「以刑去刑」數語遠在《去彊篇》篇末，此亦證明這幾句應該提前。故蔣氏之說甚確，茲從之。此處的成知、成勇當依《靳令篇》讀作「盛」。

〔註106〕嚴萬里校本作「民治則亂」，簡書云:「於民治二字間增一不字，則此文便覺可通。」其說甚是。

則亂。民之情也治，其事也亂。故行刑重其輕者，輕者不生，則重者無從至矣。此謂治之於其治也。行刑重其重者，輕其輕者，輕者不止，則重者無從止矣。此謂治之於其亂也。**故重輕，則刑去事成，國彊；重重而輕輕，則刑至而事生，國削。**⑤（《說民篇》）

怯民使以刑，必勇；勇民使以賞，則死。怯民勇，勇民以死，國無敵者彊。彊必王。（16）（《去彊篇》）

民勇，則賞之以其所欲；民怯，則殺之以其所惡。**故怯民使之以刑則勇，勇民使之以賞則死。**怯民勇，勇民死，國無敵者，必王。⑥（《說民篇》）

貧者使以刑則富，富者使以賞則貧。治國能令貧者富，富者貧，則國多力。多力則王。（17）（《去彊篇》）

民貧則弱國，富則淫。〔註107〕淫則有蝨，有蝨則弱。**故貧者益之以刑則富，富者損之以賞則貧。**治國之舉，貴令貧者富，富者貧。貧者富，富者貧，國彊，三官無蝨。國久彊而無蝨者，必王。⑦（《說民篇》）

王者刑九賞一，彊國刑七賞三，弱國刑五賞五。國作壹一歲，十歲彊；作壹十歲，百歲彊；作壹百歲，千歲彊。千歲彊者王。（18）

威以一取十，以聲取實，故能威者王。能生不能殺，曰自攻之國，必削；能生能殺，曰攻敵之國，必彊。故攻官、攻力、攻敵，國用其二，舍其一，必彊；令用三者，威必王。（19）（《去彊篇》）

刑生力，力生彊；彊生威，威生德，德生於刑。故刑多則賞重，賞少則刑重。……**故王者刑於九而賞出一。**……**故能生力、能殺力，曰攻敵之國，必彊。**塞私道以窮其志，啓一門以致其欲，使民必先行其所惡〔註108〕，然後致其所欲，故力多。力多而不用則志窮，志

---

〔註107〕案，朱師轍以「民貧則弱」爲句，欠妥。蔣禮鴻斷句亦同，他認爲「國富則淫即民富則淫，變文耳」亦未安。此乃論民之貧富，非論國之貧富，下文「故貧者益之以刑則富，富者損之以賞則貧」可證。斷爲「民貧則弱國，富則淫。」「弱國」即使國弱，弱爲使動用法。說見劉如瑛：《諸子箋校商補》，第181頁。

〔註108〕嚴萬里校本作「使民必先行其所要」，王時潤認爲「要疑當作惡，蓋承上文民之有欲有惡也句而言。」其說可從。

窮則有私，有私則弱〔註109〕。**故能生力不能殺力，曰自攻之國，必
削。**⑧（《說民篇》）

十里斷者國弱，五里斷者國彊。以日治則王，以夜治者彊，以宿治
者削。（20）（《去彊篇》）

國治：斷家王，斷官強，斷君弱。重輕去刑，常官則治。省刑要保，
賞不可倍也。有姦必告之，則民斷於心。……治國者貴下斷，**故以
十里斷者弱，以五里斷者彊。**家斷則有餘，故曰：「日治者王。」官
斷則不足，故曰：「夜治則彊。」君斷則亂，故曰：「宿治則削。」
故有道之國，治不聽君，民不從官。⑨（《說民篇》）

　　需要說明的是，《去彊篇》篇末講「舉民眾口數」、「粟死而金生」及「彊
國知十三數」等一段，《說民》、《弱民》兩篇均未作解釋。論者或認為這部分
「恐是後人附益的文字，與本篇無關宏旨。」並且推測附益的部分，應在秦
始皇即位前與本篇的內容合併為一篇，才形成今天《去彊篇》的樣子。〔註110〕
關於這一點我們將在後文討論。

　　由上所列之詳情，可以深切地感受到蒙氏之說確為不刊之論。美中不足
的是，蒙文並未進一步論證這三篇的成書年代。儘管如此，我們仍可據此作
初步的判斷，即《去彊篇》應成書在前，《說民》、《弱民》二篇則成書在後。
至於這三篇的作者及其年代是否如陳、容二人所說是戰國末或西漢初年的作
品，抑或是秦昭王時所作，仍需要我們仔細辨析。畢竟，僅從語詞的相似之
處頗多來下論斷，似乎過於草率。

## 二、《去彊篇》的成書及其主旨辨析

　　結合上述分析，我們似乎可以「經」與「傳」的關係來理解《去彊》與
《說民》、《弱民》三篇的關係。毫無疑問，《去彊篇》在其中處於「經」的核
心地位。因此，我們將重點從《去彊篇》入手，首先需要明確的是該篇的成
書問題。

### （一）《去彊篇》成書年代辨析

　　陳啓天認為，「其（指《去彊》篇）語句又與本書《說民》、《弱民》、《靳
令》等篇約略相同的，幾有一半。因此我疑本篇決非商鞅原文，而是戰國末

〔註109〕嚴萬里校本作「有私則有弱」，陶鴻慶認為有字涉上而衍，可從。
〔註110〕鄭良樹：《商鞅及其學派》，第148頁。

和西漢初『法家者流』研究商、韓的一種讀書雜誌，其中主張又多與商鞅行事相近，纂輯者遂以編入，並非出於假造。節錄者對於原文既有所刪節，而後世纂輯傳寫和校讀者又不免有些增刪和脫誤，致使成為一篇難讀的作品。」〔註111〕

還有論者比較了《去彊篇》與《農戰篇》後提出不同看法，認為前者襲用了後者的大量文句和語彙，並有所增補，由此判斷《去彊篇》成書晚於《農戰篇》，但卻否認該篇完成於戰國末和西漢初年的說法，其依據主要是《去彊篇》篇末對金粟關係的論證中一再以「境內」、「境外」對舉，則說明當時天下尚未統一。因此，《去彊篇》應作成於《農戰篇》之後的數年之內。加之，《去彊篇》「重刑輕賞」的主張，與商鞅的思想不合，這說明在商鞅之後，其學派內部出現了不同的主張，故此篇的作者應是商鞅學派中的異議者。論者還將這一標準擴大化，認為《說民》、《開塞》、《壹言》等篇也因為有「重刑少賞」之類的主張，故亦應作於商鞅逝世之後。〔註112〕

由於《去彊篇》明確提出「主貴多變」的說法，學者或據此判斷此篇非商鞅之作，因為法家的集大成者韓非曰：「申不害言術，而公孫鞅為法。」〔註113〕在申不害、慎到、商鞅這三位前期法家的代表人物中，商鞅是以重法而著稱的。而本篇卻主張國君治國貴多變，用權術，顯然與申不害一系法家的觀點相合。

按，商鞅重法，並不代表他不注重術和勢。蔣禮鴻注釋此文時曾言：「法家三義，曰法、術、勢。商君特多言法，未嘗廢術、勢也。」〔註114〕對此，本文深以為然。從商鞅對君權的重視中亦可看出對於「勢」他其實也是注目的。只是相對而言，法治在商鞅的思想中占的比重更為突出，因此才有商鞅重法之說。《去彊篇》恰好給我們提供了商鞅言術的一個例證。不僅如此，法家中重勢的慎到也是言法的，如「法雖不善，猶愈於無法，所以一人心也。」〔註115〕「大君任法而弗躬，則事斷於法矣。法之所加，各以其分。」〔註116〕荀子就曾批評說：「慎子蔽於法而不知賢。……由法謂之，道盡數矣。」〔註117〕

---

〔註111〕陳啟天：《商鞅評傳》，第125頁。
〔註112〕鄭良樹：《商鞅及其學派》，第25～30頁、第35～40頁。
〔註113〕《韓非子‧定法篇》
〔註114〕蔣禮鴻：《商君書錐指》，第27頁。
〔註115〕《慎子‧威德》
〔註116〕《慎子‧君人》
〔註117〕《荀子‧解蔽》

所以我們不能看到法、術、勢三字就與商、申、慎三人對號入座，應具體問題具體分析。

下面我們就結合全文，對《去彊篇》成書的上述觀點進行辨析。

1. 從「重刑輕賞」之義來看，《去彊篇》的主張與商鞅的「重刑厚賞」並不矛盾。

關於刑與賞的關係，《去彊篇》是這樣論述的，其文云：「重罰輕賞，則上愛民，民死上；重賞輕罰，則上不愛民，民不死上。興國行罰，民利且畏；行賞，民利且愛。」

仔細分析原文，我們認為《去彊篇》中所說的「重罰輕賞」，特別是「輕賞」的含義值得深入推敲，論者理解為「減輕賞賜」的看法存在偏差。

首先，從上下文義來看，所謂「輕賞」應指爵賞不輕濫。

從句式上講，篇中所謂「重罰輕賞」、「重賞輕罰」皆是並列短語，罰與賞是並列而言的。類似的表達在《商君書》其他篇中還有，如《靳令篇》曰：「重刑少賞，上愛民，民死賞；重賞輕刑，上不愛民，民不死賞。」兩篇的微小區別是「輕」換成了「少」。案，「輕賞」、「少賞」義同，「重刑輕賞」即「重刑少賞」，亦即加重刑罰、減少賞賜。但賞賜減少可以理解為賞賜的份量減輕，還可以理解為不輕易賞賜，行賞賜的頻率比較低。換言之，賞賜減少並不完全等於賞賜的份量減輕。下文緊接著說「怯民使以刑必勇，勇民使以賞則死。……王者刑九賞一，彊者刑七賞三，削國刑五賞五。」死是人們所厭惡的，只有賞足夠厚人們才肯拼死去爭取。刑和賞所佔的比重對國家的治亂興亡有直接的影響，從本篇所列的這些比例來看，所謂「刑九賞一」、「刑七賞三」等即表示「重罰輕賞」之義，這更說明本篇所謂「重罰輕賞」和「重賞輕罰」的側重點在於刑、賞所佔的比重，而非其程度。

另外，從《說民篇》對《去彊》此句的解釋來看，本篇的「輕賞」也應指爵賞不輕濫。《說民篇》云：「罰重，爵尊；賞輕，刑威。爵尊，上愛民；刑威，民死上。故興國行罰則民利，用賞則上重。」顯然「罰重，爵尊；賞輕，刑威」是針對「重罰輕賞」所做的注解，「爵尊」就說明賞足夠豐厚，因此民以之為利。刑罰重、賞賜豐厚；賞賜雖重卻不輕濫，刑罰雖重但有威嚴。治國刑多賞少，才會國無姦而兵無敵。其實，蔣禮鴻也是這樣注解的，他說：「何謂輕賞？賞必當其功勞，不濫也。夫重罰則民畏法，輕賞則冀幸之心絕，故能死上之事也。」「如《開塞》所云『正民者，以其所惡，必終其所好；以

其所好，必敗其所惡。』亦足與此相發。」〔註118〕

《說民篇》下文對「刑」與「賞」的比例關係又做了進一步地解釋，「刑生力，力生彊，彊生威，威生德。德生於刑。故刑多則賞重，賞少則刑重。」這裡從「刑」與「德」的遞進關係角度論證刑與賞的比重問題，認為刑罰能產生實力，實力能產生強盛，強盛就會有威力，威力又會產生恩德。因此，刑罰多，賞賜就會顯得重了。賞賜少，刑罰就顯得重了。由此可見，刑罰和賞賜的所佔比例是一種相輔相成的關係，並非簡單地表示加重刑罰、減輕賞賜。

其次，將「重刑輕賞」理解為賞賜不輕濫，與商鞅「重刑厚賞」的主張也是相合的。文獻記載表明，商鞅本人是主張「重刑厚賞」的。商鞅於變法期間著成的《墾令篇》中提出「重刑而連其罪」，即加重刑罰，藉以威懾民眾。在戰國末年的韓非看來，商鞅是主張「重輕罪」的，如《韓非子・內儲說上》云：「公孫鞅之法也，重輕罪。」「公孫鞅曰：『行刑重其輕者，輕者不至，重者不來，是謂以刑去刑。』」因此，可以肯定重刑應是商鞅本人的主張。

此外，韓非曾多次強調商鞅還主張厚賞，如《韓非子・姦劫弒臣篇》云：「商君說秦孝公以變法易俗而明公道，賞告姦，困末作而利本事。當此之時，秦民習故俗之有罪可以得免，無功可以得尊顯也，故輕犯新法。於是犯之者其誅重而必，告之者其賞厚而信。……此其所以然者，匿罪之罰重，而告姦之賞厚也。」又如《定法篇》亦云「公孫鞅之治秦也，設告相坐而責其實，連什伍而同其罪，賞厚而信，刑重而必，是以其民用力勞而不休……」為了貫徹變法，商鞅曾經有過「徙木南門，賞民五十金」的實際行動，此舉是為了取信於民，證明新法是「厚賞而必信」的。「言必行，行必果」是商鞅的一貫作風，因此即使國家不輕易賞賜，但一旦賞賜，則是會嚴格貫徹執行的。

商鞅變法曾規定：「令民為什伍，而相牧司連坐。不告姦者腰斬，告姦者與斬敵首同賞，匿姦者與降敵同罰。」〔註119〕再結合《韓非子・定法篇》引用「商君之法曰：斬一首者爵一級，欲為官者為五十石之官；斬二首者爵二級，欲為官者為百石之官。」告姦之賞與在戰場上斬獲敵首相同，這一做法更有力地證實商鞅是主張重刑厚賞的。徵之秦簡，亦可見對於捕盜、告姦賞黃金二兩幾乎成為定制。如秦簡《法律答問》：「甲告乙賊傷人，問乙賊殺人，

---

〔註118〕蔣禮鴻：《商君書錐指》，第 30 頁。
〔註119〕《史記・商君列傳》

非傷也，甲當購，購幾何？當購二兩。」〔註120〕律文謂甲控告乙殺傷人，經訊問乙是殺了人，並非殺傷，甲應受賞，獎賞多少？應賞黃金二兩。雖然迄今出土的秦律中尚無對告姦者賞賜爵位的條文，但賜黃金二兩也不能說不豐厚。

第三，賞賜豐厚是商鞅爵制的集中體現。由於從事農戰是勞累且危險的事情，只有重刑輔之以厚賞才能驅使民眾。如果對同樣的功勞賞賜變少或減輕，如何來讓民眾爲了賞賜去拼死呢？若功勞與賞賜不符，就難以調動民眾的積極性。商鞅變法以刑賞爲手段驅民耕戰，其中行賞的重要途徑即授予爵位，按照以功勞授官予爵的原則，有爵者享有勞役、賦稅豁免權，賜田、宅、錢財以及有罪可抵償等優待。這些待遇對於在苛繁法律禁錮下動輒得咎的普通民眾而言是相當豐厚且誘人的。這種爵制自商鞅變法後在秦一值得以貫徹，故而只有將「輕賞」、「少賞」理解爲不輕易賞賜才符合史實。從實際的效用來看，賞賜豐厚對國家的統治而言並無大礙，而賞賜泛濫才是最可怕的。

另外，成於商鞅之手的《農戰篇》強調授官予爵只能從農戰一途，也是不輕易賞賜的證明。該篇認爲若民求官爵不以農戰，則是以巧言虛道勞民。「勞民者，其國必無力；無力，則其國必削。」「善爲國者，其教民也，皆作壹而得官爵。……民見上利之從壹孔出也，則作壹。」這裡主張在上位者把爵賞牢牢地控制在農、戰這一個途徑上，捨此無他。從某種程度上說，這表明商鞅對賞賜是非常慎重的。

綜上所述，我們認爲「重刑輕賞」中的「輕賞」應指賞賜不輕濫，而非減輕賞賜。對輕罪加重刑罰，不輕易行賞賜，與商鞅「重刑厚賞」的思想主張並不矛盾。因爲不輕易行賞賜只是強調行賞不得輕濫，而並沒有否定賞賜豐厚的意思。論者據「重罰輕賞」、「重罰少賞」等字句來證明《去彊篇》作於商鞅逝世之後的觀點是有失偏頗的。同樣論者據此認爲《商君書》有重賞、輕賞兩種不同的觀點，主張厚賞的是商鞅，而那些主張「重刑輕賞」的篇章如《去彊》、《開塞》、《說民》、《壹言》、《靳令》等則顯然是在商鞅逝世之後——這樣的結論也是不恰當的。

應當指出，商鞅這種輕罪重刑的思想主張，其實有悖於立法的基本精神和原則。因爲斬首是最重的刑罰，如果輕罪重罰，那麼犯程度不同的罪都有可能被判處斬首，就相當於異罪同罰。如睡虎地秦簡《法律答問》中有這樣

〔註120〕睡虎地秦墓竹簡整理小組編：《睡虎地秦墓竹簡》，第208頁。

一條問答案例,「把其假以亡,得及自出,當爲盜不當?自出,以亡論。其得,坐贓爲盜;盜罪輕於亡,以亡論。」〔註 121〕文謂攜帶借用的官有物品逃亡,被捕獲以及自首,應否判盜竊罪?答曰:自首,以逃亡論罪。如係捕獲,按贓數判盜竊;如以盜竊處罪輕於以逃亡論罪,則仍以逃亡論罪。由此可見,秦律量刑的原則也是兩刑相較取其重,一般採取較重的刑罰來懲處。這種做法實際上反而會促使民眾鋌而走險去犯更重的罪,最典型的例子當屬秦末率眾造反的陳勝、吳廣了。此二人與眾屯戍失期,而秦法規定「失期,法皆斬。」於是二人謀劃造反時即云:「今亡亦死,舉大計亦死,等死,死國可乎?」〔註 122〕

### 2. 從語詞及內容來看,《去彊篇》多因襲《農戰篇》。

首先,反對用孝道、禮、樂、《詩》、《書》等空言虛行,認爲這些有害於富國強兵與戰勝攻取。《農戰篇》曰:「《詩》、《書》、禮、樂、善、修、仁、廉、辯、慧,國有十者,上無使戰守。國以十者治,敵至必削;不至必貧。國去此十者,敵不敢至;雖至必却。興兵而伐,必取;按兵不伐,必富。」而《去彊篇》云:「國有禮、有樂、有《詩》、有《書》、有善、有修、有孝、有弟、有廉、有辯,國有十者,上無使戰,削至亡;國無十者,上有使戰,必興至王。……國用《詩》、《書》、禮、樂、孝、弟、善、修治者,敵至必削,不至必貧。」同樣是「十者」,《去彊篇》以「孝」、「弟」取代了前者的「仁」、「慧」,後文則又取消了「仁」、「廉」、「辯」、「慧」四目而改稱「八者」,但這些名目在本質上是一致的。

第二,主張治國作壹,入則力農耕,出則務戰伐。《農戰篇》云:「國作壹一歲,十歲彊;作壹十歲,百歲彊;作壹百歲,千歲彊。千歲彊者王。」同樣的語句亦見於《去彊篇》。《農戰篇》主張治國應專務於農戰,《去彊篇》也贊同這一觀點,並通過「生力」、「殺力」兩點予以重申。是篇提出「治國貴多力,能生能殺,必彊」這一觀點,即討論治國要善於趨利避害,將民之強引導到對國家有用的事情上來。對農、商、官要運用生力、殺力來趨利避害。如果農、商、官因富裕、安逸而滋生淫行,國家應外出征戰,使這些流毒「輸於外」,才能富強;否則會導致國力削弱。事實上所謂「生力」主要指「農」,「殺力」則偏重於指「戰」。其實也是在變相論證農、戰兩種政策之間

〔註 121〕睡虎地秦墓竹簡整理小組編:《睡虎地秦墓竹簡》,第 207 頁。
〔註 122〕《史記·陳涉世家》

相輔相成的關係。

### 3. 此篇涉及的不少問題與商鞅的變法實踐和主張頗為一致

第一、「國用善，姦必多。」即主張行告姦之法以去民之強。對此句《弱民篇》有解，其文曰：「民善之則親，利之用則和，用則有任，和則匱，有任乃富於政。上舍法，任民之所善，故姦多。」此處脫誤最甚，注家多謂「難以校理」，故嘗引《說民篇》以爲說，《說民篇》云「用善，則民親其親；任姦，則民親其制。合而復〔註123〕者，善也；別而規者，姦也。章善則過匿，任姦則罪誅。過匿則民勝法，罪誅則法勝民。民勝法，國亂；法勝民，兵彊。故曰：以良民治，必亂至削；以姦民治，必治至彊。」雖然《說民篇》這一段話是爲注解《去彊篇》的「國以善民治姦民者，必亂至削；國以姦民治善民者，必治至彊」，但是對於我們理解「國用善，姦必多」大有裨益。此文雖短，卻包藏深意。治國用民之所善，那麼民眾就會互相包庇罪過，結果導致民強而姦多。言外之意即只有行告姦之法，令民互相檢舉揭發，才會去民之強而除姦。商鞅變法時明確規定：「令民爲什伍，而相牧司連坐。不告奸者腰斬，告奸者與斬敵首同賞，匿奸者與降敵同罰。」〔註124〕

第二、用刑、賞來令貧者富，富者貧，則國多力而王。這是對去民之強、爲國所用這一主旨所做的最直接的闡釋，它更側重於強調如何來去民之強。其中關於刑和賞的具體運用，是有所區別的，茲分述如下：

關於用「刑」，此文提出「重輕罪」，則能「以刑去刑」。即指對輕罪使用重刑，如此則民眾畏懼而不敢犯罪，從而達到不用刑罰的目的。換言之，只有重刑才能去除民眾之強悍，令其心生戒懼，不敢輕易違法，最終爲國所用。「刑去事成，國彊；重重而輕輕，刑至事生，國削。」不用刑罰而民眾自願爲國效力，國家就會強大；對重罪用輕刑，那麼民眾就會不怕刑罰而以身試法，從而導致刑罰更多，造成民強國弱的局面，國家日趨衰弱。可以說，輕罪重罰的主張是去民之強思想的最直接體現。前文已經明確指出，輕罪重罰是商鞅法治的突出特點。《去彊篇》無疑是對此做了進一步的理論闡釋。

與「刑」相比，「賞」在商鞅的去彊之論中處於輔助的地位。關於「賞」，此文提出「輕賞」，即賞賜不輕濫，國家只對農戰有功者行賞，這樣才能引導民眾投身於農戰，爲獲得賞賜而拼死力。爵制是賞賜的最集中體現，篇中提

〔註123〕陶鴻慶謂「復當爲覆。合而覆者，民合則相爲掩覆也。」
〔註124〕《史記・商君列傳》

到的「興兵而伐，則武爵武任，必勝；按兵而農，粟爵粟任，則國富。兵起而勝敵，按兵而國富者王。〔註125〕」即是行賞的表現。商鞅變法中亦有相似的法令，「有軍功者各以率受上爵」，「大小僇力本業，耕織致粟帛多者，復其身。」

第三，關於「宿治」、「日治」、「夜治」。

前文已經論及出於商鞅之手的《墾令篇》曾經提出「無宿治」的主張，「無宿治，則邪官不及爲私利於民，而百官之情不相稽。則農有餘日。邪官不及爲私利於民，則農不敗。農不敗而有餘日，則草必墾矣。」

所謂「宿治」，指官府辦事拖延積壓。《墾令篇》明確反對「宿治」，《去彊篇》更將「宿治」與「日治」、「夜治」對比而言以說明行政效率與國家強弱的關係，其文曰：「十里斷者，國弱；五里斷者，國彊。以日治者王，以夜治者彊，以宿治者削。」由此可見，宿治不僅不利於政令的實施，還會導致國家削弱的嚴重後果，而「日治」和「夜治」則可以使國家富強乃至王天下。那麼何謂「日治」、「夜治」呢？《說民》篇則給出進一步的解釋，是篇謂：「國治：斷家王，斷官彊，斷君弱。重輕去刑，常官則治。省刑要保，賞不可倍也。有姦必告之，則民斷於心。上令而民知所以應，器成於家而行於官，則事斷於家。故王者刑賞斷於民心，器用斷於家。……治國者貴下斷，故以十里斷者弱，以五里斷者彊。家斷則有餘，故曰日治者王。官斷則不足，故曰夜治則彊。君斷則亂，故曰宿治則削。故有道之國，治不聽君，民不從官。」

由此可見，「日治」即「斷家」，「夜治」即斷官，「宿治」即「斷君」。「無宿治」的思想肇端於早期的《墾令篇》，在《說民》、《去彊》兩篇中又有進一步地闡發。而不同的是，《墾令篇》強調的是「無宿治」的作用，官府辦事雷厲風行，官吏無暇謀私，則農業生產受損害較小，農民能夠專心耕作；而《去彊篇》則突出「宿治」的危害，會使國家削弱；《說民篇》則重點論述如何能做到「無宿治」，即通過行連坐告姦法，使民依法相治，不必於法外聽君從官。

## 4. 篇末一段體現出重農的思想傾向，且有李悝「平糴之法」的影子，與全篇主旨聯繫緊密，並非後人所附益。

《去彊篇》文末講金粟關係，認爲國好生粟於境內，則民弱國強。其文曰：「金生而粟死，粟死而金生。……金一兩生於境內，粟十二石死於境外。粟十二石生於境內，金一兩死於境外。」如果國家不重視農業，「國好生金於

---

〔註125〕嚴萬里校本作「按國而國富者王」，崇文本、《指海》本皆作兵，茲從之。

境內，則金粟兩死，倉府兩虛〔註126〕，國弱。國好生粟於境內，則金粟兩生，倉府兩實，國彊。」指出金粟不共生，但若「國好生粟於境內，則金粟兩生，倉府兩實，國彊。」即只有重視農作，才能收穫粟穀，從而實現金粟兩生、國家富強。由此論可以看出本篇以生粟爲本、生金爲末。務本則末從而生，事末則本爲之蹶。這其實就是從重農的角度來論證如何去民之強，這種思想傾向與《農戰篇》甚爲一致。

篇中所云「本物賤，事者眾，買者少，農困而姦勸，其兵弱，國必削至亡」的道理與李悝之教在本質上也是一致的。《漢書·食貨志》載李悝之法云：「糴甚貴傷民，甚賤傷農。民傷則離散，農傷則國貧。故甚貴與甚賤，其傷一也。善爲國者，使民無傷而農益勸。」李悝對此的解決方案就是著名的「平糴之法」。眾所周知，商鞅在魏國任職數年，及至他於秦主持變法，李悝的平糴之法，亦應有所借鑒。此文言金粟關係，側重點在於講所謂「生粟之道」。當一個國家重視農業生產，稻穀豐收，一方面能提供日常和外出作戰的供給，另一方面也可以將多餘的糧食向他國出售，增加國家財富。本篇雖然沒有提及平糴之法，但要保證「金粟兩生」的目的落到實處，平糴之法一定在起作用。

因此，篇末一段的論述與全篇主旨相合，且從思想傾向上看，與商鞅較爲一致。

綜之，我們認爲《去彊篇》應出自商鞅之手，它寫成的時間要比《墾令篇》稍晚一些，很可能作於商鞅變法期間。與《墾令》、《農戰》兩篇相比，它的理論色彩更強，全篇關注的問題也更爲寬泛。或許由於商鞅變法實踐的深入展開，政治視野大開，對於如何來實現農戰圖強，有了更多的解決方案；同時也進行理論思考和總結，試圖不斷完善自己的思想體系。

### （二）《去彊篇》主旨論析

有學者指陳《去彊篇》「是一種雜錄，多屬數句獨成一義，通篇尋不出一個主旨來。」〔註127〕從表面看來，《去彊篇》雖言語簡潔精練，但涉及的內容卻很多，全篇 20 個段落，依次論述了強弱、貧富、農商官、詩書禮樂孝弟善修、重罰輕賞、作壹、金粟、國之十三數、攻守等問題，確實不可不謂駁雜。故論者這種說法顯然有其合理因素，而蔣禮鴻則謂：「此（指去彊）與《說民》、《弱民》二篇義指並同。去彊者，國有民而不可用，是民之彊也。

---

〔註126〕案，「倉府兩虛」之「倉府」分別指代穀倉和寶藏貨賄之府庫。
〔註127〕陳啟天：《商鞅評傳》，第 125 頁。

故當去其彊，非謂欲民之無力也，欲其制於我用於我耳。又曰弱民，其意一也。」〔註128〕蔣氏之論對我們把握《去彊篇》的主旨頗具啓發。事實上，細繹全文就會發現在駁雜鬆散的表面下，《去彊篇》有其集中的主題，即去民之強，使其爲國所用。

作者先提出「以彊去彊者弱，以弱去彊者彊」這樣的論點，《弱民篇》解釋說：「民弱，國彊；國彊，民弱。故有道之國務在弱民。民樸則弱，淫則彊。弱則軌，彊則越志。」由《墾令》、《農戰》篇的論述我們知道，《商君書》中的「樸」和「淫」有特定的含義，「樸」指農戰，「淫」指巧言末作。這裡是說治理國家應致力於使民眾變弱。用巧言末作這種辦法去民之強則國力削弱，用農戰政策去民之強則國力強大。

篇中還提出如下主張：其一，國君治國尙權術、多變，但國家的法令、政策則應具有穩定性，從而使民眾行動有常規。這一句乍看起來似乎與《去彊》之主旨相去甚遠，事實上，在崇尙法治、君權的商鞅眼中，國君以何種方法治國是影響國家興衰的大事，也從根本上決定了能否去民之強，以爲國用這一目的的實現。商鞅認爲只有堅持法治，保持國家法令、政策的穩定性，如任官有常規、令行而必，才能保證去民之強的各項舉措都能落到實處。

其二，強國須知十三數。這是一條關於強國之道的具體措施，它強調一個國家要想富強，除了重刑輔之以賞的方式來去民之強外，還應主動地搜集各種關係國計民生的資料，即所謂「十三數」，分別是「境內倉府〔註129〕之數，壯男壯女之數，老弱之數，官士之數，以言說取食者之數，利民〔註130〕之數，馬牛芻藁之數。」概言之，主要包括糧食、錢財、丁口、各類非農人口、官吏、重要物資等的數量。除了「舉民眾口數，生者著，死者削」這一戶籍制度外，

〔註128〕蔣禮鴻：《商君書錐指》，第27頁。

〔註129〕此處原文作「境內倉口之數」，陶鴻慶曰：「倉乃食字之誤。」朱師轍云：「倉廩戶口之數。」案，下文「壯男壯女之數，老弱之數」等已包括食口與戶口之數，可見陶、朱兩說皆非。高亨認爲此處之口乃錄者所寫之□，以代表闕文。上文云「倉府兩虛」、「倉府兩實」，據此則闕文當作府字，此句當作「境內倉、府之數」，倉、府加上壯男、壯女、老、弱、官、士、說客、利民、牛、馬、芻藁，恰好十三項。見高亨：《商君書新箋》，第223～224頁。

〔註130〕此處的「利民」，高亨有三解：（一）利民，靠營取利潤以謀生的人，指商人及手工業者。（二）利民，即黎民，農民。（三）利疑當作刑，因字形相似而誤。刑民指受過黥、劓、刖、宮等刑及囚在監獄中的人。見高著：《商君書注譯》，第50頁注釋第45。蔣禮鴻則認爲「利民」指農民，見蔣著：《商君書錐指》，第34頁。案，從上下文的內容來看，當以商人及手工業者之說更爲合理。

可能由於關涉主旨，文中並沒有明確指出統計其他資料的配套制度，但要掌握這些資料，沒有相關的制度是很難實現的。統計這些數字的目的是要達到「國無怨民」，即國家沒有閒置的人口，民眾都在國家的牢牢掌控之下，才能使「民不逃粟，野無荒草」；「興兵而伐，則武爵武任，必勝；按兵而農，粟爵粟任，則國富。兵起而勝敵，按兵而國富者王。〔註131〕」外出征伐時，用軍功爵來驅使民眾為國拼死；休戰時則通過納粟拜爵的方式令民致力於農作。這樣才是真正的國富兵強，否則「欲彊國，不知國十三數，地雖利，民雖眾，國愈弱至削。」

其三，從對刑賞的重視上看，輕罪重刑、以刑去刑是本篇重點強調的，這也是服務於該篇「去民之彊」的主旨。本篇在闡明刑賞與國家治亂的關係時，以較多地篇幅闡述行刑「重輕罪」的原則，認為這樣就會「輕者不生，重者不來。以刑去刑，國治；以刑致刑，國亂」，

而對於「輕賞」則幾乎未作申論。可見在作者看來，在刑與賞之間，是先刑而後賞的，賞處於次要地位。因為對國家而言，最首要的是先禁止民眾去做違法的事，然後才是對有功者進行獎賞。

文中還有一些主張，由於相對零散，且其意不言自明，故從略。

## 三、《說民》、《弱民》兩篇成書辨析

《說民》、《弱民》兩篇由於與《去彊篇》文多重複，故學者關注較多。茲分論如下：

### （一）《說民篇》成書辨析

關於《說民篇》，或以為「本篇是闡發告姦法的一篇論著。《史記·商君列傳》說：『卒定變法之令，令民為什伍，而相牧司連坐，不告姦者腰斬，告姦者與斬敵者同賞，匿姦者與降敵同罰。』彷彿本篇就是說明這種法令。所謂『章善則過匿，任姦則罪誅』；『以良民治，必亂至削；以姦民治，必治至彊』，是說明實行告姦的必要。所謂『行刑，重其輕者』是說明實行告姦的方法。所謂『斷家王，斷官彊，斷君弱』，『日治者王，夜治者彊，宿治者削』，是說明實行告姦的功效。在商鞅以前，沒有人實行告姦法；在商鞅以後，沒有人像他那樣徹底實行告姦法。而本篇用語的嚴峻，立論的徹底，如不是像商鞅那樣堅持告姦法的人物確不易道出。所以我以為本篇必出於商鞅之手，

---

〔註131〕嚴萬里校本作「按國而國富者王」，崇文本、《指海》本皆作兵，茲從之。

篇名宜易爲『告姦』。即令不出於商鞅，也足以代表商鞅的思想。」〔註 132〕
或以爲本篇與《去彊》、《靳令》語多近似，皆同出一手，時代不早於秦昭王
三十年。〔註 133〕

　　案，前已指出，《說民篇》乃爲注解《去彊篇》而作，它主要闡述的是《去
彊篇》的後半部分。既如此，則其主要內容當不會偏離《去彊篇》太遠。就
「以善民治」或「以姦民治」的問題，三篇皆有論述；而且《去彊篇》是在
前半部分討論的，其對應的內容主要見於《弱民篇》而非《說民篇》，因此認
爲《說民篇》的主旨是闡發告姦似乎欠妥。

　　關於此篇主旨，或謂「說民就是論民眾，它論述了一系列有關治理民眾
的問題。」〔註 134〕或以爲「說讀作敓。《說文》：『敓，強取也。』段玉裁曰：
『後人假奪爲敓，奪行而敓廢矣。』《算地篇》曰：『刑者，所以奪禁邪也。』
敓民義與彼同。」〔註 135〕據此，則敓民即禁除民之姦邪。案，應以後說爲是。
將「說民」理解爲論民眾，這種認識失於籠統，未能突顯出本篇的特色。因
爲《商君書》中的大部分篇章都是在論述如何治國的問題，而治國的核心就
在於如何治理民眾。「說民」解作「敓民」，適與《去彊篇》旨意暗合。

　　明乎此，則《說民篇》之主題及內容才易於理解。此文開篇即指出治國
應務必做到「政勝其民」，國家才會強盛乃至稱王；如果「民勝其政」，國家
就會削弱乃至滅亡。而要使「政勝其民」，就得去除「辯慧」、「禮樂」、「慈仁」、
「任譽」等八大易生姦邪的事物，專任法治，讓民眾以法令爲標準來判斷是
非，行告姦之法，才能根除各種違法的行爲。用重刑和爵賞來驅使民眾從事
農耕和作戰，使民力之強積聚成強大的國力。另外，既要會產生實力，又要
會消耗實力，使「國不蓄力，家不積粟」。這樣才能充分利用民眾的力量實現
國家富強。

　　細繹全篇，句句緊扣《去彊篇》的論題，未見有於《去彊篇》之外另立
他說。準此，則將《說民篇》的成書下延顯然是不妥的。《說民篇》的作者很
可能是商鞅所豢養的門客或私徒屬，只有他們才會對商鞅的思想有極爲準確
的把握和體認。他們之所以對《去彊篇》做出注解，或許由於該篇成書較早，
言辭過於簡略而難懂，於是才決定對其作詳細的分析闡釋。

〔註 132〕陳啓天：《商鞅評傳》，第 125～126 頁。
〔註 133〕容肇祖：《商君書考證》，《燕京學報》第二十一期。
〔註 134〕張覺：《商君書全譯》，第 63 頁。
〔註 135〕蔣禮鴻：《商君書錐指》，第 35 頁。

## （二）《弱民篇》成書辨析

在整部《商君書》中，最受學者詬病的首推《弱民篇》，特別是該篇最後一段話，暴露的破綻尤多，幾乎成爲「眾矢之的」，其文曰：「今離婁見秋豪之末，不能明目易人；烏獲舉千鈞之重，不能以多力易人；聖人在體性也，不能以相易也；今當世之用事者，皆欲爲上聖，舉法之謂也。背法而治，此任重道遠而無馬牛，濟大川而無舡楫也。釋權衡而操輕重者。〔註 136〕今夫人眾兵彊，此帝王之大資也；苟非明法以守之也，與危亡爲鄰。故明主察法，境內之民無辟淫之心，游處之士〔註 137〕迫於戰陣，萬民疾於耕戰。有〔註 138〕以知其然也？楚國之民，齊疾而均，速若飄風。宛鉅鐵鉈，利若蜂蠆。脅鮫犀兕，堅若金石。江、漢以爲池，汝、潁以爲限，隱以鄧林，緣以方城。秦師至，鄢郢舉，若振槁。唐蔑死於垂沙，莊蹻發於內，楚分爲五。地非不大也，民非不眾也，甲兵財用非不多也；戰不勝，守不固，此無法之所生也。」

其中前半部分「今離婁見秋毫之末……濟大川而無舡楫也」與《錯法篇》頗多雷同，我們將在後文討論《錯法篇》時展開；後半部分「楚國之民……楚分爲五」則與《荀子·議兵篇》文字略同。

歸納起來，本段的紕漏如下：

其一，烏獲爲秦武王時力士，距商鞅死 31 年，詳見《史記·秦本紀》。

其二，唐蔑戰死於垂沙之役，距商鞅死 37 年；秦取楚鄢、郢，距商鞅死 60 年，此兩條皆見於《史記·六國年表》、《楚世家》。〔註 139〕

以上人物、史實發生在秦武王至昭王前期，爲商鞅所未及見。學者多據此而判斷《弱民篇》應晚出，或謂該篇「所舉史實在商鞅死後」，「可證非商鞅所作。」〔註 140〕或謂該篇作於秦昭王的時代或者略晚。〔註 141〕或謂「本篇

---

〔註 136〕「釋權衡而操輕重者」八字嚴校本置於篇末，陶鴻慶云：「此句著於篇末，語意未了，嚴校以爲下有佚脫。今案：上文云：『背法而治，此任重道遠而無馬牛，濟大川而無舡輯也。』疑此八字，當在『而無舡楫』之下，與上二句文義一律。蓋寫者以脫句附記篇末，而校者失於移補耳。」見陶著：《讀諸子箚記》，《制言半月刊》第二十六期。其說可從。

〔註 137〕嚴萬里校本作「壬」，注家舉范本、崇文本、《指海》本皆作「士」，茲改之。

〔註 138〕此「有」字，蔣禮鴻注云：「有當作何，或當作奚。《算地篇》：『奚以知其然也？』」詳見《商君書錐指》，第 127 頁。

〔註 139〕這幾條歷來治《商君書》者多有指陳，如錢穆、朱師轍等。

〔註 140〕高亨：《商君書作者考》，見高著：《商君書注譯》，第 7 頁。

〔註 141〕此說之代表人物即容肇祖，見《商君書考證》，《燕京學報》第二十一期。

非商鞅所作，而爲荀卿以後戰國末，或西漢初法家者流雜輯而成。」〔註 142〕或以爲這一段是抄自《荀子》，並進而斷言此篇出於《荀子》之後。〔註 143〕又由於該段與《荀子·議兵篇》近乎雷同，故學者多指此段乃抄襲後者而成。如朱師轍引汪中《舊學蓄疑》云：「楚國之民，齊疾而均速以下，乃《荀子·議兵篇》文。事在昭襄王三十六年，距商鞅之沒，凡七十四年。此係後人篡入。」〔註 144〕梁啓超本就認爲《商君書》是僞書，由《弱民篇》此段與《荀子·議兵篇》雷同，更進而懷疑「《弱民篇》又不似著述的體裁。我們可從此斷定是編《商君書》的人抄襲《荀子》的一段。」〔註 145〕

案，以上所論皆確鑿有據，但也存在明顯的不足，即他們都據《弱民篇》篇末一段而對全篇下斷語。從全篇文句風格來看，前面簡潔質樸，末段則排比鋪陳，辭藻華麗。顯然與前文風迥異，所舉事例偏晚，故論者多主張刪除末段，如蔣禮鴻謂「是乃《商君書》簡策佚脫，讀者謬以《荀子》之簡」，「故可略而不論云。」〔註 146〕若略去這一段，則歷來學者據此段而對《弱民篇》所作的各種論斷都無法成立了，《弱民篇》究竟作於何時仍需再議。

首先，從題目上看，《弱民篇》的主旨與《去彊》、《說民》是趨於一致的。此篇之篇題「弱民」，即使民弱，與《去彊》、《說民》相互發明。《弱民篇》的突出論點即「民弱，國彊；民彊，國弱。故有道之國務在弱民。」此說其實可以作爲《去彊篇》「以彊去彊者弱，以弱去彊者彊」總論點的一個分論點來理解。

其次，從內容上看，《弱民篇》並未超出《去彊篇》前半部分的論證範圍。《弱民篇》指出民眾懦弱才會守法，易於爲國所用。故「有道之國，務在弱民。」要使民弱，關鍵是要讓民眾保持質樸的狀態。民富則淫，淫則容易產生蝨害。所以國家必須去民之富，使其歸心於農。同時由於民眾的本性是各親其所親，爲了防止他們相互隱匿過舉，還需要用法治，賞告姦。民樂生畏死，若任用賞罰使得民眾敢於冒險犧牲，沒有仁義道德的羈絆，事敵人所不能，自然兵強無敵。而民眾只有處於卑賤、虛弱、貧困的境地才會看重國家的爵位、賞賜，尊重官吏。對這樣的民眾施以刑、賞才會有作用。因此，爲

〔註 142〕陳啓天：《商鞅評傳》，第 132 頁。

〔註 143〕劉汝霖：《周秦諸子考》，第 287 頁。

〔註 144〕朱師轍：《商君書解詁定本》，第 78 頁。

〔註 145〕梁啓超：《古書眞僞及其年代》，見陳引馳編校：《梁啓超國學講錄二種》，北京：中國社會科學出版社，1997 年 6 月第 1 版，第 178 頁。

〔註 146〕蔣禮鴻：《商君書錐指》，第 127 頁。

了確保刑賞的權威地位，還要禁除「六蝨」，令農、商、官各安其業。從睡虎地秦簡的材料來看，本篇關於「賞告姦」的說法是付諸實際的。如秦律《法律答問》規定「甲告乙賊傷人，問乙賊殺人，非傷也，甲當購，購幾何？當購二兩。」〔註147〕律文即言若甲控告乙殺傷人，所告屬實，當獎賞甲黃金二兩。類似的告姦行為包括捕盜告官、告盜竊等等。

此外，《弱民篇》關於「利出一孔」的說法與《農戰》、《靳令》兩篇相同。其文曰：「利出一孔則國多物，出十孔則國少物。守一則治，守十則亂。」「利出一孔」，還見於《農戰篇》，是篇謂授官予爵必出於農戰。此亦表明《弱民篇》不會產生太晚。《靳令篇》中的說法與本篇更為相近，「利出一空者其國無敵，利出二空者國半利，利出十空者其國不守。」關於這一點，我們將在《靳令篇》中論及。

最後，我們仍不得不對《弱民篇》的末段有所交待。

《弱民篇》云：「楚國之民，齊疾而均，速若飄風。宛鉅鐵釶，利若蜂蠆。脅鮫犀兕，堅若金石。江、漢以為池，汝、潁以為限，隱以鄧林，緣以方城。秦師至，鄢郢舉，若振槁。唐蔑死於垂沙，莊蹻發於內，楚分為五。地非不大也，民非不眾也，甲兵財用非不多也；戰不勝，守不固，此無法之所生也。」

而《荀子‧議兵篇》云：「楚人鮫革犀兕以為甲，鞈如金石；宛鉅鐵釶，慘如蜂蠆；輕利僄遬，卒如飄風；然而兵殆於垂沙，唐蔑死；莊蹻起，楚分而為三四。是豈無堅甲利兵也哉？其所以統之者非其道故也。汝潁以為險，江漢以為池，限之以鄧林，緣之以方城；然而秦師至而鄢郢舉，若振槁然。是豈無固塞隘阻也哉？其所以統之者非其道故也。」

仔細比較《弱民篇》與《荀子‧議兵篇》的內容會發現，二者除列舉的史實相似外，區別也非常明顯。首先，兩者的立足點不同，所以導致對同一史實的認識判然有別。楚國地大民眾，有堅甲利兵是事實，但最終卻因內憂外患而變得四分五裂。針對這一史實，《弱民篇》站在法家的立場，更側重於強調法的重要性，認為楚國衰弱的原因就在於無法；而《議兵篇》則立足儒家的本旨，反覆重申「其所以統之者非其道故也」，這一段話是荀子答李斯之語，荀子析言堅甲利兵、固塞隘阻的目的是為了論證仁義乃兵之本這一主張，他通過排比事實無疑增加了論辯的說服力。其次，對史實的敘述上，《弱民篇》先闡明楚國軍事上的優勢，其次才談及它的不堪一擊。而《議兵篇》則分別

---

〔註147〕睡虎地秦墓竹簡整理小組編：《睡虎地秦墓竹簡》，第208頁。

列舉了堅甲利兵和固塞隘阻的優勢及潰敗的結局。

從末段來看，楚國的這些發生在商鞅死後三十年到六十年的史實只有商鞅的弟子才有可能看到，因此應不是商鞅所為。

合而觀之，種種迹象表明《弱民篇》不應晚至秦昭王時，由於它是對《去彊篇》所做之注解，和《說民篇》一樣，即使說它不是商鞅親著，那麼至少也應出自對商鞅思想學說極為諳熟的及門弟子之手。否則，很難對商鞅的思想有如此深入而細緻的理解。

# 第五節　「任地待役之律」──《算地篇》

「算地」即計算土地，指規劃利用土地。篇題「算地」二字並不足以代表全篇的內容。該篇首先指出人口與土地之間必須保持恰當的比例關係，接著列舉了先王任地待役之律以供國君借鑒，還主張因民之性，用重刑厚賞的方式來驅民從事農戰。反對治國「舍勢而任談說」的錯誤做法，認為對「談說之士」、「處士」、「勇士」、「技藝之士」、「商賈之士」等五民必須加以抑制。最後論述了刑賞問題，認為「刑以禁邪」、「賞以助禁」，治國應堅持「重刑有罪、論功行賞」的原則。

## 一、《算地篇》成書諸說辨析

《算地篇》由於提及秦的土地人口政策和爵制，素來為人們所看重。然而關於此篇的成書，學者間的分歧卻比較大。總結起來，主要有如下幾說：

其一，本篇與《徠民篇》作者為同一人。如容肇祖即推斷《算地篇》與《徠民篇》大約是出於一手的，即約著成於秦昭王晚年（前 256 年──前 251 年）。他的主要根據即《算地篇》首段關於「先王之正律」的文字與《徠民篇》「先王制土分民之律」一段近乎相同。〔註148〕

其二，本篇乃戰國「法家者流」闡發申、商之說而作。如有論者認為本篇是一種奏疏，觀文中三稱「世主」，兩自稱「臣」，和其他語氣，可以為證。篇中主張如『為國之數，務在墾草。用兵之道，務在一賞』等，極像商鞅的說法。但再三談到『數者臣主之術』『法術之患』，『失術』，『立術』等道理，又像申不害的說法。因此不能斷定本篇出於商鞅之手。大約是申、商後戰國『法家者流』衍述申、商的說法，而條陳於國君以求聽用的一篇書，纂輯者

〔註148〕容肇祖：《商君書考證》，《燕京學報》第二十一期。

以其與商鞅思想有相發明處，遂一併編入。〔註149〕

　　其三，此篇成書應在《農戰篇》的同時或前後，由商鞅正統派學生撰成。有論者發現該篇與《農戰篇》在內容方面有相似之處；同時篇中強調了「術」和「勢」，保存和繼承了申不害及慎到的理論以及「君子」、「小人」的原始觀念，故而成書不會很晚。〔註150〕

　　以上幾說，對本篇的特點皆有所揭示，但細究起來，三種說法皆存在明顯的不足。如僅從兩篇相同的一段話即判斷二者同出一手，未免有以偏概全之嫌；又如言「數」、「術」的確是申不害思想的特點，但並不能排除商鞅也可能談及；另外，既然本篇內容與《農戰篇》相似，當然也不能排除本篇為商鞅自著。因此，關於本篇的成書，我們還需要仔細辨析。

　　首先，雖然本篇與《徠民篇》在篇首所謂「制土分民之律」一段近乎雷同，但在兵農給役問題上，《算地》與《徠民》則有較大差別，這表明兩篇所反映的具體背景實迥然不同。

　　《算地篇》云：「故聖人之為國也，入令民以屬農，出令民以計戰。」「入使民盡力，則草不荒；出使民致死，則勝敵。勝敵而草不荒，富強之功可坐而致也。」「入使民屬於農，出使民壹於戰。」這些說法都是把民眾當成一個整體來看待的，讓他們有戰即出戰，休戰即農耕，顯然實行的是一種兵農合一的制度。

　　而觀之《徠民篇》，則與此大異其趣，是篇謂：「今以故秦事敵，而使新民事本，兵雖百宿於外，境內不失須臾之時，此富彊兩成之效也。臣之所謂兵者，非謂悉興盡起也；論境內所能給軍卒車騎，令故秦兵，新民給芻食。」《徠民篇》主張令故秦民當兵，新招徠的三晉之民務農，為作戰「給芻食」。全國的民眾有新、舊之分，分工亦有兵、農之別。〔註151〕

　　需要指出的是，《徠民篇》的這一舉措顯然是有鑒於《算地篇》亦兵亦農之制的弊端而提出的，《徠民篇》曰：「夫秦之所患者，興兵而伐則國家貧，安居而農則敵得休息。此王所不能兩成也。」在《徠民篇》成書的年代，秦國的主要目標是如何解決「戰勝而天下服」。自商鞅變法國富兵強後，秦不斷對外發動戰爭謀求兼併六國、統一天下。但經歷了伊闕、華陽、長平三次大

〔註149〕陳啓天：《商鞅評傳》，第126頁。
〔註150〕鄭良樹：《商鞅及其學派》，第144～145頁。
〔註151〕案，這一點鄭良樹在《商鞅及其學派》一書中已明確指出，發前人所未發，
　　　　故茲俱引其說以為證。

戰後，秦雖殺敵數十萬但己方損失亦不少，此篇亦云「秦之所亡民者幾何？……臣竊以爲不可數矣。」秦國素來人口稀少，農和戰在人力使用上到了長平之戰後產生了嚴重的矛盾，已引起當政者的側目。徠民成爲當務之急！而《算地篇》顯然成書較早，秦國以農戰爲務，側重點主要放在國內，謀求自身的富強。農、戰之間對人口的需求尚未產生明顯的衝突。所以《算地篇》並未就如何招徠民眾從事農戰展開論述，全篇的重點在於勸說世主「操名利之柄」，專任刑賞使民眾致力於農戰，並批評了當時各國君主「舍勢而任說說」的弊病。

其次，本篇反覆講「數」、「術」，從上下文義來看，屬於馭民之道，與申不害的循名責實的「術」還是有所區別的。

法家所言之術，有廣狹兩義：狹義的術，專指一切用人行政方法，正如韓非對術所下之定義：「術者，因任而授官，循名而責實，操生殺之柄，課群臣之能者也。此人主之所執也。」〔註152〕廣義的術則除用人行政之外，包括任法和任勢的一切方法在內。申不害著重狹義的術，故成爲一種刑名之學。韓非認爲只講狹義的術尚不足以治國，故兼講任勢、任法及任術的一切方法。據此看來，《算地篇》所言之術更偏重於法術和治國之道，與申不害的狹義之術有別。如「爲國之數，務在墾草；用兵之道，務在壹賞。」其中的「數」顯然指的是治國之道。「主操名利之柄而能致功名者，數也。聖人審權以操柄，審數以使民。數者，臣主〔註153〕之術而國之要也。故萬乘失數而不危，臣主失術而不亂者，未之有也。今世主欲闢地治民而不審數，臣欲盡其事而不立術，故國有不服之民，主〔註154〕有不令之臣。」這裡的「數」則主要指賞刑之柄，國君通過賞刑來使民爲國效力。「數」、「術」的含義是一致的。正是從這個意義上，我們認爲篇中所講之「數」、「術」其實與商鞅用賞刑驅民農戰的思想是暗合的。篇中的「術」，多爲公開性的行政措施，與申不害的術治學說並不相同。對術的探討，也不如申不害深入。退一步而言，縱使該篇所言

〔註152〕《韓非子·定法篇》
〔註153〕張覺指出此處的「臣主」當作「人主」，下文亦同。其一，上文「主操名利之柄而能致功名者，數也」一句可知「數」是「主」之數，而非「臣」之數；其二，「臣」古音屬禪母眞部平聲，「人」古音屬日母眞部平聲，音近易誤。並舉《韓非子·存韓篇》「人」、「臣」混用爲例證明。茲從其說，見張覺：《商君書全譯》，第 84 頁。
〔註154〕嚴萬里校本原作「生」誤。諸本皆作「主」，說見朱師轍：《商君書解詁定本》，第 27 頁。

「數」、「術」與申不害的「術」相同，也不能排除商鞅本人不談術。前文已經指出，商鞅、申不害各言法、術，是相對而言的，二人也並非不談術、不談法，只是深淺不同而已。萬不可一見「術」字即與申不害對號入座。

最後，本篇雖然也提到「勢」，但其含義與愼到的勢論也是有別的。其文曰：「夫治國舍勢而任談說〔註155〕，則身修而功寡。……故湯、武禁之，則功立而名成。」這裡把「勢」與「談說」並舉，是拿兩種治國之道進行對比，顯然指的不是權勢，而更側重於指實力。觀諸下文，可知此說不誤。如「聖人非能以世所易勝其所難也，必以其所難勝其所易。故民愚則知可以勝之，世知則力可以勝之。……今世巧而民淫，方效湯、武之時，而行神農之事以隨世禁，故千乘惑亂。……故聖人之治也，多禁以止能，任力以窮詐，兩者偏〔註156〕用，則境內之民壹。」由此可見，本篇中「勢」的含義顯然與愼到的勢論迥異。愼到所講的「勢」指政權、權位，《韓非子·難勢篇》曾徵引愼到之語曰：「故騰蛇遊霧，飛龍乘雲；雲罷霧霽，與蚯蚓同，則失其所乘也。故賢而屈於不肖者，權輕也。不肖而服於賢者，位尊也。堯爲匹夫，不能使其鄰家；至南面而王，則令行禁止。由此觀之，賢不足以服不肖，而勢位足以屈賢矣。故無名而斷者，權重也……」因此，僅從表面上看到「勢」字就和愼到扯上關係也顯得過於簡單機械。

以上所述只是駁斥了眾學者的論點之非，而沒有明確指出本篇究竟成書於何時。下面我們將從本篇的內容入手，來對這個問題進行正面解答。

## 二、《算地篇》的主要內容及其立論特色

本篇的內容確實非「算地」二字所能概括，它首先指出爲政的基礎是要計算土地的負荷力，在此基礎上因地制宜，實行農戰政策，才能國富兵強。其次強調要用賞罰來使民眾積極從事農戰。

首先，從具體內容來看，篇中的不少主張，與商鞅的思想若合符契。如

---

〔註155〕嚴校本作「治國舍勢而任說說」，朱師轍、陶鴻慶皆認爲說說當作談說。
〔註156〕由於《算地篇》中「偏」字出現四次之多，故關於此處的「偏」字含義，各家看法不一：陳啓天認爲，文中「偏託勢」、「偏家」、「偏用」、「偏託危」俱含有專字之意；而蔣禮鴻則注釋說，「偏託勢」之偏猶私也，「偏用」之偏讀爲徧（仝案，徧即遍），對其餘偏字未作解釋。高亨以爲「偏用」之「偏」借爲徧，徧用言皆用也。賀凌虛則主張「偏用」、「偏託危於外」與「偏託勢於外」中的偏字皆爲「專好」之義。詳見賀凌虛：《商君書今注今譯》，第67～68頁。我們認爲「兩者偏用」之「偏」借爲徧，徧用言皆用也，高說較長。

關於人地關係的認識。本篇所述「任地待役之律」，即對於人、地關係的認識，與戰國初年李悝的「盡地力之教」極爲接近。據《漢書・食貨志》記載：「李悝爲魏文侯作盡地力之教。以爲地方百里，提封九萬頃，除山澤邑居三分去一，爲田六百萬畝。治田勤謹，則畝益三升；不勤，則損亦如之。地方百里之增減，輒爲粟百八十萬石矣。」他主要針對魏國地少人多的實際國情，主張農民充分利用空閒土地，精耕細作。其中即蘊涵著如何處理好人地關係，充分發揮土地最大價值的思想成分。而《算地篇》開篇即講述了所謂「任地待役之律」，其文曰：「故爲國任地者，山林居什一，藪澤居什一，溪谷、流水居什一，都邑、蹊道居（什一，惡田居什二，良田居）什四。〔註157〕此先王之正律也。故爲國分田數小，畝五百足待一役，此地不任也。方土百里，出戰卒萬人者，數小也。此其墾田足以食其民，都邑、遂道足以處其民；山林藪澤溪谷足以供其利，藪澤隄防足以畜，故兵出糧給而財有餘，兵休民作而畜長足。此所謂任地待役之律也。」這裡的「先王之正律」其實是作爲秦國土地開發政策和人口政策的對比材料提出的，反映了時人對於最適中土地負荷力的一種認識。《孟子・滕文公上》云：「方里而井，井九百畝」。按照這一標準來分析，在李悝對國土構成的劃分當中，耕地面積六百萬畝，占總國土九百萬畝的 66％；而《算地篇》中，田地占總國土的 60％，總國土若九百畝，則實有耕地面積爲五百四十畝。如此看來，兩者的比例幾乎一致。眾所周知，商鞅早年曾仕魏，爲魏相公孫痤的家臣，對李悝的「盡地力之教」思想應極爲熟稔。因此我們似可推斷本篇所述「任地待役之律」應是商鞅本人對人地關係問題的認識。

又如本篇強調「故爲國之數，務在墾草」、「夫地大而不墾者，與無地同」，與《墾令篇》驅民墾草的主張也甚爲吻合。篇中再三重申令民入則盡力於農，出則致死於戰，如此則「富彊之功可坐而致也」。這一觀點也與《農戰篇》的主旨相同。篇中所謂「民壹則農，農則樸，樸則安居而惡出」與《墾令》、《農戰》兩篇的重農愚民思想也如出一轍。

再如對於刑賞的認識，本篇認爲「夫刑者所以奪禁邪也，而賞者所以助禁也。……故國刑不可惡，而爵祿不足務也，此亡國之兆也。」因爲這樣君子會倚仗權貴，而小人則不迴避禁令，則雖「刑煩而罰行者國多姦。」所以國家的刑之重足令民畏，賞之厚足令民務。這一論斷其實暗含了重刑厚賞之

---

〔註157〕此處括弧中的內容據俞樾説補入，見《諸子平議》卷二十，第 392 頁。

義，也符合商鞅本人的思想。

另外，本篇要求國君「立官貴爵以稱之，論勞舉功以任之。」否則，刑人有列、戮人衣錦食肉，則君子下其位，小人翼其利。這一主張與商鞅變法中論功授官予爵的做法也是一致的。

復次，本篇主張立法要觀乎民俗、察乎國本，其文曰：「故聖人之爲國也，觀俗立法則治，察國事本則宜。不觀時俗，不察國本，則其法立而民亂，事劇而功寡，此臣之所謂過也。」主張法律要根據具體的國情、民俗來製定，這樣才能使法律制度適應本國的實際，國家才能安定。反之，則會導致社會動盪，事物繁多而功效少。這一思想與商鞅也是相近的，商鞅在與甘龍、杜摯等進行要不要變法的辯論時也曾指出：「及至文、武，各當時而立法，因事而制禮。禮、法以時而定，制、令各順其宜。」即禮和法都是根據不同時代的具體形勢而制定的，法律和命令要符合實際的需要。

論者已經指出本篇關於「五民」的說法，雖然其內容和性質與《墾令篇》不同，但數目卻完全相合。事實上，此說並不準確，兩篇中關於「五民」的說法，雖然出發點不同，但在性質、數目上都是一致的。《墾令篇》所謂的五民包括「褊急之民」、「很剛之民」、「怠惰之民」、「費資之民」及「巧諛惡心之民」，而本篇的五民分別是「談說之士」、「處士」、「勇士」、「技藝之士」、「商賈之士」。兩相比較，顯然《墾令篇》更側重於從道德品行的角度來劃分民眾，而《算地篇》則主要是從職業角度來區分的。但從本質上，「褊急」、「很剛」之民即相當於「勇士」、「怠惰之民」相當於「游士」和「處士」、「費資之民」包括商賈和技藝之民、「巧諛惡心之民」很可能指尚權術、變詐的縱橫談說之士，亦可看作是「游士」的一種。

其次，本篇在立論上有著鮮明的特色即從人性論出發。與他篇闡述如何行賞罰不同，本篇作者更側重於從根源上去解釋爲什麼要用賞罰。該篇的立論基礎即對於民的本性的認識，篇中對人性的揭示可謂不遺餘力。而這一點正是本篇區別於前述各篇的突出特色。篇中云：「夫民之情，樸則生勞而易力，窮則生知而權利。易力則輕死而樂用，權利則畏法而易苦。」「民之性：饑而求食，勞而求佚，苦則索樂，辱則求榮，此民之情也。」「民之求利，失禮之法；求名，失性之常。」「名利之所湊，則民道之。」「民生則計利，死則慮名。」因此提出執國柄者對「名利之所出，不可不審也」，即提醒君主應善於利用民的本性，將名利皆給予那些在農戰方面有功的人，這樣就能控制民眾。

「利出於地，則民盡力；名出於戰，則民致死。」反之，如果「治國舍勢而任談說，則身修而功寡。」

篇中主張重刑厚賞，其依據也是民之性。其文曰：「羞辱勞苦者，民之所惡也。顯榮佚樂者，民之所務也。」此外，該篇還提出立法要觀民俗、察國本，這一主張也源於對民眾習性的認識。是篇謂「民愚則知可以勝之，世知則力可以勝之」，而在作者看來，當時的實際情況是「今世巧而民淫」，針對這種現狀，作者提出的治世之方是「多禁以止能，任力以窮詐。」只有「兩者偏用」才能使民壹，壹則農，農則樸，樸則易於為上所用。

此外，本篇篇尾一段還多次以「君子」、「小人」對舉，從上下文義來看，「君子」指的是官吏，「小人」則指老百姓，與人的品德無關。這說明本篇採用了「君子」、「小人」的原始觀念，也進一步說明本篇成書較早。

綜上所述，我們認為《算地篇》應出自商鞅之手，篇中的主張與商鞅的思想和變法實踐極為吻合；從其論證的方式上看，從人性出發是本篇立論的突出特點。

最後，需要附帶說明一點，即本篇所述「任地待役之律」一段，尚存在較大爭議，茲作必要辨析。本段當中的「為國分田數小，畝五百足待一役，此地不任也」一句，諸家異見紛紜，令人目眩。高亨把此句斷為「故為國分田，數小畝五百足待一役」，謂「數」字似涉下文而衍，「小畝」是古代的畝制。「役」指戰役。此句是說為國分田，每個農民有五百小畝，每年足以待一次戰役。〔註158〕而山東大學《商子譯注》編譯組則解釋說：「分田數小，是指商鞅變法以前的田制。春秋時期實行井田制，每畝只有一百步，面積最小；春秋末期，井田制的框框已被打破，秦國可能實行了一百八十步為一畝的田制，畝的面積比過去大了；到了商鞅變法時期，改定一畝為二百四十步，比過去的更大了。商鞅認為變法前每畝一百八十步還不夠大，所以說『分田數小』。『役』指服兵役。」〔註159〕此說是把「數」理解為田畝數。蔣禮鴻則認為「數小指人，言分田之道常使人數小於畝之所能供者。」「足待一役疑當作不足待一役。」〔註160〕

〔註158〕高亨：《商君書注譯》，第 62 頁。
〔註159〕山東大學《商子譯注》編寫組：《商子譯注》，濟南：齊魯書社，1982 年 10 月第 1 版，第 46 頁。
〔註160〕蔣禮鴻：《商君書錐指》，第 43 頁。

實際上，這裡的「數」是個特定概念，它是指根據土地數量、人口數量以及反映二者比例的土地負荷所決定的出兵員額。《孫子・形》云：「兵法：一曰度，二曰量，三曰數，四曰稱，五曰勝。地生度，度生量，量生數，數生稱，稱生勝。」所說的也是古代算地出卒之法。〔註161〕「爲國分田數小」，是說按上述國土構成（即「爲國」）和農田比例（即「分田」）可出兵員的最低限，即五百畝可出戰卒一人。下文「方土百里，出戰卒萬人者，數小也」中的「數小」亦與此相同。〔註162〕「役」指的應是服役。按五百畝出戰卒一人，這一比例反映的土地負荷不是很高，尚有可開發的餘地。

# 第六節　「效於今者前刑而法」──《開塞篇》

在分析《開塞篇》的成書時代之前，有必要對篇名「開塞」的含義做一番梳理，因爲學界對此眾說紛紜，已直接影響到該篇內容及成書時代的判斷。

## 一、《開塞篇》爲《商君書》篇目辨析

對於篇名「開塞」的理解，自古及今學界爭論不休。或以爲「開塞」是指商鞅的治國之術，並非《商君書》的篇名。《鹽鐵論・非鞅篇》中有所謂「文學」與「大夫」之辯論，其中大夫曰：「昔商君明於開塞之術，假當世之權，爲秦致利成業，是以戰勝攻取，並近滅遠，乘燕、趙，陵齊、楚。……」文學曰：「商鞅之開塞，非不行也。……商鞅以權數危秦國。蒙恬以得千里亡秦社稷。此二子者知利而不知害，知進而不知退，故果身死而眾敗。」東漢許慎注《淮南子》時也認爲：「啓之以利，塞之以禁，商鞅之術也。」唐司馬貞《史記索隱》曰：「按《商君書》，開謂刑嚴峻則政化開，塞謂布恩賞則政化塞，其意本於嚴刑少恩。」今人詹劍峰亦力主此說，他指出司馬貞對「開塞」的解釋雖不正確，但讀過《商君書》是毫無疑問的，然而司馬貞竟不引《開塞篇》的文句來解釋「開塞」，這足以證明司馬氏所見《商君書》沒有《開塞

〔註161〕據曹操、賈林注，《孫子・形》篇中的「度」是指「度地」，即對土地面積的丈量；量是指土地所出糧食的稱量；數是指出兵員額；稱是指敵我實力優劣的比較。即由土地面積決定糧食產量，由糧食產量決定出兵員額，由出兵員額決定敵我優劣，由敵我優劣決定戰爭勝負。

〔註162〕李零：《〈商君書〉中的土地人口政策與爵制》，收入《李零自選集》，南寧：廣西師範大學出版社，1998年2月第1版，第186頁。

篇》。〔註163〕還有論者也認爲「開塞論」是商鞅思想的重要內容,《開塞篇》所論是著重從理論上論證用刑來實行「開塞」。比較起來,關於「開塞」本身的含義在《壹言篇》卻有更多的論述。如果不顧及全書,只拘泥於《開塞》篇的幾個「塞」字來解釋開塞這個命題,就很難得出正確的結論。〔註164〕

或以爲「開塞」即指《商君書》的《開塞篇》,此篇著重從理論上來論證用刑治國的主張。如宋人晁公武《郡齋讀書志》即駁斥司馬貞之說,云:「司馬貞蓋未見其書,妄爲之說耳。《開塞》乃其第七篇,謂道塞久矣,今欲開之,必刑九賞一。刑用於將過,則大邪不生;賞施於告姦,則細過不失。大邪不生,細過不失,則國治矣。」近人陳啓天則以爲:「塞,謂不知世事變而行道應異;開,謂使知世事變而行道應異。『開塞』即是啓發閉塞的意思,與今言『開我矛塞』,文義相近,而內容不同。」〔註165〕

究竟「開塞」二字作何解,以篇中之內容爲據當是我們的主要標準。是篇云:「今世彊國事兼併,弱國務力守。上不及虞夏之時,而下不修湯、武。湯、武塞,故萬乘莫不戰,千乘莫不守。此道之塞久矣,而世主莫之能廢也,故三代不四。」案,廢讀爲發,發即開也。由此可知,所謂開塞即開湯、武致強而征之道,以力服天下。據此可見,以上諸說應以後說爲是,「開塞」就是指《商君書》的第七篇,本篇的主要論點是「世事變而行道異」,故不知變革則塞,能行變革則開。論者既然把「開塞」二字視爲商鞅治國之術,那麼僅《開塞篇》一篇自然不足以準確概括商鞅治國之核心,因此司馬貞未引本篇作論據,這並不能說明當時的《商君書》沒有這一篇。

今本《開塞篇》之篇題,《淮南子》作《啓塞》,《淮南子‧泰族篇》謂:「五帝三王之道,天下之綱紀,治之儀表也。今商鞅之《啓塞》、申子之《三符》、韓非之《孤憤》、張儀蘇秦之縱橫,皆攝取之權一切之術也,非治之大本、事之恒常,可博聞而世傳者也。」孫詒讓據此認爲:「《商子》當本作啓塞,漢人避諱改之。」〔註166〕《史記‧商君列傳》太史公云:「余嘗讀商君《開

---

〔註163〕詹劍峰:《〈商君書〉辨僞》,《爭鳴》,1982年第3期。

〔註164〕齊新:《評商鞅的「開塞論」——讀〈商君書〉箚記》,《理論研究》,1975年第2期。

〔註165〕陳啓天:《商鞅評傳》,第126頁。

〔註166〕雪克輯點、孫詒讓著:《籀廎遺著輯存》之《籀廎碎金》,濟南:齊魯書社,1987年5月第1版,第283~286頁。案,漢景帝名劉啓,故漢人改《啓塞》篇爲《開塞》。《淮南子》乃淮南王劉安召集門客、方術之士編成,時景帝在位。此書未及避諱,或許與劉安有篡逆之心有關,亦未可知。到漢昭帝

塞》、《耕戰》書，與其人行事相類。」另外，該篇正文對篇名亦有所揭示，如湯、武之道「塞久矣，而世主莫之能廢也，故三代不四。」「今日願啓之以傚。」凡此，皆可證此篇篇名當爲「啓塞」，「開塞」乃後人避諱所改。

## 二、《開塞篇》成書年代辨析

在漢人眼中，《開塞篇》的作者就是商鞅本人似乎是毋庸置疑的。前引《淮南子》所謂「商鞅之《啓塞》」、太史公於《商君列傳》文末論贊曰「余嘗讀商君《開塞》、《耕戰》書」、《鹽鐵論》中「文學」與「大夫」也數言「商鞅之開塞」，皆足以證實。但近代學人開始懷疑此說，陳啓天認爲「本篇文字和理論俱像商鞅所爲，尋不出後人僞託的證據。即令爲戰國末人所作，也足以代表商鞅的思想。」〔註167〕高亨則說：「至於劉安所說的《啓塞》（即開塞），司馬遷所說的《開塞》、《耕戰》，也見於今本《商君書》中，可能是商君遺著。」〔註168〕但他們也僅是懷疑，並沒有提出有力的證據來反駁。如果說陳、高二人之見帶有遊疑揣測的成分，那麼鄭良樹的觀點則顯得更爲果斷。他說：「《開塞篇》不是商鞅的親著，而是商鞅逝世後，由學派內主張『重刑輕賞』的另一批學生完成的。」此外，他還斷定本篇「寫作時代還是在諸雄並峙的局面裏，而不會是嬴秦一統天下的時刻。」依據是篇中或「天下」、「諸侯」對舉，或「強國」、「弱國」並稱，或云「千乘」、「萬乘」，或云「一國」、「二國」、「天下」。〔註169〕羅根澤更依據本篇對「義」的觀念反對尤烈這一態度推斷「蓋在孟子之後，而孟子學說有勢力之時也。」〔註170〕

論者判斷該篇不出於商鞅之手的主要依據即認爲篇中所言「刑多而賞少」是指「重刑輕賞」。事實上，「刑多而賞少」，是說刑罰多，賞賜少；但賞賜少並不等於賞賜輕。「刑多而賞少」並不能等同於「重刑輕賞」。本篇此句下文又云：「夫過有厚薄，則刑有輕重；善有大小，則賞有多少。此二者世之常用也。刑加於罪所終，則姦不去；賞施於民所義，則過不止。刑不能去姦而賞不能止過者，必亂。故王者刑用於將過，則大邪不生；賞施於告姦，則細過

時人桓寬著《鹽鐵論》時於文中引用文學、大夫之言時，皆云「商鞅之開塞」。
〔註167〕陳啓天：《商鞅評傳》，第127頁。
〔註168〕高亨：《商君書作者考》，見《商君書譯注》，第11頁。
〔註169〕鄭良樹：《商鞅及其學派》，第60頁。
〔註170〕羅根澤：《商君書探源》，見羅氏編著：《古史辨》第六冊，上海：上海古籍出版社，1982年11月第1版，第303頁。

不失。治民能使大邪不生，細過不失，則國治。國治必彊。」作者論述正常的刑賞及其極限，認爲只有重刑和賞告姦才能使得國治而强。由此看來，上文的「刑多而賞少」指的正是「重刑和賞告姦」，由於賞主要用於告姦止過，所以賞變得很少，但賞賜的份量還是相當豐厚的。商鞅之法曰「告姦者與斬敵首同賞」〔註171〕，「斬一首者爵一級，欲爲官者，爲五十石之官。」〔註172〕告姦之賞亦可得官爵，不得謂輕。

故此，我們認爲由「刑多而賞少」而判斷《開塞篇》作於商鞅身後的觀點不足爲據。

其次，還有論者據本篇對「義」的觀念反對尤爲强烈這一點，斷定其成於孟子學說盛行之時，這其實也是一種誤解。先秦諸子中强調「義」者大有人在，商鞅之前的墨子即是其中之佼佼者。墨子貴義，他認爲「義」是天下可貴之良寶，之所以可貴，就在於它可以「利人」、「利天下」。正是在這個意義上，墨子提出了「天下莫貴於義」〔註173〕的命題。墨子所說的「天下之利」即保障民衆的物質生活利益，《尙賢中》云：「唯能審以尙賢使能爲政，無異物雜焉，天下皆得其利，……是以民無饑而不得食，寒而不得衣，勞而不得息，亂而不得治者。」由此看來，墨子所提倡的「義」，正是《開塞篇》所批評的「今世之所謂義者」，他們「立民所好而廢其所惡」。

綜上可知，近人關於本篇不出於鞅手的種種懷疑均難以成立，漢人的觀點其實是更爲可信的，茲補充幾點：

其一，在認識論上與商鞅不謀而合，與《更法》、《算地》兩篇有不少相似點。《開塞篇》認爲「世事變而行道異」，即時代不同，解決問題的方法也應有所區別。「民愚則知可以王，世知則力可以王。民愚則力有餘而知不足，世知則巧有餘而力不足。民之生〔註174〕，不知則學，力盡而服。故神農教耕而王，天下師其知也；湯、武致彊而征，諸侯服其力也。」即治理國家應針對具體的情況來決定使用什麼方法。與本篇文字近乎雷同的話，還見於《算地篇》，其文曰：「故民愚則知可以勝之，世知則力可以勝之。民〔註175〕愚則易力而難巧，世巧則易知而難力。故神農教耕而王，天下師其知也；湯、武

〔註171〕《史記・商君列傳》
〔註172〕《韓非子・定法篇》
〔註173〕《墨子・貴義篇》
〔註174〕王時潤曰：「生假爲性。」其說是，茲從之。
〔註175〕此「民」字，原文作「臣」。王時潤認爲「臣當爲民字之誤。」今從其說改之。

致彊而征，諸侯服其力也。」這段話其實是主張治國應結合不同的民風民俗而採取相應的策略，兩篇都認爲戰國時代世風巧詐、民性奢靡，人君應當通過武力來征服天下。前文已經辨明《算地篇》出自商鞅之手，此亦可爲本篇爲商鞅所作添　證據。

此外，本篇還主張「聖人不法古，不循〔註176〕今。法古則後於時，循今則塞於勢。周不法商，夏不法虞。三代異勢而皆可以王。故興王有道，而持之異理。」類似的認識商鞅也曾發表過，前文討論《更法篇》的變法思想時業已提及。商鞅說：「禮法以時而定，制令各順其宜」、「治世不一道，便國不必法古。」不僅如此，本篇所列舉的典故也與《更法篇》相同，兩篇都提到神農教民耕作、商湯、周武王以武力得天下以及夏商周三代的故事。如此多的雷同，皆足以表明兩篇作者很可能是同一人。

其二，堅持法治和刑賞，其重刑、以刑去刑的主張與《去彊篇》在語詞表達上極爲近似。《開塞篇》謂：「古之民樸以厚，今之民巧以僞。故效於古者先德而治，效於今者前刑而治。」〔註177〕主張在「彊國事兼併，弱國務力守」的當今之世，應屬行法治。有鑒於「今有主而無法，其害與無主同；有法不勝其亂，與不法同」的狀況，主張治國應用重刑和賞告姦，「刑多而賞少」，「刑用於將過」而「賞施於告姦」。「以刑勸，求過不求善，藉刑以去刑。」這些與商鞅的主張也是契合的，並且在語詞上與成於商鞅之手的《去彊篇》極其相似。《開塞篇》主張治國應加重刑罰，其文曰：「治國刑多而賞少，故王者刑九而賞一，削國賞九而刑一。」而類似的話還見於《去彊篇》，其文曰：「王者刑九而賞一，彊者刑七賞三，削國刑五賞五。」不僅如此，《開塞篇》也認爲重刑最終能夠實現無刑，「故王者以賞禁，以刑勸，求過不求善，藉刑以去刑。」「以刑去刑」的說法，《去彊篇》、《靳令》皆有，《去彊篇》云：「以刑去刑，國治。」《靳令篇》謂：「行罰重其輕者，輕者不至，重者不來。此謂以刑去刑，刑去事成。」

其三，本篇還反對尚賢，與商鞅反對專任「材能智慧」的觀點近似。《開

---

〔註176〕此「循」字原作「脩」，蔣禮鴻認爲「脩」是「循」字之誤也，他舉《更法篇》「法古無過，循禮無邪」及《群書治要》引《商君書》佚篇「不法古，不循今」以爲證，其說可從。

〔註177〕嚴校本原文作「效於今者，前刑而法」，蔣禮鴻、劉如瑛皆謂此「法」字當爲「治」字之誤，茲從之。劉說更詳實而有據，見劉著《諸子箋校商補》，第182～183頁。

塞篇》云：「賢者以相出〔註178〕爲道，民眾而無制，久而相出爲道，則又亂。」
「上賢者以道相出也，而立君者使賢無用也。」即認爲賢者之間的競爭導致
民眾無制而必亂，有了君主確立了社會的規範和秩序，賢者就變得無用了。
這一主張顯然是針對戰國初年普遍流行的尙賢思潮而提出的。戰國時代，尙
賢成爲當時各學派競相提出的主張。儒家學派的創始人孔子即主張爲政之首
在於「舉賢才」〔註179〕，而且孔子所說的「賢才」與品行高潔的「逸民」基
本接近，因此儒家所謂賢才主要強調的是個人的德行。在戰國諸子中對尙賢
學說的鼓吹最爲賣力的當屬墨家。墨子極力倡導尙賢，他說：「古者聖王之爲
政，列德而尙賢，雖在農與工肆之人，有能則舉之」〔註180〕；「古者聖王甚尊
尙賢而任使能，不黨父兄，不偏富貴，不嬖顏色」〔註181〕墨子主張不拘一格
舉賢任能，突破尊尊、親親的制度，這一點是很突出的。墨者的賢者既包括
「厚乎德行，博乎道術，辨乎言談」者，也包括那些具備一技之長的各類人。
可見，墨家的賢才標準是賢、能並重的。

出自商鞅之手的《農戰篇》主張治國作壹，驅民農戰，其文曰：「上作壹，
故民不偷營〔註182〕，則國力摶。國力摶者彊。」基於這一認識，該篇反對在
上者專任才能智慧之人，謂「農戰之民千人，而有《詩》、《書》辯慧者一人
焉，千人者皆怠於農戰矣。農戰之民百人，而有技藝者一人焉，百人者皆怠
於農戰矣。」「今上論材能知慧而任之，則知慧之人希主好惡，使官制物，以
適主心。是以官無常，國亂而不壹，辯說之人而無法也。如此，則民務爲得
無多？而地爲得無荒？詩書、禮樂、善修、仁廉、辯慧，國有十者，上無使
守戰。國以十者治，敵至必削，不至必貧。」同樣爲商鞅所著的《算地篇》
則明確反對國君任用談說之士、處士、勇士、技藝之士和商賈之士等所謂「五
民」。從以上徵引的兩篇內容來看，商鞅所反對的有害於農戰之人既包括德行
突出者，也包括能力過人者。而這些都符合世俗所謂「賢者」的標準，由此

〔註178〕 朱師轍、陶鴻慶皆認爲：「出當爲屈，言自高其賢以相屈服。」高亨指出「出」
是超出，即「出類拔萃」之出。劉家和認爲兩説皆可，相出即互相競爭，賢
本來就是在競爭中產生出來的。見劉家和：《史學、經學與思想》，北京：北
京師範大學出版社，2005 年 1 月第 1 版，第 342 頁頁下注。

〔註179〕 《論語・子路》

〔註180〕 《墨子・尙賢上》

〔註181〕 《墨子・尙賢中》

〔註182〕 嚴萬里曰：秦本作「不營私」。蔣禮鴻認爲秦本誤，此當作不偷營。茲從其說，
見蔣禮鴻：《商君書錐指》，第 22 頁。

可見《開塞篇》反對尙賢的主張符合商鞅一貫的主張。

　　總之，我們認爲本篇的內容在很大程度上與商鞅的思想是吻合的，其作者極有可能是商鞅本人。

### 三、《開塞篇》的主旨和論證特色

　　從篇題及全文內容來看，本篇的主要觀點即要開湯、武致强而征諸侯之道，以力服天下。全篇的論證邏輯如下：

　　首先，「世事變而行道異」。對人類社會的發展演變過程，《開塞篇》是這樣概括的，「上世親親而愛私，中世上賢而說仁，下世貴貴而尊官」。結合這三大階段的歷史過程，作者指出：時代變化了，治國之道也不同，這是實行有效統治的準則。其中對人類原始狀態的描述已經把人的自私又險惡的本性表露無疑，同時還明確指出「尙賢」是有問題的，因爲「賢」本身就有賴於競爭才能出現，而競爭本身就包含了作爲性惡之源的私，所以有競爭而無制必亂。因此，「尙賢」已經過時，有了君主就不能再有別的權威，所以尙賢必須廢止。〔註183〕

　　其次，從對二代歷史的發展及民性的認識出發，主張「前刑而治」。本篇認爲治國之道，應當「不法古，不循今」。對「湯、武之道」的解釋，比起儒家也更客觀一些，作者認爲武王「逆取而貴順，爭人卜而上讓，其取之以力，持之以義」，即奪取政權是靠武力，而維持政權才講仁義，並不是從來就講仁義的。作者主張在群雄並爭的戰國時代，治國應當仿傚湯、武之道——「前刑而治」，把刑法擺在第一位，才能奏效。篇中云：「以刑治則民威，民威則無姦，無姦則民安其所樂；以義教則民縱，民縱則亂，亂則民傷其所惡。」因此只能以刑治，而不能以義教。這個結論是依據「今之民巧以僞」這個前提得出來的，本篇認爲當時的民性「姦巧而詐僞」，並明確指出這些「巧僞之民」喜好「顯、榮、佚、樂」，厭惡「羞、辱、勞、苦」，他們希望得到顯貴榮耀的政治地位，過安佚淫樂的腐朽生活，而害怕勞動和艱苦的生活。

　　第三，提出義本於刑、嚴刑爲至德、王道之本的觀點。針對戰國時代的民風，是用「義」去「立民之所好而廢其所惡」，這是用「不義」去「立民之所惡而廢其所樂」呢？前者是世俗治國者普遍認爲正確的方法，後者則是不好的。本篇作者駁斥了世俗之「義」，指出「今世之所謂義者，將立民之

---

〔註183〕此處的論述參考劉家和：《關於戰國時期的性惡說》一文，見《史學、經學與思想》，第 342 頁。

所好而廢其所惡；此其所謂不義者，將立民之所惡而廢其所樂也。二者名貿
〔註 184〕實易，不可不察也。」在此基礎上，作者提出己說，即「吾所謂刑
〔註 185〕者，義之本也；而世所謂義者，暴之道也。」通過重刑和賞告姦，
一國行之必至於治；兩國行之而戰爭可以稍稍平息；「天下行之，至德復立，
此吾以傚〔註 186〕刑之反於德，而義合于暴也」。即由重刑而至於去刑，利天
下之民，從而得到至德的境界；但是用世俗的「義」來教民，結果民會驕縱
而導致紛爭混亂，「亂則民傷其所惡」，結果這種「義」反倒等同於暴政了。
不僅如此，嚴刑還是王道之本，是篇謂：「夫利天下之民者莫大於治；而治莫
康於立君，立君之道莫廣於勝法，勝法之務莫急於去姦，去姦之本莫深於嚴
刑。」

　　另外，本篇提到的「義」的概念，與《靳令篇》的「義」是一致的。後
文在討論《靳令篇》的成書時將會討論其中的「仁義」含義其實指的是生於
力的「德」，已具有強烈的法家色彩，且與《去彊》、《說民》近似。這表明《商
君書》中的「義」是典型的法家概念。

　　總之，《開塞篇》的理論比較深刻，作者從歷史發展的觀點來揭示治國應
適應時代需要進行變革的原則，指出在戰國時代應仿傚湯、武力征諸侯之道，
實行法治，採取重刑和賞告姦的辦法才能實現至德和王道霸業。

---

〔註184〕此字寫作貿，說見蔣禮鴻：《商君書錐指》，第 56 頁。
〔註185〕此處原文作「利」字，嚴萬里改作「刑」，從上下文句來看，其說甚確。後人
　　　　如陶鴻慶亦主從之。
〔註186〕此處「傚」字原作「殺」，俞樾認爲「殺乃傚字之誤。此吾以傚刑之反於德猶
　　　　言此吾以明刑之反於德也。《荀子・正論篇》：『故桀、紂無天下而湯、武不弒
　　　　君，由此傚之也。』楊倞注曰：『傚，明也。』」俞說爲是，茲從其說而改之。

# 第三章 《商君書》分篇成書年代考證
## （中）

## 第一節 壹民務於農戰——《壹言篇》

篇題「壹言」者，正如《農戰篇》所云，「明君修政作壹，去無用，止浮學事淫之民，壹之農」是也。或謂壹指專□於農戰，言即論述。壹言，就是論專一從事農戰。〔註1〕

### 一、關於《壹言篇》成書的幾種觀點

論者或曰：「本篇是一種論著。全篇主旨，在『不法古，不修今，因世而為之治，度俗而為之法，先刑而後賞，摶民力而壹民務。』論旨多與他篇相同，而行文又極明暢，是否出於鞅手，未能斷定，大約是戰國末期『法家者流掇鞅餘論以成編』，也足以發揮商鞅的思想。」〔註2〕

或以為「《壹言》與《農戰》」在「壹」上很有相同的見解，可以證明二者是出於一手的。由於論者已經認定《農戰》與《開塞》兩篇同出一手，而《開塞》篇的作者正是商鞅本人，因此《壹言篇》也是商鞅所作。〔註3〕

還有論者在前說的基礎上，進一步指出「壹」字是《商君書》中的重要觀念之一，全書很多篇章都談及這一觀念。「壹」字在全書中自有其演變的過程。在成書較早的《墾令篇》中，「壹」字作「統一」、「專一」等泛稱解；到

---

〔註1〕 張覺：《商君書全譯》，第107頁。
〔註2〕 陳啓天：《商君評傳》，第127頁。
〔註3〕 容肇祖：《商君書考證》，《燕京學報》第二十一期。

《農戰》、《算地》時，「壹」字含義突出，指心志、力量專一於農戰，而且農耕在「壹」的觀念裏比戰事更爲重要。「壹」常與「摶」並提，且含義相同；而《壹言篇》中的「壹」字則被析爲「摶力」、「殺力」，「摶力」專指務於農耕，而用「殺力」來指代戰。對「戰」的重視程度加強，從而模糊了「壹」字的意義。這表明本篇作成時代應該在戰爭開始頻仍或者正在頻仍的時期。其次，與《墾令》、《農戰》等篇所反映出的反智意識不同，本篇所說的「塞而不開」、「開而不塞」則是主張民智應當開導，開導後應當用殺敵來「堵塞」，藉以轉移民力。與《農戰》、《去彊》等篇主張「愚民」的觀點不同，應是商鞅的另一派所撰述，而本篇的作成時代，應在強烈反智的同時或之後，即作於秦始皇元年至統一六國期間。〔註4〕

在上述觀點中，第一說對於本篇的作者並不是很確定，帶有很大的猜測成分。第二說從兩篇對「壹」的論述相同入手，雖僅停留於表面的對比，但這一切入點顯然啓發了第三說。然而，最後一說恐怕也難以成立。其一，「壹」字在全書中最常見的含義是「專一」，而其具體含義則因文而異，以此爲說來判斷各篇成書年代似乎難以服人。而且本篇的「壹」並非專指農耕，文中的「事本」即「國務」之實，故「國務壹」即下文所謂「民喜農而樂戰」。「壹」字也兼指戰。篇中的「殺力」，在農戰並重的《說民篇》就有，並非是彌補「壹」字含義的淡化。其二，篇中所謂「夫開而不塞則知〔註5〕長，長而不攻〔註6〕則有姦；塞而不開則民渾，渾而不用則力多。力多而不攻，則有蝨。」其實是列舉兩種情況，都是一種假設之辭，主要爲了說明治國應當摶力與殺力並用的道理，並非要主張開民智。而且下文緊接著即云「治國者貴民壹。民壹則樸，樸則農」，由此可見本篇的作者還是主張愚民的。

綜上所述，關於此篇成書的幾種說法都難以成立。欲探明此問題，仍需對原文詳加分析。

## 二、從《壹言篇》的內容看其成書

首先，從「壹」的含義及用法來看，《壹言》與《農戰》並無二致。《壹言

---

〔註4〕 鄭良樹：《商鞅及其學派》，第61～65頁、第73～74頁、第150頁。

〔註5〕 嚴校本原文作「夫開而不塞則短長」，陶鴻慶曰：「短乃知字之誤。知與智同，長讀上聲。長而不攻當作知長而不攻，攻，治也。……」從下文「塞而不開則民渾」可知陶說甚確，茲從之。

〔註6〕 高亨認爲此「攻」，即指攻打敵國，其說可從。

篇》緊扣「壹」字立論，曰：「國務壹則民應用，事本摶則民喜農而樂戰。夫聖人之立法化俗，而使民朝夕從事於農也，不可不知也。……故民壹務，其家必富，而身顯於國。……治國能摶民力而壹民務者彊，能事本而禁末者富。」「治國者貴民壹，民壹則樸，樸則農，農則易勤，勤則富。」「故聖人之治也，慎法察務〔註7〕，歸心於壹而已矣。」篇中的「壹」字多指專一於農戰，亦有少數指專一。這種用法與《農戰篇》並無二致，《農戰篇》亦曾論及「壹」，文謂：「善為國者，其教民也，皆作壹而得官爵。是故不官無爵。國去言，則民樸，民樸則不淫。民見上利之從壹空出也，則作壹。作壹則民不偷營。民不偷營則多力，多力則國彊。」「善為國者，官法明，故不任知慮。上作壹，故民不偷營，則國力摶；國力摶者彊，國好言談者削。」「常官則國治，壹務則國富。國富而治，王之道也。故曰王道作外，身作壹而已矣。〔註8〕」從以上幾例可以看出在《農戰篇》中「壹」字也主要指專一於農戰。但由於《農戰篇》強調農戰的基礎是農，有明顯的重農、愚民思想，故「壹」字還專指「專一於農」。如「聖人知治國之要，故令民歸心於農。歸心於農，則民樸而可正也，紛紛則易使也，信可以守戰也。壹則少詐而重居，壹則可以賞罰進也，壹則可以外用也。夫民之親上死制也，以其旦暮從事於農。」「是以明君修作壹，去無用，止浮學事淫之民，壹之農，然後國家可富而民力可摶也。」「故惟明君知好言之不可以彊兵闢土也。惟聖人之治國，作壹摶之於農而已矣。」

總之，「壹」字在《農戰》、《壹言》兩篇中的含義及用法，恰好讓我們看到了這兩篇的相通之處而不是相反。《壹言》篇多講統一「民務」於農戰，與《農戰篇》的主旨相合，其農戰之務的立足點也在於農。

---

〔註7〕　嚴校本原文作「慎為察務」，簡書曰：「慎為察務宜作慎法察務。」他的依據是法字篆書與為形近而誤。由上文「治法不可不慎也，國務不可不謹也」可證其說為是，茲從之。

〔註8〕　關於「王道作外，身作壹而已矣」一句，諸家看法不一。陶鴻慶云：「上作字涉下文而衍。外當作以。」楊樹達曰：「上作字當為不字之誤。」朱師轍曰：「《廣雅》：『外，表也。』王道作天下表率，一身作壹而已矣。」高亨謂：「作字疑當作非，形似而誤。王道非外，言王道非外事也，身作壹而已矣，言在乎國君本身能專力於農戰政策而已。」案，陶、楊說無據，朱釋尤誤。蓋外之訓表，乃表裏之表，非表率之表，古書中亦無外作表率之義者。蔣禮鴻以為「此蓋當作王道外言作壹而已矣。外，謂斥遠之。外言即去言。去言作壹，乃本篇之要旨也。」並舉《管子》為證。高說雖亦能自圓其說，但於上下文義未安，故不從。結合上文談論不任知慮和反對國好言談，蔣說似更為妥帖，然蔣氏並未說明「身」與「言」何以相通，故其結論頗為突兀。或許我們姑且忽略「作外身」三字，王道就是要作壹，也並不妨礙我們理解此句。

其次,《壹言篇》特別提出了「搏力」、「殺力」的觀點,「搏力」即令民專務農戰,使國富兵強;「殺力」則指事敵勸民,民力農而富,就通過納粟拜爵來廢之;民多力而有姦虱,則令其攻敵以殺之。因為前文講「國務壹」、「事本搏」,「民喜農而樂戰」,這樣做其實就是在「搏民力」。但正所謂物極必反,「搏民力」也會出現民力農而富且淫、多力而生姦虱等弊端,「殺民力」的提出正是為了解決這些問題。「殺力」與「搏力」是相輔相成的,「殺力」的目的也是為了使「搏力」能保持一個良性的循環。故是篇謂「明君知齊二者,其國彊;不知齊二者,其國削。」「搏力」的觀點《農戰篇》已經論及,而「殺力」之說《去彊》、《說民》等篇也有所闡述,如《去彊》云:「能生不能殺,曰自攻之國,必削;能生能殺,曰攻敵之國,必彊。」《說民》曰:「力多而不用則志窮,志窮則有私,有私則有弱,故能生力不能殺力,曰自攻之國,必削。故曰:王者國不畜力,家不積粟。」比較而言,《說民》與《壹言》關於殺力的論述更為近似。但將兩者聯繫起來論述,則以《壹言篇》更為巧妙而充分。因此,《壹言篇》可謂對《農戰篇》、《去彊》、《說民》幾篇思想的一個綜合和完善。

第三,該篇還主張「因世而為之治,度俗而為之法。」這一主張與《更法》、《開塞》兩篇所述的變法理論彼此相近,而且這一理論也是商鞅建立法治的基本原則。《壹言篇》認為治國和立法均應考慮時代和民眾的需要,秉權而立,垂法而治,先刑而後賞;反對治國不察世情、拘守古禮和安於現狀,立法不考慮民眾的實際需要,刑賞不當,結果「上設刑而民不服,賞匱而姦益多。」這一思想與《更法》篇可謂一脈相承。謹慎治國和立法的目的正如《壹言篇》文末所言:「故聖人之治也,慎法察務,歸心於壹而已矣。」

綜上,我們認為從具體內容上看,《壹言篇》與《更法》、《農戰》、《去彊》、《說民》、《開塞》等篇均有直接的聯繫。從前面的論述可以斷定該篇的成書也比較早,其作者應是親聞商鞅之教的門客弟子或私徒屬。

值得注意的是,《壹言篇》對「開塞」二字的論述,與《開塞篇》相比毫不遜色,但其含義則與《開塞篇》不同。如是篇謂「故民壹務,其家必富而身顯於國。上開公利而塞私門,以致民力;私勞不顯於國,私門不請於君,若此而功臣勸。」這裡「開」和「塞」的對象是分別而言的,「開」的主要是「公利」即為國效力,以農戰得爵祿之利;「塞」的則是「私勞」和「私門之請」。又如「夫開而不塞則知長,長而不攻則有姦。塞而不開則民渾,渾而不用則力多。力多而不攻,則有蝨。」此處的「開而不塞」、「塞而不開」指的

都是民智，作者認爲治國若開啓民智而不令民去攻打敵國，那就會產生姦邪；而若封閉知識，民眾混沌愚昧而不加役使也會有蠹害。故在上者應該令民歸心於農戰而摶力，同時又要注意役使他們去攻戰以殺力。再如「今世主皆欲治民，而助之以亂；非樂以爲亂也，安其故而不窺於時也。是上法古而得其塞，下修令而不時移，而不明世俗之變，不察治民之情」，其中「法古而得其塞」之「塞」則作名詞解，是指不懂得變通，拘守古代的治國之道，其結果只能導致政令阻塞不暢通。

# 第二節　「錯法」爲治之本——《錯法篇》

錯，置也。錯法即施行法治。本篇主要論述了法治的重要手段即賞罰，而且特別強調了賞。

## 一、關於《錯法篇》成書的幾種觀點

由於《錯法篇》和《弱民篇》篇末內容相同且語句重複相近之處不少，論者或據此而斷定這兩篇同出於一手。〔註9〕

或謂「本篇是一種論著，主旨在『用必加於其勞，賞必加於其功』，而一繩之以法。行文明暢，又曾提及烏獲，決非贋作。因爲烏獲是秦武王時力士，去商鞅死時有二十九年，商鞅實不及見烏獲。即令見了，烏獲尚未以力士成名，商鞅作文也不會以烏獲與離朱聖人相提並論。大約也是戰國末『法家者流掇鞅餘論以成編。』」〔註10〕

還有論者認爲本篇內有「德明教行」及「教流成」，主張教化老百姓，看來應當在「百姓可智可愚」的《壹言篇》之後。即作於秦始皇元年（前 246 年）到二十六年（前 221 年）天下統一之間。〔註11〕

合而觀之，這三種觀點之論證都顯得差強人意。第一說只拈出兩篇相同的幾段語句來立論；後兩種觀點都不免帶有以偏概全之弊。前者僅憑烏獲這一人名來定全篇之作者，後者正如論者自己所指出的，《錯法篇》論及教化百姓，但「只是隻言片語」，僅據此隻言片語即定該篇之年代，未免失之偏頗。三說均置全篇的主旨於不顧，論據過於單薄粗疏。

---

〔註 9〕　容肇祖：《商君書考證》，《燕京學報》第二十一期。
〔註10〕　陳啓天：《商君評傳》，第 128 頁。
〔註11〕　鄭良樹：《商鞅及其學派》，第 69～74 頁、第 151～153 頁。

## 二、《錯法篇》成書辨析

《錯法》的主旨即論述實行法治的必要性。開篇即提出論點：實行法治及論功行賞應光明無私。其依據即民之本性——好爵祿而惡刑罰。本篇主要強調的是通過賞賜這一手段來推行重戰政策，從而實現兵強。篇中反覆運用正反論證的方法，指出人君出爵祿之道「明」則國日強，道「幽」則國日削；並舉三王五霸以爵祿而取得巨大功業的先例爲據。此外，從篇中「不榮，則民不急。列位不顯，則民不事爵」一句還可以看出，該篇不僅主張論功行賞，而且還強調爵賞要足夠豐厚，否則不足以調動民衆的積極性。這一觀點與商鞅的厚賞主張暗合。

篇中所謂「德明教行」和「教流成」確實是指要教化老百姓，但其教化內容並非論者所以爲的仁廉辯慧之教，而是法治刑賞之教。茲辨析如下：

「德明教行，則能以民之有爲己用矣。」此處之「教德」，蓋猶韓非言刑德。賞以爵祿曰德，督以威刑曰教。〔註12〕全篇主旨在於論述實行法治應公平無私，君主能令民之有爲國所用，關鍵在於賞罰分明，以法爲教。「教德」二字唯有作如是解方與全篇主旨相合。

「是以明君之使其民也，使必盡力以規其功，功立而富貴隨之，無私德也，故教流成〔註13〕。」此句「無私德」指國君論功行賞不循私情；「教流成」指公平無私地行賞才能使法治之教成功。因爲前文列舉了國君授予爵賞時把寵臣擺在首位，有功者放在其次。如此「則爵行而兵弱矣」。這個反面論述與「故明君之使其民也⋯⋯故教流成」恰成鮮明的對比。

「德明教行」和「教流成」所反映出的以法爲教的思想，提示我們儘管《商君書》中有明顯的「愚民」思想傾向，但並非全然反對對民衆實行教化。「愚民」的目的是爲了讓老百姓思慮單一、樸實，聽從君上之威權和役使。《商君書》中的教化或指「農戰」、或指法治刑賞，其內容主要是商鞅的主張及治國理念。因此我們稱之爲以法爲教或法家之教。

值得矚目的是，《錯法篇》篇首即云：「臣聞古之明君，錯法而民無邪，舉事而材自練，賞行而兵彊，此三者，治之本也。」這裡以施行法治爲先、

---

〔註12〕 説見蔣禮鴻：《商君書錐指》，第64頁。

〔註13〕 此處「教流成」的「流」字，朱師轍云：「流，縣眇閣本作法。」王時潤曰：「流當作化。此文當以教化成爲句，如此二字屬下讀。」蔣禮鴻疑「流」爲「德」字之訛，因爲二字草書行相近，且上文曰「德明教行」。三説似皆可通，未詳孰是。

賞行而兵彊次之，與出自鞅手的《立本篇》之旨最爲接近。

由於《弱民篇》與《錯法篇》的相似之處甚顯，學者多所矚目。蒙季甫曾指出《弱民篇》「明主之使其臣也至篇末二百七十八字，則並不注釋《去彊篇》，且文義與上文不相屬。今定以爲《錯法篇》文。」〔註14〕事實上，前文已經指出，《弱民篇》篇末自「楚國之民」到「楚分爲五」一段與《荀子·議兵篇》的文字的確非常近似，但是兩者的敘事方式和立論基礎卻是迥異的。爲了討論方便，現將《弱民》與《錯法》的相同之處列表如下：

| 《弱民篇》 | 《錯法篇》 |
|---|---|
| 「明主之使其臣也，用必加於功，賞必盡其勞，人主能使其民信此如日月，則無敵矣。今離婁見秋豪之末，不能明目易人；烏獲舉千鈞之重，不能以多力易人；聖人在體性也，不能以相易也；今當世之用事者，皆欲爲上聖，舉法之謂也。背法而治，此任重道遠而無馬牛，濟大川而無舡楫也。釋權衡而操輕重者。」 | 「故凡明君之治也，任其力，不任其德，是以不憂不勞而功可立也。度數已立而法可修，故人君者不可不愼己也。夫離朱見秋豪百步之外，而不能以明目易人；烏獲舉千斤之重，不能以多力易人。夫聖人之存體性，不可以易人，然而功可得者，法之謂也。」 |
| 「明主之使其臣也，用必加於功，賞必盡其勞，人主能使其民信此如日月，即無敵矣。」 | 「大人情好爵祿而惡刑罰，人君設二者以御民之志而立所欲焉。夫民力盡而名隨之，功立而賞隨之，人君能使其民信於此如明〔註15〕日月，則兵無敵矣。」 |

除了與《錯法》、《荀子·議兵》相同之處外，《弱民篇》的末段尚有兩段話無處安置。分別是：「今夫人眾兵彊，此帝王之大資也；苟非明法以守之也，與危亡爲鄰。故明主察法，境內之民無辟淫之心，游處之士迫於戰陣，萬民疾於耕戰。」還有最後一句話：「地非不大也，民非不眾也，甲兵財用非不多也，戰不勝，守不固，此無法之所生也。」也與全篇前文文義不甚一致。這兩段話均突出「法」的重要性，與《錯法篇》論實行法治的主題契合；而《荀子·議兵篇》所引楚國一段史料是荀子答李斯之語，主要爲了論證仁義爲兵之本這一主張，顯然與這兩段話的意思差距較大。因此，這兩段話也應視爲《錯法篇》的內容。《錯法篇》云：「有土者不可以言貧，有民者不可以言弱。地誠任，不患

〔註14〕蒙季甫：《〈商君書〉〈說民〉〈弱民〉篇爲解說〈去彊〉篇刊正記》，《圖書集刊》第一輯，1942年3月。

〔註15〕此處的「明」字蓋因「日月」二字而誤衍。《弱民篇》「人主使其民信此如日月，則無敵矣」亦不言「明日月」。從詞意言，本句不必以「明」字修飾日月。說見劉如瑛：《諸子箋校商補》，第184頁。

無財；民誠用，不畏彊暴。德明教行，則能以民之有爲己用矣。」「今夫人眾兵彊……萬民疾於耕戰」緊接此句即可。而「地非不大也……此無法之所生也」置於《錯法篇》篇末亦通，即續於「聖人之存體性……法之謂也」之後。

《弱民篇》：「明主之使其臣也，用必加於功，賞必盡其勞，人主使其民信此如日月，即無敵矣。」其實是對《去彊篇》「舉勞任功日彊」一句所作的注解。《錯法篇》在此基礎上又增加了對於民眾本性的論述，是篇謂：「夫人情好爵祿而惡賞罰，人君設二者以御民之志，而立所欲焉。」這就使得商鞅論功授官予爵主張的合理性進一步增強。

篇末舉離朱、烏獲之例來論證治國行法治，以力不以德。所舉烏獲之例，確實透漏出此篇不出於商鞅之手的消息。因爲《史記・秦本紀》載：「武王有力，好戲士，任鄙、烏獲、孟說皆至大官。」秦武王立於商鞅死後二十六年，故此篇作者不應是商鞅，但由於該篇的思想主旨與商鞅相合，所以我們推測本篇作者當爲秦武王時的某位商鞅後學。

# 第三節　攻守之道——《戰法》、《立本》、《兵守》

由於《戰法》、《立本》、《兵守》三篇是專言兵的，故論者多將三篇合而觀之，且視此三篇同出一人之手。如或謂「今《商君書》中有《戰法》、《立本》、《兵守》三篇，或者是並見於兵權謀家之《公孫鞅》二十七篇中的」，由於三篇之說與商鞅的主張多所契合，故這三篇「當是同出一手的。」〔註16〕此論實際上傾向於認爲這三篇皆作成於商鞅之手。或謂「《戰法篇》的主旨在『凡戰法，必本於政勝。』《立本篇》的主旨，在『錯法而俗成，俗成而用具』，然後出兵。《兵守篇》的主旨，在『四戰之國貴守戰』，『守城之道貴盛力』。商鞅以法家而兼兵家，曾任大將，戰勝攻取；初主變法繼乃親征，即是實行《戰法》和《立本》兩篇的主張。鞅雖非『四戰之國』，然鞅曾在四戰的魏國作過事，對於《兵守篇》的道理，或曾提出，況且凡主兵事的人，未有不計及守法的。三篇行文都簡直。因此我疑這三篇都是商鞅的遺作。縱令出於後人，也是描寫商鞅先政後兵的做法，而此三篇尚不足完全道出商鞅的兵學。」〔註17〕此論對本篇的作者似乎不太有把握，在商鞅及其後學之間遊疑不定，但始終認爲三篇反映的皆是商鞅本人的兵學思想。

〔註16〕容肇祖：《商君書考證》，《燕京學報》第二十一期。
〔註17〕陳啓天：《商鞅評傳》，第128頁。

我們大體上同意上述諸家之見，從商鞅的經歷及《戰法》、《立本》、《兵守》內容來看，三篇應出自商鞅之手。然而，由於諸家對三篇內容缺乏深入分析，茲分別論述如下：

## 一、《戰法篇》的成書及其主旨探析

篇題「戰法」二字提示我們其內容主要是關於作戰的原則、方法等問題，細繹其文，確如篇題所言。《戰法篇》是《商君書》中言戰的首篇，該篇之前，雖也有《農戰篇》等主張農戰政策，然側重點和立足點都在壹民於農上。自此篇始，《商君書》關於戰的思想逐漸展露出來。

作者首先指出政治勝利是戰爭獲勝、成就王業的根本，開篇即言：「凡戰法必本於政勝，（政勝）〔註18〕則其民不爭，不爭則無以私意，以上為意。」換言之，政治上的勝利是戰爭獲勝的根本。緊接著下文即舉出促使戰爭取勝的具體政治措施，要令民眾「勇於公戰，怯於私鬥」，從而使他們養成「以力攻」的習慣。

其次，本篇分析了各種影響戰爭勝負的因素，包括作戰原則、將帥的作用等。作者認為用兵貴在謹慎，作戰之前要從政治、糧草供應、人數等多方面權衡敵、我的實力，即篇中所謂「故兵大律在謹，論敵察眾，則勝負可先知也。」這是從用兵的重人原則來說的；用兵之人忌，即作戰時輕敵，孤軍深入險境，作者認為這是走向戰敗的道路；戰爭結束後要正確對待勝敗，做到「勝而不驕，敗而不怨。」要從長遠打算，冷靜分析和總結勝敗的經驗和教訓；作者還特別指出將帥對於戰爭勝負的重要作用，其文曰：「若兵敵彊弱〔註19〕，將賢則勝，將不如則敗。」意謂當雙方勢均力敵時，將帥的賢能與否直接影響了戰爭的勝負。但如果戰前朝廷的策略得當，無論將帥賢否皆能取勝。即「若其政出廟算者，將賢亦勝，將不如亦勝。」關於戰前的「廟算」，《孫子·計篇》也有論述，是篇謂：「夫未戰而廟算勝者，得算多也；未戰而廟算不勝者，得算少也。」杜牧注曰：「廟算者，計算於廟堂之上也。」〔註20〕因此，「廟算」

〔註18〕陶鴻慶曰：「政勝二字當重。」

〔註19〕「若兵敵彊弱」一句，注家異見迭出。嚴萬里曰：「案：弱字誤，或下有缺文。」王時潤曰：「兵敵彊弱當作敵彊兵弱。」蔣禮鴻亦主是說，陳啟天於「弱」下增「相若」，諸說紛紜，恐皆不當。案此處當以張覺之說為是。張氏云：「《戰國策·秦策》『四國之兵敵』注：『敵，強弱等也。』兵敵強弱等於說『兵同彊弱』。」見張覺：《商君書全譯》，第128頁。

〔註20〕（春秋）孫武撰、楊丙安校理：《十一家注孫子校理》，北京：中華書局，1999年3月第1版，第20頁。

實際上相當於戰前制定的戰略決策。作者對於「廟算」作用的強調，也再次反映了其視政治為戰爭勝負之本的思想。緊隨其後，作者重申了政勝對於戰爭獲勝的決定性作用，其文曰：「政久〔註21〕持勝術者，必彊至王。若民服而聽上，則國富而兵勝，行是久必王〔註22〕。」指出只有政治上長期保持勝利的策略，國家必定強盛乃至成就王業。

從本篇的論點及具體內容來看，本篇的作者應是商鞅本人，理由如下：首先，本篇特別指出政治是戰爭獲勝的根本這一觀點，把軍事納入政治的範疇綜合來考慮，兼論影響戰爭成敗的政治、法律等因素。這一思路是集執政、將帥二任於一身的商鞅所特有的，也是他比純粹的兵家高明之處。純粹的兵家大多僅局限於就軍事談軍事，注重論述用兵的方法、技術及謀略等問題。可以說，這一主張是商鞅軍事思想的一大創見。其次，篇中的一些舉措與商鞅的變法法令極為吻合，如是篇有言：「故王者之政，使民怯於邑鬥而勇於寇戰。」與商鞅的變法法令及其實效是一致的，《史記·商君列傳》云：「有軍功者各以率受上爵，為私鬥者各以輕重被刑。」變法法令行之十年，秦民「勇於公戰，怯於私鬥，鄉邑大治。」

此篇還主張戰爭取勝後就不要再追趕亡敵。其文曰：「見敵如潰，潰而不止，則免。故兵法：『大戰勝，逐北無過十里。小戰勝，逐北無過五里。』」

關於「見敵如潰，潰而不止，則免」一句的理解，注家分歧較大。簡書曰：「見敵如潰，猶《書》謂『從惡如奔，從善如流』，言兵之舍死趨敵，勢之勇猛，不可制止，如水之潰然。」〔註23〕朱師轍引評校本之說云：「評校本讀『見敵如潰』句，言見敵如潰散，潰散而不止，恐有伏，故縱之而不窮追。免猶縱也。」〔註24〕高亨據《文選西都賦》李注引《蒼頡篇》：「潰，旁決也。」由此認為「如潰，言敵兵逃跑如河水決口而亂流。」另據《左傳》成公七年杜注：「免，放也。」故「此免言放敵兵逃去，不追趕。」〔註25〕

---

〔註21〕 「政久」二字嚴校本無，朱師轍云：「各本俱有政久二字，與下文行是久必王相應。」其說可從。

〔註22〕 原作「行是必久王」，孫詒讓云：「當作行是久必王。今本誤倒，不可通。」其說甚確，注家皆從之。

〔註23〕 簡書：《商君書箋正》，臺北：廣文書局，1975年4月初版，第96頁。

〔註24〕 見朱師轍：《商君書解詁定本》，第41頁。而他本人的注解則是：「《爾雅》『潰，潰怒也。』《廣雅》『免，隤也。隤者下也。』見敵如怒而不止，則能攻下之。」按照這一理解，就與下文「大戰勝，逐北無過十里。小戰勝，逐北無過五里」之義自相矛盾了。

〔註25〕 高亨：《商君書注譯》，第93頁。

案，此處各家注解皆有所據，且能自圓其說。第一種解釋的主語是己方，言己方之士兵拼死殺敵，見到敵人就像水之潰然一樣不可遏止。然對「免」字未解。第二種觀點認爲己方看到敵兵潰散而不止，恐有埋伏，於是就故意放棄追趕讓敵人逃亡。第三說是這樣解釋的：己方之士兵看到敵兵逃跑如河水決口而亂流，就不追趕了。關鍵是對「見敵如潰」一詞句式結構的認識，第一說把「見敵如潰」理解成動補結構，即見到敵人就像……一樣，「如潰」修飾補充的是己方士兵的狀態；而第二、三說則把「見敵如潰」視爲動賓短語，其中的賓語又是一個主謂結構的短語，即看到敵人像要潰散，說明的敵軍的狀態。

前面提到，《戰法篇》主張用兵要謹愼，從上下文一致的原則來看，後兩說顯然更符合原文文意。比較而言，第三說更爲完善。從下文「故兵法曰」一句句義來看，「免」作「縱」解更可取。

需要指出的是，主張不追趕窮寇的觀點事實上是比較保守、落後的思想。因爲如果不對潰逃的敵兵趁勝追擊，消滅殆盡，就會使敵人的力量得以存活，從而留下後患。

## 二、《立本篇》的主旨及成書

「立本」即確立根本，具體是指確立強兵勝敵的根本方法。本篇認爲具體包括三個方面：其一，戰前實行法治；其二，以法爲教，形成樂戰的民俗；其三，保證作戰的兵員及武器裝備等。

本篇主要討論的是強兵勝敵的根本辦法。作者認爲用兵制勝的最根本前提是先施行法治；其次是用法治造就民衆好戰的風俗；第三是好戰之風俗形成之後，作戰的各種器用包括兵員與武器裝備等才能完備。開篇即言：「凡用兵，勝有三等。若兵未起則錯法；錯法而俗成；俗成〔註26〕而用具。此三者必行於境內，而後兵可出也。」同時作者又指出要推行這三件事還需要兩個輔助條件：其一，以法爲輔而法行，即有使法必行之法來輔助；其二，舉事得當從而保證法度能得以確立。即所謂「行三者有二勢：一曰輔法而法行〔註27〕；二曰舉必得而法立。」作者認爲單純依賴士卒之衆、武器之精巧及謀臣的計謀等因素來用兵，會導致失敗。這一見解並非主張不要利用這些因素，而是強調不能把這些因素作爲基本的立足點，因爲強兵制勝之本是依靠

---

〔註26〕「俗成」二字嚴校本無，此從孫詒讓說補足。
〔註27〕此「行」字嚴校本無，而崇文本、孫星衍本、《指海》本皆有，今據增補。說見蔣禮鴻：《商君書錐指》，第 71 頁。

法治，使民眾勇於公戰。因此文中有言：「故恃其眾者謂之葺，恃其備飾者謂之巧，恃譽目者謂之詐。此三者恃一，因其兵可禽也。」

下文則分別申述了錯法、俗成、用具三個方面的具體舉措：「故曰彊者必剛鬭其意，鬭則力盡，力盡則備。是故無敵於海內。」這是從俗成、用具兩方面來講強兵之道，即用兵者應當使民眾的鬥志堅強，這樣他們才能耗盡全力奮勇作戰，從而成為戰爭的重要組成部分。「治行則貨積，貨積則賞能重矣。賞壹則爵尊，爵尊則賞能利矣。」這是從錯法的角度而言的，只有施行法治，推行重農重戰的政策，才能使國家富裕，給有軍功者施以高爵重賞，鼓勵他們勇於作戰。

最後，作者又綜合論述了三者的辯證關係，指出厲行法治是富強的根本，而達到富強之效，才會形成「彊者必治，治者必彊；富者必治，治者必富；彊者必富，富者必彊」的良性循環。其文曰：「故曰：兵生於治而異，俗生於法而萬轉，過勢本於心而飾於備勢。〔註28〕三者有論，故彊可立也。是以彊者必治，治者必彊……故曰治彊之道三，論其本也。」

綜上所述，《立本篇》的主旨即主張用兵先要施行法度，令民眾形成好戰的風俗。全篇不時流露出作者對法治的重視，這種論證角度，最符合法家的立場；而這一傾向與商鞅以法治國的思想極為契合。如《去彊篇》謂：「以法治者強，以政治者削。」又如本篇主張要對有戰功者給予高爵重賞，前文業已指出，商鞅本人即倡導厚賞。因此，我們認為該篇的作者應為商鞅。

另外，本篇關於用法治造就民眾好戰的風俗這一主張，在秦國成效顯著。經過商鞅變法，到惠文王時期，縱橫之士張儀在遊說秦王時曾云：「今秦出號令而行賞罰，不攻無攻〔註29〕相事也。」就連秦國的孩童都非常好戰，「出其父母懷衽之中，生未嘗見寇也，聞戰頓足徒裼，犯白刃，蹈煨炭，斷死於前者比是也。」〔註30〕張儀之言不免有虛誇之辭，但也從一定程度上反映出秦國上下已經形成了好戰的風俗。

---

〔註28〕 「故曰：兵生於治而異，俗生於法而萬轉，過勢本於心而飾於備勢」此三句乃重申篇首所謂「錯法、俗成、用具」三者，其義言治為兵之本，治不同則兵不同；法為俗之本，法不同則俗變化；心為勢之本，心不同而守備與謀略各異。如此則「過」字疑為衍文。

〔註29〕 或作「有功無功」。

〔註30〕 《戰國策・秦策一》張儀說秦王章，張儀之遊說辭當中有不少史實後出，或在秦昭王時期。但是秦國民風好戰確實是商鞅變法以來所形成的，在秦惠文王時期即已大見成效，這是不爭的事實。

### 三、從《兵守篇》的主旨論其成書

　　所謂兵守就是戰爭防守。本篇主要論述守城的各種戰略戰術，其主要論點有三：其一，四戰之國貴守戰；其二，守城時，一方面要「以死人之力與客生力戰」，即己方拼死作戰，另一方面要「以佚力與罷力戰」，即保存生力軍以消滅入侵的敵軍；其三，「守城之道，盛力也」，即所謂全民皆兵，組織全城男女老幼組成三軍，各有分工。同時禁止三軍之間互相往來，以免動搖軍心。

　　關於本篇的成書，論者甚少，且都簡約其辭。或疑「《兵守》似爲（商鞅）事魏之作」〔註31〕或曰：「鞅雖非『四戰之國』，然鞅曾在四戰的魏國作過事，對於《兵守篇》的道理，或曾提出，況且凡主兵事的人，未有不計及守法的。」〔註32〕更有一句帶過者云，「《兵守篇》亦說兵事，與《戰法》、《立本》兩篇當是同出於一手的。」〔註33〕還有論者對該篇多有指摘：首先，懷疑「本篇並非完卷，在流傳的過程中殘損一半了。」〔註34〕因爲《兵守篇》開卷即云：「四戰之國貴守戰，負海之國貴攻戰。」明明全篇要討論四戰之國與負海之國的攻守問題，但下文卻只言四戰之國的守備問題，而忽略了「負海之國貴攻戰」這一半題。其次，又據篇中所言「四戰之國」，與秦國的實際不符，秦國地處荒陬，在三晉之西，既非四戰之國，也非負海之國。所以本篇的作者不可能是商鞅或其學派。篇中所言的「四戰之國」應指三晉之國韓、趙、魏，而「負海之國」自非齊國莫屬。故本篇不是編纂者誤編，就是商鞅當年入秦時攜自三晉，作爲農戰改革的參考文獻，是一篇以三晉及齊國爲背景的兵戰文章，作者已不可考。〔註35〕

　　案，上述觀點正確與否，關鍵在於對《兵守篇》主旨的認識。我們認爲本篇的主旨是論守戰，作者首先提出「四戰之國貴守戰，負海之國貴攻戰」這樣的論點，但這並不能表明全篇的主旨即在於此。事實上，通讀全篇就會發現，作者一直緊扣「守」字立論。所謂的「四戰之國」與「負海之國」僅是兩種典型的情況，適足以形成鮮明的對比，這樣說只是爲了突出「四戰之國務在守戰」這一論點。本篇列舉了「四戰之國」不注重防守必然會處於危險境地的三種情況，即「好興兵以距四鄰」、「四鄰之國一興事，而己四興軍」、

----

〔註31〕詹秀惠：《釋商君書並論其眞僞》，《淡江學報》第十二期。
〔註32〕陳啓天：《商鞅評傳》，第128頁。
〔註33〕容肇祖：《商君書考證》，《燕京學報》第二十一期。
〔註34〕鄭良樹：《商鞅及其學派》，第76頁。
〔註35〕鄭良樹：《商鞅及其學派》，第81～82頁。

「不能以萬室之邑舍鉅萬之軍」。由此看來，所謂「四戰之國」是指無險可守、四面臨敵之國。這樣的國家若出兵去侵擾四鄰只能招致四面樹敵，同時還要隨時應對四鄰的軍事進攻，因此只有致力於防守才是生存之道。接著該篇又分別論述了守戰的具體辦法：其一，用己方「死人之力」與敵方「生力戰」，即命守城將士拼死作戰。當敵人攻入城內時，用己之生力與客罷力戰，保存生力軍，消滅體力耗盡的敵人；其二，守戰之道，在於盛力。「治簿檄」〔註36〕，即整理戶口名簿冊，發出徵召文書，全城皆兵，將城內人等按壯男、壯女、老弱編成三軍，各有職司，禁止相互往來。

此外，篇中對將帥在守戰時的作用也有所關注，篇中有言：「皆曰：『圍城之患，患無不盡死而亡。』此二者〔註37〕，非患不足，將之過也。」意謂在面臨包圍的情況下，不怕兵員不足，最擔心士兵不拼死堅守而逃亡，不能以己之死力與客生力戰、以佚力與罷力戰。如果做不到這兩點，那麼就是將帥的過錯了。可見，在兵臨城下之際，將帥如何鼓舞士氣、嚴格軍紀對於保證守戰的勝利也至關重要。征諸秦簡，足見本篇所言不虛。睡虎地秦簡《法律答問》記載，「廣眾心，聲聞左右者，賞。將軍材以錢若金賞，無恒數。」〔註38〕文謂在作戰時能振作士氣使將軍知道他的名聲的人，應予賞賜。由將軍酌量賞給錢或黃金，沒有固定數目。反之，對那些動搖軍心者，則採取「生戮，戮之已乃斬之之謂也。」〔註39〕即先活著刑辱示眾，然後斬首。

總之，從本篇的主旨來看，「守戰」是全篇討論的重點所在，因此論者懷疑該篇不完整的說法是不足取的。篇中所言的「四戰之國」和「負海之國」只是泛指不同的地理位置所應採取的進攻或防守的策略，不必專指秦國。全篇對防守具體方法的論述事實上適用於所有處於防守形勢的國家，不僅僅局限於三晉或者齊國。因此並不能據此斷定本篇非商鞅所作。而且證之《史記‧商君列傳》，商鞅曾在魏相公叔座門下任職，並已顯示出奇才。他對魏國定然洞察分明，即使文中所謂「四戰之國」專指魏國，也在情理之中。或許我們可以像一些學者那樣推測本篇是商鞅入秦之前所作。

〔註36〕「簿檄」即登記「民眾口數」的戶口冊。
〔註37〕嚴校本作「患無不盡死邑此三者」，朱師轍云：「《評校本》邑作亡。」故改邑為亡，文義始順，故注家多從之。于鬯說：「三當作二」，可從。因為上文提到「以死人之力與客生力戰」、「以佚力與罷力戰」兩點，捨此無他。
〔註38〕睡虎地秦墓竹簡整理小組編：《睡虎地秦墓竹簡》，第173～174頁。
〔註39〕睡虎地秦墓竹簡整理小組編：《睡虎地秦墓竹簡》，第173頁。

值得注意的是，《兵守篇》所述關於守城時動員男女老弱的做法與《墨子》城守各篇〔註40〕有很多相似之處。如《兵守篇》云：「壯男之軍，使盛食、厲兵，陳而待敵。壯女之軍，使盛食、負壘，陳而待令。客至而作土以為險阻及耕格阱，發梁撤屋，給從從之，不洽而燒之〔註41〕，使客無得以助攻備。老弱之軍，使牧牛馬羊彘，草水之可食者，收而食之，以獲其壯男女之食。」《墨子・備城門》曰：「守法：五十步丈夫十人、丁女二十人、老小十人，計之五十步四十人。城下樓卒，率一步一人，二十步二十人。」「廣五百步之隊，丈夫千人，丁女子二千人，老小千人，凡四千人，而足以應之，此守術之數也。使老小不事者，守於城上不當術者。」兩相對比，就會發現兩者都提出進行防守時要調動全城的人力，包括壯男、壯女及老弱；但是關於這些人等的編制和分工兩者則是略有差別的。《兵守篇》還指出，應「慎使三軍無相過」，否則會「男貴女而奸民有從謀而國亡」「勇民不戰」「老使壯悲，弱使彊憐」，引起軍心浮動，不利於盛力。類似的記載見於《號令篇》，是篇謂：「女子到大軍，令行者男子行左，女子行右，無並行，皆就其守，不從令者斬，離守者三日而一徇，此〔註42〕所以備奸也。」

《墨子》城守各篇，與睡虎地秦簡有諸多相同點，據專家研究認為應是戰國後期墨子後學即秦國墨家的作品。〔註43〕從與《兵守篇》的比較可以看出，《墨子》城守各篇側重於闡述具體的守城技術，而《兵守篇》顯然理論性更強，既有具體的舉措，又對之加以解釋，從而使具體的舉措得到理論上的昇華。《墨子》城守各篇的內容恰恰說明商鞅關於守城的思想主張在秦國

〔註40〕《墨子》城守各篇係指《墨子》最後《備城門》以下二十篇，今本存十一篇，是專論守城技術的著作。具體篇目有：《備城門》、《備高臨》、《備梯》、《備水》、《備突》、《備穴》、《備蛾傅》、《迎敵祠》、《旗幟》、《號令》、《襍守》等。這些篇章的成書較晚，我們將在後文提及。

〔註41〕孫詒讓指出：嚴可均校，改撤為徹，是，當據正。又改「給從從之」，為「給從徒之」。案，此當作「給徒徒之：不給而燒之」，謂所發徹之材，可徒入城邑則徒之，急卒不及徒則焚之。《墨子・號令篇》云：「外空室盡發之，木盡伐之，諸可以攻城者盡內城中，材木不能盡內，即燒之，無令客得用之。」此云「徒」即《墨子》所謂「內城中」也。其說甚確，茲從之。詳見孫詒讓：《札逡》，北京：中華書局，1989年1月第1版，第142頁。

〔註42〕「此」字原文作「而」，孫詒讓云：「『而』乃『此』字之誤，非衍文。下文云『此所以勸吏民堅守勝圍也』，是其證。」其說可從。詳見孫詒讓：《墨子閒詁》，北京：中華書局，2001年4月第1版，第591頁。

〔註43〕李學勤：《秦簡與〈墨子〉城守各篇》，此文收錄於李學勤：《簡帛佚籍與學術史》一書中，南昌：江西教育出版社，2001年9月第1版。

已付諸實踐。

綜上所述，我們認爲《戰法》、《立本》、《兵守》三篇的作者應是商鞅本人，這和商鞅自身的經歷也極爲吻合。商鞅早在戰國時期即以善用兵而著稱於世，《荀子・議兵篇》曾將他與齊之田單、楚之莊蹻、燕之繆蟣並舉；《史記・商君列傳》也記載商鞅多次率軍親征的事迹；《漢書・刑法志》云：「吳有孫武，齊有孫臏，魏有吳起，秦有商鞅，皆擒敵立勝，垂著篇籍。」此更直言商鞅著有兵書，與《藝文志》兵權謀家列有「《公孫鞅》二十七篇」之說相互發明。商鞅的兵學著作《公孫鞅》到唐代已經失傳，《隋書・經籍志》未見此書，故考察商鞅的兵學思想，只能求之於《商君書》。而這三篇又是全書中討論兵法最爲集中的篇章，其價值不容忽視。

# 第四節　任法而治，爵賞農戰──《靳令篇》

關於篇題「靳令」二字，各家看法不一。孫詒讓認爲此篇與《飭令篇》同，「靳」當作「飭」。而朱師轍認爲「飭，謹也。靳假借爲飭，靳、謹一聲之轉」。高亨則指出「靳」是「敕」的形誤，而「敕」與「飭」通，「飭」表示「堅決貫徹」。蔣禮鴻認爲「靳」通「謹」，「謹」義同「飭」，但又認爲「靳」亦可解爲「固」，指法令強固，不可侵壞。也有學者指出「靳」與「飭」古代並不通用，「靳」、「敕」字形也不相近〔註44〕，所以我們不必拘泥於與《飭令篇》的類比。綜合各說可知，「靳」解作「謹」是諸家認同的，故爲方便計，此處即取是說。因此，「靳令」即謹令，亦即嚴肅法令，使法令得到嚴格執行。

本篇集中論述了關於法治的一系列問題，是全書法治思想的集中體現。其主要內容包括：一、強調了法治的原則，執法應令行禁止、公正不阿；「不以善言害法」，以保持法治的權威性；「任功」不「任善」；提倡「曲斷」，追求法的普及性；「法立而不革」，保證法的穩定性；實施重刑以達到「以刑去刑」的目的。二、闡明了法治的內容及其目的，即通過納粟拜爵、論功授官爵、重刑少賞、排除儒、墨等空談、抑制末業、懲罰姦邪等法律手段來驅民從事農戰，從而達到富國強兵、兼併他國、「述仁義於天下」的遠大目標。

〔註44〕張覺：《商君書全譯》，第 143～144 頁。

　　由於《商君書·靳令篇》、《韓非子·飭令篇》文字大同小異，茲列表〔註45〕
明示如下：

| 《商君書·靳令篇》 | 《韓非子·飭令篇》 |
| --- | --- |
| 靳令則治不留，法平則吏無姦。法已定矣，不以善言害法。任功則民少言，任善則民多言。行治曲斷〔註46〕，以五里斷者王，以十里斷者彊。宿治者削。以刑治，以賞戰，求過不求善。故法立而不革則**顯民變誅計，變誅止貴齊**〔註47〕**殊使百都之尊爵厚祿以自伐。**〔註48〕國無姦民，則都無姦市〔註49〕。物多末眾，農弛姦勝，則國必削。民有餘糧，使民以粟出官爵。官爵必以其力，則農不怠。四寸之管無當，必不滿也。授官**予**爵出祿不以功，是無當也。**國貧而務戰，毒生於敵，無六蝨，必彊。國富** | 飭令，則法不遷；法平，則吏無姦。法已定矣，不以善言害法。任功，則民少言；任善，則民多言。行法曲斷，以五里斷者王，以**九**里斷者強，宿治者削。以刑治，以賞戰，**厚祿以用術。行都之過，則都無姦市。**物多末眾，農弛姦勝，則國必削。民有餘食，使以粟出爵，必以其力，則農不怠。三寸之管毋當，不可滿也。授官爵出利祿不以功，是無當也。 |

---

〔註45〕表中的黑體字爲兩篇的不同處。

〔註46〕「曲斷」的「曲」字俞樾疑爲「由」字之誤，言行治由乎斷也。蔣禮鴻則云
　　　　「此蓋謂行法須曲盡其斷耳，不改字亦通也。」于鬯則認爲「曲者，鄉曲之
　　　　曲也」，把「曲」視爲一種比家稍大一些的一種「下斷」。比較而言，當以于
　　　　說見長。本篇之論與《說民篇》類似，是篇即有「治國者貴下斷，故以十里
　　　　斷者弱，以五里斷者彊。家斷則有餘」之語。

〔註47〕嚴校本「貴齊」作「責商」。朱師轍曰：「各本作貴齊。」今據改。

〔註48〕「故法立而不革則顯民變誅計，變誅止貴齊殊使百都之尊爵厚祿以自伐」一
　　　　句，諸家意見分歧較大，令人治絲欲棼。朱師轍云：「誅計當爲奸計之譌。
　　　　百都當作百官。……責商今仍從各本作貴齊。言法立不改，則貴顯之民變其
　　　　奸計，不敢犯法。奸計止，則貴族與齊民皆易使。故百官尊爵。人主乃能厚
　　　　祿以行其馭下之術……乃能自立其功。」見《商君書解詁定本》，第46頁。
　　　　蔣禮鴻以爲「革疑靳字爛脫其半，使作便」；同時指出「商」當依各本作「齊」，
　　　　「責」當作「質」，並字之誤也。質齊即《周禮》之質劑，爲買賣之券書。
　　　　文義是指法立而不靳，則姦民得變亂質劑，收百都之利以要尊爵厚祿，因自
　　　　以爲得也。見《商君書錐指》，第77～78頁。高亨則認爲此文當作「則顯民
　　　　變計，計變誅止。」上計字涉下文而誤爲誅。顯民指以奸巧之道取得名譽的
　　　　人們。變計言改變他們原來的奸謀。計變誅止言他們變計，則誅罰可以不用。
　　　　貴齊言用法律統一臣民的言行，殊使言使臣民因材而異。見《商君書註譯》，
　　　　第104頁。張覺以爲此文當於「顯」字逗。「變」通「辯」，計指心計。其文
　　　　即「故法立而不革，則顯，民變誅，計變則誅止。貴齊殊使，百都之尊爵厚
　　　　祿以自伐。」意謂法確立了不改變，就顯而可知，民眾就能辨察處罰的律令，
　　　　人們心裏對處罰的律令都能明辨了，那就不會再去觸犯它了，所以處罰就可
　　　　以不用了。見《商君書全譯》，第144頁。

〔註49〕嚴校本原作「姦示」，《指海》本、崇文本皆作「市」，今據改。說見蔣禮鴻：
　　　　《商君書錐指》，第78頁。

| | |
|---|---|
| 而不戰，偸生於內，有六蝨，必弱。〔註50〕 | |
| 國以功授官予爵，<u>此謂以盛知謀，以盛勇戰</u>。以盛知謀，以盛勇戰，其國必無敵。國以功授官予爵，則治省言寡，<u>此謂以治去治</u>〔註51〕，<u>以言去言。</u> | 國以功授官與爵，此謂以成智謀，以威勇戰，其國無敵。國以功授官與爵，則治者省，言有塞，此謂以治去治，以言去言。 |
| 國以六蝨授官予爵，則治煩言生，此謂以治致治，以言致言。則君務於說言，官亂於治邪。邪臣有得志，有功者日退，此謂失。守十者亂，守一者治。法已定矣，而好用六蝨者，亡。民畢農〔註52〕則國富。六蝨不用，則兵民畢競勸而樂爲主用。其上〔註53〕竟內之民，爭以爲榮，莫以爲辱。其次，爲賞勸罰沮。其下，民惡之憂之羞之，修善〔註54〕而以言，恥食以上交，以避農戰，外交以備，國之危也。有饑寒死亡，不爲利祿之故戰，此亡國之俗也。六蝨：曰禮樂，曰《詩》《書》，曰修善，曰孝弟，曰誠信，曰貞廉，曰仁義，曰非兵，曰羞戰。國有十二者，上無使農戰，必貧至削。十二者成群，<u>此謂君之治不勝其臣，官之治不勝其民，此謂六蝨勝其政也。</u>十二者成樸，必削。是故興國不用十二者， | 無 |

---

〔註50〕 簡書認爲此數句殆從《去彊篇》舛誤而重出，其文義與全篇不甚相屬。從《靳令篇》上下文來看，這裡主要論述的是「授官予爵」的標準問題，「國貧而務戰……必弱」數語與前後文差別較大，且使行文更加突兀。故簡說可從，詳見蔣禮鴻：《商君書錐指》第 29 頁、第 78～79 頁。

〔註51〕 嚴校本原作「以法去法」，按應以蔣禮鴻說改爲「以治去治」，如此則承上文「治省」，與下文「以治致治」也互爲呼應。《韓非子‧飭令篇》正作「以治去治」。說見蔣著：《商君書錐指》，第 79 頁。

〔註52〕 「民畢農則富」一句嚴校本作「民澤畢農則國富」，注家於該句頗有分歧。朱師轍云：「《爾雅》：『畢，盡也。』澤借爲擇，柬選也。民擇業盡在於農則國富。」洪自明曰：「澤本作畢，乃畢字之誤。《荀子‧王霸篇》曰：『畢牢天下而制之。』楊注云：『畢或作畢。』是畢畢互訛之例。本作畢，誤作畢，又誤作澤。後人不知更正，因本書習見民畢農，輒增畢字而未刪耳。」見《商君書錐指》，第 79 頁。兩說相較，當以後說更爲合理。「民畢農」確爲《商君書》所習見。

〔註53〕 「上」字爲嚴校本所無，今據蔣禮鴻說增補，因下文分別羅列國家的幾種不同狀況。「其上」當指最好的情形。

〔註54〕 嚴校本作「容」，蔣禮鴻疑容當作善，因上文曰：「不以善言害法」，又曰：「任功則民少言，任善則民多言」皆善與言連舉，可證此處當作「修善而以言」；下文言六蝨有修善，亦可爲證。其說可從，見蔣著：《商君書錐指》，第 79 頁。

| | |
|---|---|
| 故其國多力而天下**莫能犯也**。兵出必取，取必能有之；**按兵而不攻必富**。朝廷之吏，少者不毀也，多者不損也，効功而取官爵，不能以相先也，<u>此謂以數治。</u>以力攻者，出一取十；以言攻者，出十亡百。國好力，<u>此謂以難攻</u>；國好言，<u>此謂以易攻</u>。 | **以功與爵者也**，故國多力，而天下**莫之能侵也**。兵出必取，取必能有之；**案兵不攻必富**。朝廷之事，小者不毀，効功取官爵，**廷雖有辟言**，不得以相干也，是謂以數治。以力攻者，出一取十；以言攻者，出十喪百。國好力，此謂以難攻；國好言，此謂以易攻。〔註55〕 |
| 重刑少賞，上愛民，民死賞；重賞輕刑，上不愛民，民不死賞。利出一空者，其國無敵；利出二空者，國半利；利出十空者，其國不守。重刑明大制，不明者，六蝨也。六蝨成群，則民不用。是故興國罰行則民親，賞行則民利。行罰重其輕者，輕者不至，重者不來。此謂以刑去刑，刑去事成。罪重刑輕，刑至事生；<u>此謂以刑致刑，其國必削。</u> | 重刑少賞，上愛民，民死賞；多賞輕刑，上不愛民，民不死賞。利出一空者，其國無敵；利出二空者，其兵半用；利出十空者，民不守。重刑明民，大制使人，則上利。<br><br>行刑，重其輕者，輕者不至，重者不來，此謂以刑去刑。罪重而刑輕，刑輕而事生，此謂以刑致刑，其國必削。 |
| 聖君知物之要，故其治民有至要，故執賞罰以壹輔仁者，〔註56〕心之續也，聖君之治人也，必得其心，故能用力。力生彊，彊生威，威生德，德生於力。聖君獨有之，故能述仁義於天下。 | 無 |

　　從上表可以清楚地看出：除談論六蝨之害及聖人知物之要外，這兩篇完全相同之處頗多，論者多據此推斷兩篇的關係以及《靳令篇》的作者、成篇年代，且眾說紛紜。

## 一、關於《靳令篇》成書的幾種觀點

　　學界關於《靳令篇》成書的說法，歸納起來，大約有如下幾種觀點：
　　（一）本篇並非《商君書》與《韓非子》的原作。論者或以爲本篇是一種法家者流的餘論，其較完全者，掇入於《商君書》；其較刪節者，掇入於《韓

---

〔註55〕　乾道本《韓非子》「此謂以易攻」下有「其能勝其害輕其任而道壞餘力於心莫負乘宮之責於君內無伏怨使明者不相干故莫訟使士不兼官故技長使人不同功故莫爭」五十二字，是《用人篇》的錯簡；「言此謂易攻」五字，是上一句的重複，今刪。見《韓非子》校注組：《韓非子校注》，南京：江蘇人民出版社，1982 年 11 月第 1 版，第 712 頁。梁啓雄氏亦有類似的懷疑，但仍保留此段未刪，見梁著：《韓子淺解》下冊，北京：中華書局，1960 年 8 月第 1 版，第 515 頁。

〔註56〕　此處注者或有斷句爲「故執賞罰以壹輔，仁者，心之續也。」其依據是《農戰篇》「君修賞罰以輔壹教」認爲此文「壹輔」二字不成義，當改爲輔壹教三字。詳見蔣禮鴻：《商君書錐指》，第 82 頁。其說亦可備參考。

非子》，而實在則不知爲何人所作，大概既非商君所爲，又非韓非所著。〔註57〕也有論者認爲本篇雖非商鞅與韓非的著作，但卻懷疑出自韓非門人之手，「乃韓非死後留仕於秦者，揣摩商君之意而爲之，文多槁瘠，意雜申、韓，故如《靳令》這篇文字，既被編爲《商君書》，亦可收入《韓非》書了。」〔註58〕

案，從上表中可以看出，本篇從篇幅和內容上都超過《飭令篇》。把本篇視爲法家者流餘論的觀點，事實上即認爲本篇的成書早於《商君書》。但觀諸篇內的諸多觀點，又屢屢與《商君書》中其他篇目的內容相合。《商君書》中成書最早的作品應出自商鞅之手，那麼在商鞅之前有哪位法家人物垂著篇籍呢？史載闕如，不得其詳。故此說猜測的成分更大，缺乏可資證實的材料。而認爲本篇出自韓非門人之手的觀點雖令人耳目一新，卻存在明顯的缺陷：既然本篇乃一人所爲，何以作者要將同一篇文章放進不同的兩本書中呢？而且又把繁雜的託於《商君書》、簡單的置於《韓非子》？這些做法很容易被人們發現破綻，難道作者本人會不明白？韓非的門人爲何又要著文託諸商鞅名下呢？

（二）此篇抄襲《韓非子・飭令篇》，並非商鞅所作。持此說者認爲此篇是撰《商君書》者節取《韓子》，又雜取《商子》他文與《飭令》近似者參列其中。其論據如下：一曰，《飭令篇》整潔，而《靳令》除與《飭令》雷同者外，大抵均從《商君書》他篇已見者錯誤重出。故《商書》雜而《韓書》純，純近眞而雜近僞。一曰，韓非著書，體例謹嚴，自作之與述古，界限非常清白。〔註59〕如此，則本篇成書在韓非之後。更有論者在此說基礎上進一步認爲本篇乃漢人雜湊充數之文，絕非鞅作，也非純粹的「法家者流」推衍商鞅議論而成。其一部分全襲《韓非子・飭令篇》；又一部分用本書他篇語穿插其間，致不能成章；更爲明顯的是篇末一段所謂「執賞罰以壹輔仁者」和「述仁義於天下」等語，不僅與全書思想絕對相反，與本篇前段所謂「六蝨……曰仁義」等也絕對相反，故而應爲雜湊者所妄加。本篇所以勦襲而雜亂，大

〔註57〕 容肇祖：《韓非子考證》，轉引自鄭良樹：《商鞅及其學派》，第88～89頁。容氏在《商君書考證》中討論《靳令篇》時卻認爲本篇與《去彊》、《說民》同出一手，自然與《弱民》著作時代相同。此說顯然與前說自相矛盾，陳奇猷氏已指其非，見陳著：《韓非子新校注》（下冊），第1166～1167頁，茲不贅引。

〔註58〕 郭沫若：《十批判書》之《前期法家的批判》，北京：東方出版社，1996年3月第1版，第340頁。

〔註59〕 持此說者爲簡書，其說爲陳啓天詳細徵引，見陳著：《商鞅評傳》，第129頁。

概與漢人徵書、編書求多而不精審有關。〔註60〕

　　案，關於此說，論者已從多個方面論辯其非，或以爲《商君書》大多篇章宗旨純一，略無牴牾，此篇亦不例外。簡書所謂純、雜，僅停留於文字整潔與否上，並不足爲據；韓非書也並非述古界限甚明，非固生前著書，然其書中也有他人附益者，如《初見秦》、《有度》等篇絕非韓非自著，案之年代可知。〔註61〕事實上，主張《飭令》抄襲《靳令》的論者對此說業已進行了深入而有力的辯駁，詳見第三說。

　　（三）《韓非子・飭令篇》抄襲本篇，此說爲多數論者認同。雖然如此，但對於本篇的作者，論者觀點卻又不盡相同。不少學者認爲本篇是商鞅所作，論據主要包括如下幾條：其一，韓非係先秦法家之集大成者，對商鞅極爲推崇，並屢道商鞅之法，故抄襲《商君書》極爲可能〔註62〕；其二，《韓非子・內儲說上・七術》引公孫鞅曰：「行刑，重其輕者，輕者不至，重者不來，是謂以刑去刑」一段與《靳令篇》相同〔註63〕，故《韓非子・飭令篇》顯然是抄襲本篇；其三，本篇談論「宿治者削」、「農戰」、「納粟拜爵」等論點只見於《飭令篇》，而《韓非子》他篇無之，但在《商君書》的《農戰》、《去彊》、《說民》、《弱民》等篇卻多次提及。篇中所論「六蝨」是商鞅提出的概念，全書他篇亦有論及，《韓非子》一書並無「六蝨」，與之有別，韓非提出了「五蠹」這一新概念。因此《飭令篇》是抄襲自《靳令篇》的。〔註64〕也有論者只是認爲本篇爲原始本，《韓非子》爲抄襲者，但並未明確指出該篇的作者。〔註65〕還有論者在上述諸家的基礎上指出本篇爲《商君書》原有，《韓非子・飭令篇》乃過錄自《商君書》，並經過有計劃的刪節。從本篇作者把「六蝨」和「十二者」結合起來看，本篇應比《去彊篇》晚；篇中反對的六蝨中有「仁義」、「誠信」、「非兵」、「羞戰」等名目，「非兵」、「羞戰」是墨子的主張，這表明本篇應寫於軍事頻仍、百姓厭戰的戰國中、晚期；「仁義」、「誠信」的

〔註60〕陳啓天：《商鞅評傳》，第128～129頁。

〔註61〕蔣禮鴻：《商君書錐指》，第76頁。

〔註62〕陳奇猷：《韓非子新校注》（下冊），第1166頁。

〔註63〕持此說者如陳奇猷、梁啓雄、高亨等，見鄭良樹：《商鞅及其學派》，第84～87頁。

〔註64〕周勳初：《靳令與飭令的關係》，見周著：《〈韓非子〉箚記》，南京：江蘇人民出版社，1980年11月第1版，第333～337頁。

〔註65〕如朱師轍、羅根澤、蔣禮鴻等，分別見朱著《商君書解詁定本》、羅著《商君書探源》、蔣著《商君書錐指》。

觀念則是孟子和《中庸》時代的事，故本篇應寫於孟子逝世以後，即公元前305 年之後，作者不可能是商鞅。〔註66〕

## 二、《靳令篇》成書考辨

《飭令篇》抄襲本篇之說目前為學界普遍認同，但本篇究竟是商鞅所為還是成書偏晚呢？此問題仍需再討論。我們更傾向於第一種看法，即本篇出自商鞅之手。茲補充論證如下：

首先，《靳令篇》的論點與《商君書》中不少成書較早的篇目在內容上基本一致或近乎雷同。比如《靳令篇》講日治、夜治、宿治，與《墾令》、《說民》等篇相同，其基本精神皆在於厲行法治。主張「治不聽君，民不從官」，即官吏依法行事，不必請示國君；百姓依法行事，不必請示官吏；主張「治國者貴下斷。」政事斷於下、斷於家者愈多，則斷於官者愈少，故官府事寡而易集，從而可收到政無留治和無宿治之效。又如對《去彊篇》前半段進行解釋的《弱民篇》有多處文義晦澀難明，注釋者亦多賴《靳令篇》方得貫通。《弱民篇》云：「兵易弱難彊，民樂生安佚；死，難；難正。易之則彊。事有羞，多姦；寡賞，無失。多姦疑敵，失必利。」蔣禮鴻即認為此文不甚可曉，觀之《靳令篇》則庶幾可通，其文曰：「民畢農則國富。六蝨不用，則兵民畢競勸而樂為主用。其上，境內之民爭以為榮，莫以為辱；其次，為賞勸罰沮；其下，民惡之憂之羞之。修善而以言，恥食以上交，以避農戰，外交以備，國之危也。有饑寒死亡，不為利祿之故戰，此亡國之俗也。」〔註67〕而且，《弱民篇》關於「利出一孔」的說法與《靳令篇》最為相近，《弱民篇》曰：「利出一孔則國多物，出十孔則國少物。守一則治，守十則亂。」而《靳令篇》則云：「利出一空者其國無敵，利出二空者國半利，利出十空者其國不守。」「利出一孔」之說，還見於《農戰篇》。

尤為突出的是，《靳令篇》與《去彊篇》關係密切，相似之處甚多。據學者統計，這兩篇的相似處加上「蝨害」之說共有六處。〔註68〕如關於「興兵攻伐」、「以刑去刑」、「使民以粟出官爵」、「重刑少賞」之說，與《去彊篇》的主張完全一致，兩篇包括用字都近乎雷同。我們前文已經指出，《去彊篇》

---

〔註66〕鄭良樹：《商鞅及其學派》，第98～102 頁。
〔註67〕蔣禮鴻：《商君書錐指》，第123 頁。
〔註68〕鄭良樹：《商鞅及其學派》，第95～96 頁。我們在上表《靳令篇》文字中加下劃線的部分已經標識出來。

出自商鞅之手，兩篇的多處雷同，似乎不能僅用「巧合」來解釋。事實上，仔細對照這兩篇內容，除了這幾處比較明顯外，《靳令篇》與《去彊篇》相似之處還有四點。因此，我們甚至也可以把《靳令篇》視爲是對《去彊篇》所做的注解，與《說民》、《弱民》兩篇性質類似。

另外，本篇篇末所謂「聖君之治人也，必得其心」的說法，與《算地篇》根據民性因勢利導的治國主張也是一致的。

其次，篇中的論點與商鞅本人的主張也甚爲契合。其一，本篇篇題「靳令」即有嚴肅法令之意，通過嚴刑峻法，去除國之姦民，使農勝姦弛。商鞅一貫主張應廣行法治，類似的看法在《墾令篇》中即明確提出。其二，本篇反覆重申治國應「以功授官予爵」，這也很符合商鞅變法論功授官予爵的原則。其三，篇中所言堅守農戰政策，反對六蝨等不利於農戰之人、事，在《農戰篇》中已有集中的論述。凡此皆是商鞅法治的核心內容。

復次，論者或以篇中所提之六蝨包括「仁義」、「誠信」、「非兵」、「羞戰」等名目來指陳本篇成書甚晚，此說亦不足取。本篇列舉「六蝨」包括：禮樂，《詩》、《書》，修善，孝弟，誠信，貞廉，仁義，非兵和羞戰。「六蝨」下文又稱爲「十二者」。其中「仁」和「義」、「誠」和「信」都是並列而言的，無所謂重此輕比，但論者卻單單拈出「義」和「誠」兩個觀念來作爲判斷的根據。即使退一步，按照論者的思路，「義」的觀念也並非孟子和《中庸》時代才有，早在孔子的時代就已出現，孔子與其弟子多次談論到「義」，如《論語·爲政》「見義不爲，非勇也。」「君子喻於義，小人喻於利。」〔註69〕「信」在《論語》中也不乏其證，如「子以四教：文、行、忠、信。」〔註70〕「子曰：『主忠信，徙義，崇德也。』」〔註71〕戰國初年的墨子也講仁義忠孝，他對於儒家典籍記誦嫻熟，談仁義忠孝並不比孟子少。孟子曾經感歎楊朱、墨翟之道，「是邪說誣民、充塞仁義也。仁義充塞，則率獸食人，人將相食。吾爲此懼」〔註72〕。至於「誠」，確如論者所言是《中庸篇》特別提出的一個概念。「誠信」二字連言雖然不見於《論語》，也不見於《中庸》，但可以肯定的是，《中庸》裏面所講的「誠」是一個重要的哲學概念，與本篇所說的「誠信」是不可以劃等號的。從字義上看，《說文》言部云：「信，誠也。」「誠，信也。」

〔註69〕《論語·里仁》
〔註70〕《論語·述而》
〔註71〕《論語·顏淵》
〔註72〕《孟子·滕文公》

誠、信二字是同義互訓的。其次,《中庸篇》的成書年代多數學者認為出自子思及其後學之手〔註73〕,子思之生年(前483～前402)顯然早於商鞅,其後學的年代與商鞅更為接近,而明顯早於孟子。因此,即使本篇中所批評的「義」和「誠」是《中庸》中的觀點,那它很有可能是針對儒家後學以及墨子,而不一定是孟子。由此可見,本篇的成書不會晚至戰國中期之後。

本篇提出的「非兵」、「羞戰」,其實相當於墨子「非攻」思想的另一種表達,二者的含義是相同的。眾所周知,墨子活躍於戰國初年,早於商鞅。他首倡「兼愛」、「非攻」,正是對戰國初年政治失序現實所提出的一種解決方法。因此,「非兵」、「羞戰」之說商鞅定然也有所耳聞,而這種頗具理想色彩的說法在講究實效的商鞅看來顯然是一種空論,徒生滋擾。故著文特別加以反對也不足為奇。「非兵」、「羞戰」二目之提出也不必在軍事頻仍、百姓厭戰的戰國中、晚期。

最後,關於本篇末段的問題。陳啓天最早懷疑其為雜湊者所妄加,其理由是:末段所謂「執賞罰以壹輔仁者」和「述仁義於天下」等語,不但與全書思想絕對相反,即與本篇前段所謂「六蝨……曰仁義……國有十二者上無使農戰,必貧至削」,也絕對相反。陳氏將其原因歸結為漢人獻書、校書不精審所致。還有論者亦據「輔仁」、「述仁義於天下」而以為本段是受儒家影響的商鞅後學所著。細繹其文,我們發現:根據後文「力生彊,彊生威,威生德,德生於力」的語義來判斷,在本篇作者看來,通過賞罰、農戰的方式來增強實力,有實力就會強大,強大了則會形成威權,有威權就能產生德;而歸根結底,這種德則是源自於實力的。因此,所謂「輔仁」、「述仁義」的「仁義」其實指的是生於力的「德」,這裡的「仁義」已具有強烈的法家色彩,與儒家所謂「恃德者昌,恃力者亡」〔註74〕的觀點剛好相反,因為在儒家看來「德」與「力」是針鋒相對的。上文「六蝨」或「十二者」中所反對的「仁義」、「忠信」為儒、墨兩家共同倡導,它更注重禮樂道德的教化作用。論者拘泥於儒家談論「仁義」的成說,故導致僅從字面上的理解而對原文產生誤解。本段「力生彊,彊生威,威生德,德生於力」一句還見於《去彊》、

---

〔註73〕 上世紀90年代出土的郭店楚墓竹簡《成之聞之》篇亦談到「君子貴誠之」,與《中庸》中的「誠」適可相互發明,更進一步證明《中庸》絕非秦漢儒者所作。說詳李學勤:《郭店簡「君子貴誠之」試解》,《中國歷史文物》,2002年第1期。

〔註74〕 《史記·商君列傳》趙良引《書》語。

《說民》兩篇，《去彊》云：「刑生力，力生彊，彊生威，威生惠，惠生於力。」
《說民》曰：「刑生力，力生彊，彊生威，威生德，德生於刑。」其中「刑
生力」三字是本篇所無，德、惠義近。前文已經指出《去彊》是商鞅之作，
既然三篇對刑、力、德關係的認識是一致的，由此更可證明本篇出自商鞅本
人之手。同樣爲商鞅所著的《開塞篇》也有「刑」爲義之本的說法，與本篇
此處所講「仁義」的本質也完全相同。

値得注意的是，此篇有云：「計變誅止，貴齊殊使百都之尊爵厚祿以自伐。
國無姦民，則都無姦市。」《墾令篇》言百縣，此言百都，都者縣之屬。都之
數上百，足見其爲都鄙而非國都，亦表明此都爲小都。我們在前文辨析《墾
令篇》成書時業已指出，「百縣」之稱出現在商鞅變法前夕符合實情。準乎此，
則本篇言「百都」亦可證其成書應在商鞅變法之前或廣泛推行縣制期間。

綜上所述，我們認爲《靳令篇》應完成於商鞅變法期間，全篇所論皆切
近商鞅變法的核心內容。

# 第五節　「公私之交，存亡之本也」──《修權篇》

本篇強調法治，主張君主操法去私則大權在握，釋法而任私議則國亂而
主危。

## 一、《修權篇》成書諸說

《修權篇》雖文字淺白，但論點頗爲集中且很有特色。關於本篇的成書，
論者看法不一。

（一）疑爲商鞅所作。有論者以爲「本篇是一種論著，主旨在說明治國
的要義有法、信和權三項，而歸結到明主須『愛權重信而不以私害法。』商
鞅變法首重立信而集權於君主，無論何人犯法必加處罰。故此篇是商鞅所作，
還是戰國末期『法家者流掇鞅餘論所成』，雖未能斷定，然其主旨確近於商鞅
的行事，也可以視作商鞅所作。」〔註75〕

（二）商鞅所作。容肇祖認爲此篇所言「堯舜之位天下也，非私天下之
利也，爲天下位天下也，論賢舉能而傳焉」是極端的法治主義，即公天下的
思想，有禪讓讓賢的意思，和《戰國策·秦策》一所載「孝公欲傳商君，辭
不受」恐怕不無聯繫。據此他認爲本篇所云禪讓讓賢的思想應該是講究無私

的法治的商鞅所具有的，秦孝公受了這股思想的影響，才導致他「欲傳商君」的後果；而商鞅也因此見疑，招致車裂之刑。後來由於燕王噲讓國子之引起內亂，故言法治主義的韓非不可能再有這種極端的見解。〔註76〕

（三）成書於公元前318年之前，作者是商學派裏的正統學者。

論者又據此篇中所用「權」字的含義多指「衡量輕重、長短的權力」，是一個很明確的定義；而成書年代較早的《墾令》、《農戰》、《算地》等篇中「權」字的含義則比較複雜且分歧，有「外國勢力」、「國君的權柄」、「爭雄」等含義。故由此推斷本篇的作者應該是一位很成熟的法家學者，時代不可能太早。又根據容肇祖的觀點進一步推斷本篇的寫作年代下限不晚於公元前318年，因為此年燕王噲禪位子之，導致燕國內亂，作者只有在未及見燕國因禪讓而發生內亂之前完成此篇，才比較合理。〔註77〕

以上三說，給我們深入探討此篇很大啟發。要之，判斷此篇的核心在於「為天下位天下」的主張以及篇中「權」字的字義。

## 二、《修權》篇成書新論

比較而言，我們更傾向於贊同容先生的論斷，認為此篇成書應出自商鞅之手，具體論證如下：

首先，《修權篇》中所包含的極端的「公天下」觀念是商鞅思想及其實踐的集中體現。從《修權篇》的內容來看，任法去私來行使君權，應是該篇的主旨。《修權篇》主要論述治國的三個要素——法、信、權，篇中主張應以君臣共操之法、共立之信來行使君主獨制之權。其中尚公去私的觀念在本篇表現得尤為突出，篇中云：「堯舜之位天下也，非私天下之利也，為天下位天下也。」這一說法本身就表明該篇作者認為，國君應將天下看成是天下人的天下，而非個人及其家族所獨有的。惟其如此，方能真正做到公正無私地依法辦事；否則就難免要徇私舞弊。所以該篇篇尾說「公私之交，存亡之本也。」此語把公與私的關係視為國家生死存亡的根本，實際上即強調法治的重要性，只有嚴格實行法治，上下皆以法律為準繩。如此則官吏弗能行其私，人主亦弗得肆其志，才能真正實現國富兵強。這一主張與商鞅的學說和政治實踐極為吻合。商鞅學說在戰國時能獨樹一幟，取效於當時，蓋已確然知國家之治，主要就在於其法權、法令必行。其變法令明確規定：「宗室非有軍功，

〔註76〕容肇祖：《商君書考證》，《燕京學報》第二十一期。
〔註77〕鄭良樹：《商鞅及其學派》，第105～107頁。

論不得屬籍。」「有功者顯榮，無功者雖富無所芬華。」漢人劉向於《新序》中對商鞅是這樣評價的：「夫商君極身無二慮，盡公不顧私。使民內急耕織之業以富國，外重戰伐之賞以勸戎士。法令必行，內不私貴寵，外不偏疏遠，是以令行而禁止，法出而姦息。」〔註78〕

本篇中盛讚堯舜的禪讓之舉，其文曰：「論賢舉能而傳焉，非疏父子親越人也，明於治亂之道也。」我們在前文已經指出，秦孝公確有傳位商鞅之意，在當時社會上還沒有形成如秦始皇那樣要將帝位「至於萬世，傳之無窮」的觀念，將王位傳之外姓旁人在當時並非大逆不道之舉。《商君書》裏雖多次呼喚聖王明君，但卻沒有一次表達出要秦國國君世代傳承不替的言論。孝公對商鞅的信任和倚重，對於商鞅本人的思想產生了深刻的影響，也只有他才會說出「為天下位天下也」這樣的話，並且盛讚禪讓。

需要指出的是，在整部《商君書》中只有《修權篇》唯一主張論賢舉能，但僅限於君主權位的繼承。其餘各篇則明確反對尚賢，主要是反對國君任用賢者。

其次，從「權」字的字義演變來看，《修權篇》更多反映了「權」字的引申義——權力。但它只是「權」字引申義的一種，不能據此說其成書偏晚。

《廣雅·釋器》：「錘謂之權。」由此可見權的本義是秤錘，而秤錘是隨著物體的輕重而移動位置的，故權可引申為「權變」，即變通之義。再引申開來，在社會範疇裏，在衡量輕重得失中，掌握著刑賞二柄、可以決定生殺予奪、決定對事物的處置的力量的也稱作「權」，這就是權柄的「權」了。〔註79〕

「權變」和「權力」同樣作為「權」字的引申義，想要判斷二者孰先孰後在語言學上是很困難的。不過，從上古文獻當中，我們發現「權」字作為「權力」含義使用似乎要早於前者。就目前所見，青銅銘文中尚未出現「權」字。而在先秦典籍中最早出現「權」的是《左傳》，晉國的欒盈作亂，樂王鮒向范宣子進言時說：「子在位，其利多矣。既有利權，又執民柄，將何懼焉？……夫克亂在權，子無懈矣。」〔註80〕此句中的兩個「權」字皆指權力。

而在先秦子書中，「權」字多指「權變」。在儒家經典《論語》、《孟子》

---

〔註78〕《史記·商君列傳》裴駰《集解》引，見中華書局本《史記》第七冊，第2238頁。

〔註79〕這裡的論述主要參考王鳳陽的觀點，見王著：《古辭辨》，長春：吉林文史出版社，1993年6月第1版，第458頁。

〔註80〕《左傳·襄公二十三年》

中「權」字包含「秤錘」和「權變」兩種義項〔註81〕,《荀子》中的「權」則有「權力」之義。〔註82〕兵書類如《司馬法》、《尉繚子》等中的「權」也更多的含有「權變」之義。〔註83〕戰國中晚期,專門從事權變術的縱橫家應運而生。權字作權變、權謀解當與此不無關係。《戰國策》注云:「權,重也。」「權,勢也。」《考工記》注、《禮記・王制》注云:「權,平也。」權變就是勢的轉變,戰國時期多用來指各國同盟的分合和由此造成的力量對比的變化。

而唯獨在法家著作中「權」字的字義使用較爲特殊,而且更趨於一致,即大都用其本義或者由本義「秤錘」向「權力」這一含義引申。如《藝文類聚》卷五十四引申不害語曰:「君必明法正義,若懸權衡以稱輕重,所以一群臣也。」此「權」字顯然指本義,與《商君書》用法完全相同;又如《慎子・佚文》:「君臣之間,猶權衡也。權左輕則右重,右重則左輕。輕重叠相橛,天地之理也。」〔註84〕此處之「權」亦指「秤錘」。但慎到也非常強調權力的重要性,他曾說:「故賢而屈於不肖者,權輕也。不肖而服於賢者,位尊也。堯爲匹夫,不能使其鄰家。至南面而王,則令行禁止。由此觀之,賢不足以服不肖,而勢位足以屈賢矣。」〔註85〕此處之「權」顯然已經引申指「權力」。《韓非子》中「權」字出現 59 次,主要有「秤錘」、「權位、權勢、權力」及「權變」三種含義,其中尤以作「權力、權勢」解更爲突出。

由上述材料可知,戰國諸子從多個角度對「權」進行過探討,但在其本義外,以「權變」之義更爲普遍。唯獨在法家著作當中,「權」字更多的指「權力」。《商君書》中「權」字的用法最爲典型,全書「權」字出現凡 22 次,而其中作爲「權力」之義的「權」字有 10 餘次之多,占一半以上。

有論者指出本篇中「權」字的含義多指「衡量輕重、長短的權力」,而成

---

〔註81〕 如《論語・堯曰》「謹權量」之「權」指秤錘,《論語・子罕》「可與立,未可與權」中的「權」則指「權變」。《孟子・魏惠王上》:「權,然後知輕重」,這裡的「權」顯然是指秤錘;又《孟子・盡心上》:「執中無權,猶執一也。」《孟子・離婁上》:「嫂溺,援之以手,權也。」後兩句中的「權」皆指權變。」

〔註82〕 如《荀子・議兵篇》:「權出一者強,權出二者弱」的「權」即指權力。

〔註83〕 如成書於戰國初年的《司馬法》也提出過「權」的概念,它說:「古者以仁爲本,以義治之之謂正,正不獲意則權。權出於戰,不出於中人。」這裡的「權」主要指特殊的手段、方法,也有權變之意。《尉繚子》一書有三篇以「權」字命名,即《攻權》、《守權》、《戰權》。其中「權」字既有權變、權謀之意,又有戰爭主動權之意。

〔註84〕 《慎子・佚文》,此段話見於《太平御覽》第八百三十卷。

〔註85〕 《慎子・威德》。

書年代較早的《墾令》、《農戰》、《算地》等篇中「權」字的含義則比較複雜且分歧，有「外國勢力」、「國君的權柄」、「爭雄」等含義。案，以上這些含義多是隨文而生，屬於語用義，並不能作爲「權」字的詞義。「權」字作「權力」解是春秋時人就有的觀念，故論者由此推斷「本篇的作者應該是一位很成熟的法家學者，時代不可能太早」，這樣的看法無疑是難以成立的。

　　第三，篇中的一些主張與商鞅極爲吻合。如關於刑賞的主張，本篇認爲「凡賞者，文也；刑者，武也；文武者，法之約〔註86〕也，故明主任法。明主不蔽之謂明，不欺之謂察。故厚賞而信，刑重而必〔註87〕」，即主張厚賞重刑，這符合商鞅一貫的主張。關於這一點，我們在前文研究《去彊篇》的成書時已有詳細的論述，此處從略。又如講法治對吏治的影響，本篇認爲治國若「廢法度而好私議」，就會導致官員上下勾結，吏治腐敗。其文曰：「夫廢法度而好私議，而姦臣鬻權以約祿，秩官〔註88〕之吏隱下而漁民。」「故大臣爭於私而不顧其民，則下離上。下離上者，國之隙也。秩官之吏隱下而漁百姓，此民之蠹也。故國〔註89〕有隙蠹而不亡者，天下鮮矣。是故明主任法去私，而國無隙蠹矣。」如果君主喜好私議，那麼大臣就會賣權、下級官吏則魚肉百姓以媚上，最終導致國家的滅亡。這些認識與《墾令》、《農戰》兩篇的相關主張也是一致的。

　　另外，從論證特色來看，本篇的相關論述非常符合商鞅的特點。本篇主張應實行法治，並且舉古代聖王的事例來論證。本篇作者認爲立法明分而不以私害法，如此則國治。篇中羅列了堯、舜禪讓；商湯、周文王、周武王等三王以武力奪取天下，用道義來治理；春秋五霸用攻伐來使諸侯臣服於周天子等往聖先賢的事例，「故堯、舜之位天下也」，「論賢舉能而傳焉」；「故三王以義親〔天下〕〔註90〕，五伯以法正諸侯」。同時指出「不以法論智、能〔註91〕、賢、不肖者，惟堯；而世不盡爲堯。是故先王知自議譽私之不可任也，故立法明分，

〔註86〕約，猶樞紐也。
〔註87〕嚴校本作「故賞厚而利，刑重而咸必」，王時潤指出崇文本無「咸」字，當據刪；蔣禮鴻據《群書治要》引作「賞厚而信，刑重而必」，又結合本篇篇首曰法、信、權而認爲作信作必義長。二說皆有理有據。
〔註88〕「秩」，次也；次，列也。秩官之吏猶言列位之吏耳。列位之吏即庶民之在官者，府吏胥徒之屬也。見《商君書錐指》，第85頁。
〔註89〕此「國」字據《群書治要》增補。
〔註90〕蔣禮鴻疑此處「以義親」下當脫「天下」二字，茲據其說補之。
〔註91〕蔣禮鴻認爲此「能」字當作「罷」，並舉大量文獻爲證，足以信服，茲從之。

中程〔註92〕者賞之，毀公者誅之。」作者承認堯的賢德非常人所能比擬，所以他不靠法治也能夠選賢與能，取得天下大治。但由於世上多數君主的才德是遠遠比不上堯的，所以還是得結合實際，行法治爲是。我們在第一節論述商鞅的變法理論時已經指出，商鞅的立論特色是以古代先聖前哲的事例來論證變法的合理性，而並非一味地否定和排斥，對古代聖王堯舜等人的功績並沒有抹殺。因此，《修權篇》的這一論證特色完全符合商鞅的邏輯思路。

綜上所述，我們認爲《修權篇》的作者應是商鞅本人，其成書在孝公欲傳位商鞅後不久。

# 第六節　「徠三晉之民，而使之事本」──《徠民篇》

所謂「徠民」就是招徠民眾。本篇的主旨是要把三晉（韓、趙、魏）的民眾招到秦國來墾荒，故題爲「徠民」。作者指出，秦國地廣人稀，田宅有餘；而三晉地區土狹民眾，田宅缺乏，然而三晉之民仍不願到秦國來，是因爲秦國賦稅重、徭役多，民眾生活勞苦。因此，作者建議秦王對外來之民實行「利其田宅」、「復之三世」等優惠政策，招引三晉之民。令新招來的民眾從事農耕，用原有的秦民出外作戰，這樣能取得「富彊兩成之效」。本篇指出，徠三晉之民使之事本，其效果與「戰勝」、「損敵」相同，而且既減少了兵力消耗，又能保證對外作戰有充足的糧食供給。

## 一、關於《徠民篇》成書的幾種觀點

在整部《商君書》中，除《弱民篇》外，備受學者非議的莫過於此篇。關於該篇的成書，學者看法不一，具體觀點如下：

### （一）偽書說

很多人依據此篇所提之「今三晉不勝秦四世矣。自魏襄以來……」、「周軍之勝」、「華軍制勝」、「長平之勝」，皆商鞅身後數十年之事，故而認定此篇決非出自鞅手，應爲後出之偽書。這種觀點在疑古思潮興起之後，成爲主流認識。胡適的看法最爲典型，他說：「今世所傳《商君書》24 篇（《漢書》作二十九篇），乃是商君死後的人所假造的書。如《徠民篇》說『自魏襄以來，三晉之所亡於秦者，不可勝數也。』魏襄王死在西曆前 296 年，商君已死 42

---

〔註92〕 朱師轍云：「程，法式也。」

年，如何能知他的諡法呢？《徠民篇》又稱『長平之勝』，此事在前 260 年，商君已死 78 年了。……此皆可證《商君書》是假書。商君是一個實行的政治家，沒有法理學的書。」〔註 93〕齊思和、羅根澤、郭沫若等人亦有相似的看法。〔註 94〕

　　案，魏襄王卒於公元前 296 年，距商鞅去世 42 年；「周軍之勝」指秦昭王十四年（前 293 年）秦將白起攻韓、魏的伊闕之戰，距商鞅死後 45 年〔註 95〕，伊闕之戰見於《秦本紀》、《魏世家》、《韓世家》、《穰侯列傳》、《白起王翦列傳》等；「華軍之勝」指秦昭王三十四年（前 273 年）秦破趙、魏軍於華陽，距鞅死（前 338 年）65 年，見《六國年表》、《魏世家》；「長平之勝」指昭王四十七年（前 260 年）秦、趙長平之戰，距鞅死 78 年，見《六國年表》、《趙世家》等；以上諸事皆在秦昭王時期，非商鞅所及見。這些內證的確「鐵證如山」，難以辯駁。但是這些證據只能說明《徠民篇》不是商鞅所作，卻不能以此籠統武斷《商君書》全部都是假的。把《徠民篇》看作商鞅的作品，的確有偽；但如果將它作為秦昭王時期或更晚的作品，則又另當別論。因此，我們正應該依據本篇的內容作具體分析，探討它究竟作於何時。

### （二）真偽相雜說

　　在疑古辨偽風氣甚濃的時代，尚有一些學者保持客觀的態度，依據該篇所提及之史實，推斷此篇的具體成書年代而非片面證偽，但具體看法仍略有差異。

---

〔註93〕　胡適：《中國哲學史大綱》，上海：上海古籍出版社，1997 年 12 月第 1 版，第 261 頁。

〔註94〕　分別見於齊思和：《商鞅變法考》，《燕京學報》第 33 期，後收入齊著《中國史探研》一書中；羅根澤：《商君書探源》，見羅氏編著：《古史辨》第六冊。郭沫若在《前期法家的批判》一文中指出：「其作偽之最顯著者當推《徠民》與《弱民》二篇。前者言及『長平之勝』，乃秦昭王四十七年白起破趙長平，坑降卒四十二萬人之事，在商君死後八十二年。」該文見於郭著《十批判書》，北京：東方出版社，1996 年 3 月第 1 版，第 339～340 頁。

〔註95〕　或以為「周軍之勝」應指秦昭王五十一年（前 256 年）滅西周一事，此役距商鞅死後已 82 年。從《徠民篇》羅列戰爭的次序來看，全篇是按照「周軍之勝」→「華軍之勝」→「長平之勝」這樣的順序，也就是說「周軍之勝」應最早發生；同時篇中還強調秦軍斬首之多和傷亡之眾，而秦取西周並未大動干戈。因此，無論從時間還是斬首、傷亡人數上來看，只有秦與趙魏之間的伊闕之戰與本篇內容最為符合。故應以「伊闕之戰」說為是。

1、成書於秦昭王後期，在前 255～前 251 之間。

如劉汝霖即認爲「這篇雖不是商君之書，但也不是後人有意僞造。篇內說：『今三晉不勝秦四世矣』，裏面又屢王稱臣，可知是秦昭王時秦臣論政的話，原來不知載在什麼地方，後來被編《商君書》的人糊塗拉入了。我們既知道這是秦昭王時的書，又知道作於長平之戰以後，昭王死於前 251 年，可以斷定這篇作於前 260 和 251 年之間，又如篇中載『周軍之勝』若是指昭王五十二年（前 255）取西周一事而言，這篇的著作期就更縮到前 255 與 251 四五年之間。」〔註 96〕

2、成於秦孝文王或莊襄王〔註97〕時的大臣或呂不韋之手，即在前 250～前 247 年間

陳啓天就持此論，他指出「本篇所謂周軍之勝、華軍之勝和長平之勝，均在秦昭王時代。通篇針對時事講話，不像一篇僞作。因此我疑本篇是秦孝文王或莊襄王時的大臣或客卿如呂不韋等所作，而爲後人誤編入《商君書》中，未必是後人假託商君而作的。」〔註 98〕

上述觀點已走出疑古辨僞的學術成見，對本篇的成書分別做出客觀的評價。但他們所持論據和認定本篇是僞書的人近乎雷同，只是轉換了視角。然而篇中關於徠民的主張與商鞅本人的思想是否有關？是否如論者所說「爲後人誤編入《商君書》中，未必是後人假託商君而作」？篇中所述秦國和三晉的情況是否符合秦昭王時期的歷史實際？對於這些問題，論者皆缺乏深入的分析，故所論仍嫌粗疏。

### （三）尉繚說

關於《徠民篇》的眞僞紛爭，令人治絲欲棼。值得慶幸的是有學者另闢蹊徑，認爲此篇是秦王政即位前期至秦的大梁人尉繚，成書在前 242～前 230 年之間。論者羅列十條證據指陳本篇是尉繚入秦後與秦王政的談話記錄，似可作爲《尉繚子》的一篇佚文來對待。〔註 99〕此論頗爲新穎，對於我們重新

---

〔註 96〕劉汝霖：《周秦諸子考》，第 286～287 頁。前文業已指出「周軍之勝」應指秦與趙魏之間的伊闕之戰，時在秦昭王十四年（前 293 年），劉氏的「取西周」説與原文不符。

〔註 97〕據《史記·秦本紀》，秦孝文王在位僅一年（前 250）即去世，莊襄王在位（前 249～前 247）也只有三年。

〔註 98〕陳啓天：《商鞅評傳》，第 130～131 頁。

〔註 99〕徐勇：《〈商君書·徠民篇〉的成書時代和作者蠡測》，《松遼學刊》，1991 年第 2 期。

審視此篇也極具啓發。但該說的一個重要前提即對於「今三晉不勝秦四世矣。自魏襄以來……」一句的理解。他認爲此句中的「四世」應理解爲魏襄王以來魏國的四代國君，本篇作者的談話對象應是秦王政，因此該篇成書的上限在公元前 242 年魏景愍王即位之後。這是論者認爲本篇出於「尉繚」之手的一個極爲關鍵的立論基礎。那麼，這一立論基礎是否可靠呢？從分析原文入手應是我們對此結論進行判斷的主要途徑。

　　《徠民篇》謂：「今三晉不勝秦四世矣，自魏襄以來，野戰不勝，守城必拔，小大之戰，三晉之所亡於秦者，不可勝數也。若此而不服，秦能取其地而不能奪其民也。」其中「今三晉不勝秦四世矣，自魏襄以來……」一句的世系到底是從秦國、還是魏國計算，在學者當中頗有爭議：一種觀點認爲此四世當是指秦孝公、秦惠王、秦武王、秦昭王四代，此說以高亨的看法爲代表〔註100〕；而另一種觀點則主張四世應指魏國自襄王以來的四代國君——襄王、哀王、昭王、安釐王，蔣禮鴻即主此說，與徐勇之說近似。〔註101〕

　　究竟哪一種觀點正確呢？比較而言，我們更傾向於前說，主要論據有二：其一，如果按照正確的魏君世系來計算，則四世魏君依次是：襄王（前 318～前 296）→昭王（前 295～前 277）→安釐王（前 276～前 243）→景愍王（前 242～前 228）；與此同時，秦國則更換六君，即惠文王（前 337～前 311）→武王（前 310～前 307）→昭王（前 306～前 251）→孝文王（前 250）→莊襄王（前 249～前 247）→始皇帝（前 246～前 210）。而《徠民篇》後文又指出：「夫秦之所患者，興兵而伐則國家貧，安居而農則敵得休息。此王所不能兩

---

〔註100〕高亨：《商君書注譯》，第 118 頁注釋第 24。另山東大學《商子譯注》編寫組亦持此說，見《商子譯注》，濟南：齊魯書社，1982 年 10 月第 1 版，第 102 頁。

〔註101〕蔣禮鴻：《商君書錐指》，第 90 頁。張覺《商君書全譯》也取蔣氏之說。需要指出的是蔣禮鴻所列魏國世系主要依據的是《史記》，而這一記載恰恰是有問題的。《史記·魏世家》和《六國年表》均謂魏惠王三十六年卒，子襄王立；襄王十六年卒，子哀王立；哀王二十三年卒，子昭王立。然而《世本》謂「襄王生昭王」，在襄王、昭王之間並無哀王一世。自《竹書紀年》出土以後，歷來的學者都根據其記載而斷定魏惠王並非三十六年而卒，而是在其三十六年改元。《史記》所載魏襄王之年實際上是魏惠王的「後元」。在「後元」之後，魏襄王繼位，其次才是魏昭王。準此則魏國自襄王以來的國君世系依次爲：襄王（前 318～前 296）→昭王（前 295～前 277）→安釐王（前 276～前 243）→景愍王（前 242～前 228）。參見楊寬：《戰國史》之《戰國大事年表中有關年代的考訂》，第 723～727 頁。

成也，故四世〔註102〕戰勝而天下不服。」這裡顯然是說秦國經歷四代的勝利卻不能令天下臣服。《徠民篇》通篇文氣貫通，篇中屢屢自稱「臣」，應是作者獻給秦王的書奏。全篇從各個角度闡述徠民的主張及其成效，很難想像其中會出現如此明顯的矛盾。因此，按照魏國國君世系計算顯然與上下文不符。其二，從全篇內容來看，通篇都是站在秦國的立場、從秦國的利益出發分析的，三晉只是一個比較的對象和參照系，作者的用意並不在三晉而在於秦。在提出「今三晉不勝秦四世矣」這一事實之前，作者曾指出「夫所以為苦民而彊兵者，將以攻敵而成所欲也。兵法曰：『敵弱而兵彊。』此言不失吾所以攻，而敵失其所守也。」這裡所謂「苦民而彊兵者」云云說的都是秦國的強國之道，下文緊接著擺出具體的史實，「三晉之所亡於秦者，不可勝數也」。即便如此，秦國也只能佔領三晉的土地卻不能奪取他們的人口。所以，「今三晉不勝秦四世矣」應理解為秦國更為妥當。

另外，論者還質疑秦國的四世不應指秦孝公、秦惠王、秦武王、秦昭王，因為孝公前期秦國力尚不足以壓倒三晉，商鞅變法之後秦國才強大起來；秦惠王繼位後，在相當一段時期內，秦與三晉的戰爭是互有勝負的，這種情況直至秦昭王在位後期才發生質的變化。此後，秦在對三晉的戰爭中才屢戰屢勝。〔註103〕事實上，秦國自孝公任用商鞅變法國富兵強乃不爭的史實，是難以辯駁的。儘管商鞅變法的成效在秦孝公後期才顯現出來，但秦國使「諸侯親服，獲楚、魏之師，舉地千里」〔註104〕，這些都是孝公在位時就已經發生的事實，不容否認。因此，說秦國在孝公時開始強大也是合乎實際的。雖然在惠文王時期秦國對外作戰也曾失利，但是從總體上看，秦國的國土和實力仍在不斷擴大。《史記·李斯列傳》就曾指出，「惠王用張儀之計，拔三川之地，西並巴、蜀，北收上郡，南取漢中，包九夷，制鄢、郢，東據成皋之險，割膏腴之壤，遂散六國之從（縱），使之西面事秦，功施到今。」秦昭王時期，秦國的優勢更為明顯，本篇提及的三大戰役均是以秦國的獲勝而告終。

---

〔註102〕此處的「四世戰勝」，嚴校本作三世，而諸子彙函本、品節本作「四世」，王時潤、朱師轍、于鬯等皆認為作四世與上文「三晉不勝秦四世矣」句合，當據改。

〔註103〕徐勇：《〈商君書·徠民篇〉的成書時代和作者蠡測》，《松遼學刊》，1991 年第 2 期。

〔註104〕《史記·李斯列傳》

綜上所述，我們仍有必要在前輩學者已有研究的基礎上，結合本篇的內容對其成書再予以辨析。

## 二、《徠民篇》成書新探

結合本篇的具體內容及主旨，同時參考相關出土簡牘材料，我們認為本篇的成書應在秦昭王後期，作者是一位商鞅後學，茲辨析如下：

首先，從本篇的思想主旨及立論特色來看，該篇所述徠民的思想及其理論依據皆源自商鞅，對徠民作用的認識顯然也深受商鞅思想特點的啟發。

《徠民篇》開篇並未提出徠民，而是先攤出先王制土分民之律作為立論的根據，其文曰：「地方百里者，山陵處什一，藪澤處什一，谿谷流水處什一，都邑蹊道處什一，惡田處什二，良田處什四。以此食作夫五萬，其山陵、藪澤、谿谷可以給其材，都邑、蹊道足以處其民。」這與《算地篇》所言「故為國任地者，山林居什一，藪澤居什一，谿谷流水居什一，都邑蹊道居什四。此先王之正律也」大同而小異。前文已經指出，《算地篇》作於商鞅之時，其所謂先王「為國任地」之律是追述古制。因此，本篇提出徠民主張的理論依據顯然受商鞅的影響。

早在商鞅時期就有徠民的提法，如《算地篇》對於如何解決人地關係問題，指出「民勝其地，務開；地勝其民者，事徠」這一大原則，只是沒有展開論述如何「開」和「徠」。商鞅主政之時，秦國力尚弱，很難吸引山東六國之民眾，徠民的條件尚不具備。因此商鞅的「墾草令」中主要是禁止那些遊說、經商、技藝之民，還有從貴族卿大夫之家爭取剩餘勞動力，針對的是秦國固有之民。而《徠民篇》則對徠民做細緻地深入闡述：首先援引「先王制土分民之律」這一原則分析秦與三晉的國情特點：秦地曠人稀，三晉則人多地少。秦要「任地力」必須徠三晉之民。接著，結合昭王時期的具體情況，提出「以故秦事敵，而使新民事本，兵雖百宿於外，境內不失須臾之時，此富彊兩成之效也」的徠民主張。另外還指出徠民的具體辦法，即通過賞賜爵位和免除三世賦稅來招徠三晉之民。

另外，從立論特色上看，本篇對徠民作用的認識，反映了作者以政治手段代替軍事手段來強國弱敵的策略。而這恰恰也與商鞅一貫的思想特點甚為契合。本篇認為徠民相對於殺敵更為高明，且有事半功倍之效。其文曰：「今臣之所言（案，指徠民），民無一日之繇，官無數錢之費，其弱晉彊秦有過三戰之勝」，這種認識在《商君書》各篇中也是值得注目的，從本質上看，它與

《戰法篇》強調「政勝」爲戰勝之本的主張是一致的。是篇謂:「凡戰法必本於政勝,則其民不爭,不爭則無以私意,以上爲意。」前文業已指出,這種思想是商鞅這樣雄才大略的政治家所特有的,非純粹兵家人物所能言,本篇的論述無疑是這一思想特色的延續。

其次,本篇提出徠民的舉措與秦昭王後期秦國所面臨的具體形勢非常吻合。一方面,秦昭王後期秦國人、地比例嚴重失衡,徠民成爲當務之急。秦昭王主政時期,國富兵強,連年對外用兵,其中所謂「周軍之勝」指秦將白起攻韓、魏的伊闕之戰,秦軍斬首二十四萬;「華軍之勝」係指秦擊魏華陽軍一役,斬首十五萬;「長平之勝」則指著名的秦趙長平之戰,由於趙國用人失誤,白起殺趙長平卒四十五萬。僅以這三次大戰,秦軍即斬敵近九十萬。〔註 105〕而在冷兵器時代,戰勝殺敵也是要付出巨大代價的,秦國自身人員傷亡也不少,本篇即云:「且周軍之勝、華軍之勝、長平之勝,秦之所亡民者幾何?民客之兵不得事本者幾何?臣竊以爲不可數矣。」這與參加長平之戰坑殺趙卒四十餘萬的秦將白起所言是一致的,白起亦曾感慨:「今秦雖破長平軍,而秦卒死者過半,國內空。」〔註 106〕傷亡人數之多,已經引起耕、戰之間的緊張關係。另外,隨著對外戰爭的接連獲勝,秦國版圖也不斷擴大。自商鞅變法到秦昭王在位後期,秦國向北部擴張,攻破義渠,設置了隴西郡和北地郡;向南滅掉巴、蜀兩大古國,分設巴郡和蜀郡,同時在巴蜀舊地基礎上加上部分楚國的漢中郡地,又設立漢中郡;向東佔領魏國的河東四百里地,設河東郡。〔註 107〕僅從上述情況來看,秦國的國土面積比秦孝公時期至少擴大了兩倍。

秦國的人口在急劇減少的同時,國土面積卻在迅速擴張,這使得人不稱地的現象極爲嚴重,已經令執政者爲之側目。有鑒於此,本篇的作者吸收商

---

〔註 105〕 或許人們會因此認爲三晉地區經過這三次大戰人口也在大量減少,所以他們也和秦國一樣迫切需要徠民。案,這樣的顧慮其實是多餘的。因爲從戰國初年(包括李悝時期在內)以來三晉地區相較秦國而言,一個基本的國情即「土狹民眾」;而隨著秦國的崛起,三晉的國土相繼被秦吞併、蠶食。換言之,對於人口基數本來就大的三晉而言,人口的損失所造成的後果遠未及秦國嚴重,而同時國土的不斷縮小更在某種程度上抵消了人口的減少。當然不可否認,在群雄並爭的戰國時代,人口問題是各國所普遍關注的,無論其人、地比例是否適中。但比較而言,秦國的形勢更爲迫切。

〔註 106〕 《史記‧白起王翦列傳》

〔註 107〕 參見楊寬:《戰國史》附錄一《戰國郡表》,第 680 頁。以上所列只是長期爲秦所有的領土,尚不包括那些在秦與山東六國之間多次易手的區域。

君的思想適時地提出徠民的主張，並進一步做了補充論證。

另一方面，徠民的主張也非常符合秦國當時相對於山東六國的優勢。商鞅變法之時，秦地處西垂，國勢微弱。主要的精力放在「務開阡陌，盡地力」，即集中力量增強國力。即使對外作戰，也多「窺機抵隙，因便乘勢」，尚沒有每戰必勝之實力。但自燕、趙聯軍破齊之後，秦成爲七國之中最強之國。而到長平之戰，打敗強趙，由秦國來完成統一天下的歷史使命已成定局。秦因軍事上之接連勝利，聲威大震，山東六國無不割地求和於秦。此時主張徠民無疑還顯示出秦國欲乘屢勝之鋒，使戰敗者不得休息，進而一統天下之野心。〔註108〕《徠民篇》的確不時流露出這樣的情緒，如「令故秦兵，新民給芻食。天下有不服之國，則王以此春圍其農，夏食其食，秋取其刈，冬陳其寶，以大武搖其本，以廣文安其嗣。王行此，十年之內，諸侯將無異民」，這裡的秦王儼然擺出君臨天下的架勢，言外之意昭然若揭。另外，篇中還指出「秦之所與鄰者三晉也，所欲用兵者韓、魏也。」〔註109〕這也是長平之戰後秦國戰略部署發生變化的直接體現，與秦昭王後期的形勢完全吻合。

可以說在此背景下，《徠民篇》的作者不因軍事上的捷報頻傳而頭腦發昏，他們對商鞅政勝爲本的思想牢記於心，審時度勢地提出徠民的主張，反映出其思想的冷靜與睿智。

最後，篇中對三晉地區地少人多情況的敘述也有助於我們推斷其成書。本篇謂「彼土狹而民眾，其宅參居而並處，其寡萌賈息〔註110〕，民上無通名，

〔註108〕這一點錢穆在《先秦諸子繫年》一書中論述極爲精彩，茲從其說。詳見錢穆：《先秦諸子繫年》卷三，第266～267頁。

〔註109〕有學者認爲此句反映的情況即秦軍進攻的主要矛頭是指向三晉中的韓國和魏國，與秦昭王在位時秦與勁敵趙國之間發生多次劇戰的事實有所不同，而與秦王政時秦軍重點進攻韓、魏兩國的戰略部署相吻合。說見徐勇：《〈商君書·徠民篇〉的成書時代和作者蠡測》，《松遼學刊》1991年第2期。我們認爲這一觀點恐難成立，因爲《徠民篇》提到的三大戰役都是在秦與三晉之間展開的，特別是長平之戰對趙國無疑是一次重創，此戰的次年，秦軍又攻取趙國的太原，並接連攻打趙都邯鄲，時在秦昭王四十八年，距昭王去世還有八年。此後秦昭王才將主要進攻轉向韓、魏。

〔註110〕關於「其寡萌賈息」一句，諸家意見分歧較大。孫詒讓認爲寡萌賈息疑當作賓萌貸息，賓、寡及貸、賈並形近而誤。賓萌即客民。貸息謂以錢穀貸與貧民，而取其息。朱師轍則認爲寡，弱也。寡萌指小民；賈息即從事商賈，以求其息。高亨同意寡萌指客民的觀點，但卻認爲賈息指賃屋而居者。他將民字屬上讀，即「其寡萌賈息民」，指外來之民與賃屋而居之民。馬宗申另闢新說，他認爲寡，少也；萌，耕也。「寡萌賈息民」，即指不事農耕而以負販爲

下無田宅，而恃姦務末作以處，人之復陰陽澤水者過半。」下文緊接著指出三晉地區出現這種情況的原因，「此其土之不足以生其民也……意民之情，其所欲者田宅也，晉之無有也信」。就是說三晉地區人口過於稠密，故其客民主要從事商賈以求利息，而原住民中那些沒有入官方戶籍、亦無田宅的人，或者靠末作維持生計，在山坡和河堤附近挖洞穴居住。像這樣的人數已超過其總人口之半，可以說地不足以養活民的狀況已非常嚴重。

《徠民篇》的記載與睡虎地秦簡《爲吏之道》附錄摘引的兩條魏國法律內容有相似之處，這兩條律文是魏安釐王二十五年閏再十二月分別頒佈給相邦和將軍的兩條命令，告相邦曰：「民或棄邑居野，入人孤寡，徼人婦女，非邦之故也。自今以來，假門逆旅，贅壻後父，勿令爲戶，勿鼠（予）田宇，三世之後，欲仕仕之……」〔註 111〕告將軍曰：「假門逆旅，贅壻後父，或率民不作，不治室屋，寡人弗欲。且殺之，不忍其宗族昆弟。今遣從軍，將軍勿恤視。烹牛食士，賜之參飯而勿予殽。攻城用其不足，將軍以堙壕。」〔註 112〕上述兩個法令提到當時魏國出現這樣的現象，即有些百姓離開居邑，到野外居住，鑽進孤寡的家庭，謀求人家的婦女。自此令頒佈以後，對經營商賈和客店的、入贅的，都不准立戶，不分給田地房屋。還有一些人在百姓中帶頭不耕種，不修繕房屋，安釐王對他們大爲惱火。讓將軍征派他們從軍，充當軍中苦役。

兩相對比就會發現，《徠民篇》對三晉地區民眾生活狀況的描述與魏安釐王時期的情形非常吻合。《魏戶律》中的「爲戶」即獨立戶籍，這是國家授予田宅的依據。魏國由於土狹民眾，很多人只能靠經商、開旅店及入贅來謀生。安釐王頒佈法令禁止給這些人立戶和授予田宅。這與《徠民篇》所言三晉之民的情形是一致的，《徠民篇》云：「民上無通名，下無田宅」，即在國家戶口冊上無名，則無田宅。魏安釐王二十五年（公元前 252 年）與秦昭王當政後期從時間上也非常接近。

---

生之民。上述諸說中，作小民賃息解與下文「民事末作以處」語意重複；賃息作賃屋而居解缺乏其他史實的旁證；「寡萌」作不事農耕解於文獻無徵，有孤證之嫌。賃息作從事商賈理解更爲合適。故「寡萌賃息」，應指客民多從事商賈。

〔註 111〕睡虎地秦墓竹簡整理小組編：《睡虎地秦墓竹簡》之《魏戶律》，第 292～293 頁。

〔註 112〕睡虎地秦墓竹簡整理小組編：《睡虎地秦墓竹簡》之《魏奔命律》，第 294 頁。簡文當中的「假門」，讀作賈門，指商賈之家；逆旅，指客店。「贅壻」指一種身份低下的人，被賣身爲奴，主家配以女，則稱之爲贅壻。「後父」是招贅於有子寡婦的男子，實際上也是贅壻的一種。

　　戰國時期的縱橫之士張儀曾云：「趙氏，中央之國也，雜民之所居也。其民輕而難用」，〔註113〕案，趙都邯鄲，位於燕之南、齊之西、魏之北、韓之東，是中央之國，兼四國之人，因此稱其民雜；而且民眾意志虛浮，難以爲國所用。張儀入秦遊說秦惠王在公元前329年，時值魏惠王後元六年。〔註114〕這與《徠民篇》分析三晉地區「其寡萌賈息，民上無通名，下無田宅，而恃姦務末作以處」的情形也是非常吻合的，也說明三晉地區「土狹民眾」的情況早在魏惠王時期已比較突出。〔註115〕

　　另外，本篇提到「故秦」一詞，其文曰：「今以故秦事敵，而使新民作本。……令故秦兵，新民給芻食。」「故秦」與「新民」對稱，「故秦」指秦國原有居民，「新民」指新招徠的山東之民。這一稱法在秦簡中也得到印證，睡虎地秦簡《游士律》云：「有爲故秦人出，削籍，上造以上爲鬼薪，公士以下刑爲城旦。」〔註116〕

　　綜上所述，《徠民篇》所述諸多史實，與秦昭王時期的形勢非常吻合。本篇的內容帶有鮮明的時代特色，但「徠民」這一主張和理論依據皆源自商鞅，而非本篇作者的發明，篇中對商鞅思想特色的把握也極爲準確。因此我們認

---

〔註113〕《戰國策‧秦策一》「張儀說秦王」章。
〔註114〕這裡所用戰國年代主要採用楊寬的說法，見楊寬：《戰國史》附錄三《戰國大事年表》，第696～722頁。
〔註115〕《孟子‧梁惠王上》載魏惠王自認治國「盡心」盡力，「河內凶，則移其民於河東，移其粟於河內。河東凶亦然。察鄰國之政，無如寡人之用心者。鄰國之民不加少，寡人之民不加多，何也？」孟子認爲惠王能行小惠而不能行王道以養民，故申之以王道仁政。由此可見，三晉地區雖然人多地少，但其國君對國家人口仍十分在意。當然，惠王後期魏國已不復強大，割地、遷都，使魏元氣大傷。惠王空有圖強之志，亦難以挽回衰亡的命運。也有學者認爲戰國初年三晉地區「土狹民稠」其實是土地兼併的結果，並不符合歷史事實。因爲前此不遠的墨子說過：「今天下好戰之國，齊楚晉越，若使此四國得意於天下，此皆十倍其國之眾而未能食其地也，是人不足而地有餘也。」入戰國以來，黃河下游經濟繁榮人口增加是事實，但不會發生一百八十度的大變化，三晉「土狹民稠」當是土地兼併造成的假象，所以孟子要呼籲「制民恒產」。見李根蟠：《試論中國古代農業史的分期和特點》，見國學網之中國經濟史論壇 http://www.guoxue.com/economics，2003年12月31日。此文又收入《中國古代經濟史諸問題》，福州：福建人民出版社，1990年3月第1版。其實，是什麼原因造成三晉地區「土狹民稠」還可以再討論，縱使三晉地區在戰國初年人口未發生顯著的增長，但相對於秦國而言，說其「土狹民稠」也還是客觀的事實。
〔註116〕睡虎地秦墓竹簡整理小組編：《睡虎地秦墓竹簡》，第130頁。

爲本篇的成書應在商鞅死後的七十八年，即秦趙長平之戰後；其作者應是秦昭王時期的商鞅後學。

### 三、「然則非聖別說而聽聖人難也」解析

此句爲全篇最後一句話，原文如下：

> 且古有堯舜，當時而見稱，中世有湯武，在位而民服，此四〔註117〕王者，萬世之所稱也，以爲聖王也，然其道猶不能取用於後。今復之三世，而三晉之民可盡也，是非王賢立今時，而使後世爲王用乎？
> 然則非聖別說而聽聖人難也。

對於「然則非聖別說而聽聖人難也」一句，明人陳仁錫《諸子奇賞》、歸有光《諸子彙函》、王志遠《諸子合雅》，俱作「然則非聖人之難，用聖人難也。」朱師轍懷疑他們皆是臆改，因爲他們並未標明所據何本。

而高亨則將底本嚴萬里本與上述明人傳本進行對勘，認爲此句當作「非聖人刱說難。」刱、別形似而誤。《說文》「刱，造法刱業也，讀若創。」刱即創造之創，創是創傷之創。此句意即「不是聖人創說難，乃是人們聽從聖人難啊！」張覺亦贊同高說，但他認爲「別」字當作「分辨」解。

蔣禮鴻認爲「別說猶邪說，聽字當逗」，將此句斷爲「然則非聖別說而聽，聖人難也」，意謂「聖人不聽非聖別說也。」

對字句的釋讀固然要結合不同版本進行校勘，但考慮具體的語境也是非常重要的。此句前一段話對正確理解該句頗有啓發，前半段講堯舜、湯武雖爲萬世共稱之聖王，但他們的治國之道尚且不能爲後世所採納。言下之意即普通的王，其治國之道就更難被後世取法了。結合上下文，我們知道此篇作者的主要意圖是要勸秦王能下定決心採納其徠民的主張。如果以大王之賢能，不馬上確立徠民的政策，難道要讓後世來替您實行嗎？換言之，大王您這麼英明，能夠現在就確立徠民的政策；後世的人未見得能替您採用這種辦法。可見此篇作者還是非常希望秦王能夠盡快確立徠民的國策。最後作者發出感歎，「然則非聖別說（之難），而聽聖人難也。」意即「這樣看來，那麼並不是聖人分析解說起來很難，而是聽從聖人很難啊！」〔註118〕只有這樣解釋，方才文義貫通。

這裡可能還涉及到本篇的「先王觀」問題，本篇與商鞅一樣主張治國不必法古，應「當世而立法」。本篇還指出法古很難，即便是萬世著稱的聖王，

---

〔註117〕原文作「三」，王時潤認爲「三當作四」，古字四寫法與三近似，故易誤。
〔註118〕張覺：《商君書全譯》，第172頁。

後世對其王天下之道也很少效法，更遑論一般的帝王了。作者駁斥了「王吏」的錯誤觀點，即主張不能輕易給民眾爵位和延長他們免租免賦的時間。該篇主張對客民予以優惠政策也是基於使秦國強大這一長遠目標而提出的。從全篇內容來看，作者辭氣懇切、語重心長。篇末以上古聖王堯舜、湯武爲例，說明聖人之道「猶不能取用於後」，況且秦王呢？

## 第七節　重刑厚賞、驅民於戰——《賞刑篇》

賞罰是政治強制力的最後手段。政治沒有賞罰，則無從表現其強制力。厚賞重刑，即是加強政治強制力。法家之所以既重信賞必罰，又重厚賞重罰者，在此而已。《賞刑篇》即重點論述了這一觀點。

### 一、《賞刑篇》成書辨析

關於本篇的成書，或以爲是商鞅所爲，或以爲成書偏晚，迄無定論。陳啓天認爲「本篇是一種奏疏，文中數白稱臣可證。主旨在爲國須壹賞、壹刑、壹教。壹賞是說『利祿官爵摶出於兵，無有異施。』壹刑是說『刑無等級。』壹教是說『當壯者務於戰，老弱者務於守，民聞戰而相賀。』由上看來，可說與商鞅的主張和行事完全相合。全篇條理明晰，行文暢達。是商鞅自作，還是法家者流摭鞅餘論以成，未能斷說，然論其主旨，確可視爲鞅作。」〔註 119〕

容肇祖認爲《賞刑篇》所說的「壹」與《農戰》、《壹言》等篇意旨是合一的，大概是出於一手的。〔註 120〕

對此，也有論者提出質疑，認爲《農戰》、《壹言》、《賞刑》三篇中「壹」的含義各不相同，是不同階段的作品。〔註 121〕《賞刑》篇成書偏晚，不可能是商鞅所作。理由如下：其一，本篇提出「壹賞」、「壹刑」、「壹教」三個政治主張，都套用一個公式，即「壹→不→無」，論述紮實具有強烈說服力。而在早期著作《墾令》、《去彊》中皆討論過刑、賞問題，但皆未曾言及「不刑無刑」、「不賞無賞」的層次；其二，本篇是全書徵引古史最多的一篇，除「壹教」外，幾乎達到每段都「舉例說明」的地步，這種重視例證和寫作方式劃一的情況是其他篇章所沒有的。與此同時，在這些「例證」中除古代聖賢外，

---

〔註 119〕陳啓天：《商鞅評傳》，第 131 頁。
〔註 120〕容肇祖：《商君書考證》，《燕京學報》第二十一期。
〔註 121〕鄭良樹：《商鞅及其學派》，第 66 頁。

還包括了時代很晚的人物如周公旦及晉文公。而成書年代較早的《更法》、《算地》及《開塞》等篇，則只徵引古人名字，且所舉之人物皆是相當古遠的聖王；其三，本篇云「夫故當壯者務於戰，老弱者務於守」，按照這一說法，作戰時共分爲兩組：壯年人爲一組，負責作戰；老弱的自成一組，負責防守；而《兵守篇》則言壯男、壯女及老弱者分爲三軍，各軍的職守也有很大的差異；其四，本篇討論「壹教」時所列舉的「博聞、辯慧、信廉、禮樂、修行、群黨、任譽、清濁」等蝨害，多爲全書其他篇章所未見者。此外，論者還指出本篇論壹賞、壹刑及壹教，其終極的目標是無賞、無刑及無教，與韓非無爲而垂拱有異曲同工之妙。故本篇的作者極可能是在接受了韓非的思想之後才執筆有此文章的。〔註122〕

案，以上諸說對我們判斷本篇的成書頗具啓發意義，然而仔細斟酌，尙有值得探討之處。關於第一點，首先必須指出，篇中提出「壹賞」、「壹刑」、「壹教」的主張，並未採用「壹→不→無」三個層次的論證公式，而是從「壹」到「無」兩個層次。其中「明賞不費」和「明刑不戮」，並不是說「不賞」、「不刑」，而是指嚴格貫徹「厚賞重刑」反而不會破費、不會殺戮。「無賞」、「無刑」、「無教」才是最終的結果。其次，篇中對「壹刑」的論述與《去彊篇》、《靳令篇》並無二致。本篇云：「所謂壹刑者，刑無等級，自卿相、將軍以至大夫、庶人，有不從王令，犯國禁，亂上制者，罪死不赦。」「故曰：重刑連其罪，則民不敢試。民不敢試，故無刑也。」「故曰：明刑之猶，至於無刑也。」在《去彊篇》中亦有近似的論點，「行刑重其輕者，輕者不生，重者不來。以刑去刑，國治；以刑致刑，國亂。故曰：行刑重輕，刑去事成，國彊。」《靳令篇》云：「行罰重其輕者，輕者不至，重者不來。此謂以刑去刑，刑去事成。」這三篇都認爲重刑的結果就是無刑，因此不得謂商鞅或其早期的學生無此論證方式。

關於本篇徵引古史、舉例說明的論證方式，確實頗具特色。但由此立說，亦不足爲據。徵引古史來作爲論據是由篇章的性質決定的。本篇在論證「壹教」時三言「臣」，可見該篇是以一種進諫的口吻行文。這就要求作者使自己的言論具有感染力和說服力，徵引古史恰是較好的方法。《更法篇》由於記述御前辯論，亦曾多次廣徵博引，如遠至傳說中的伏羲、神農、黃帝、堯、舜等五帝及夏商周三代聖王，近及春秋時期晉文公謀臣郭偃之法。再如《算地篇》爲闡明「任

〔註122〕鄭良樹：《商鞅及其學派》，第109～113頁。

地待役之律」，援引先王之正律及時君世主的各種錯誤的治國辦法作對比；又以神農、堯、舜及商湯、周武王故事來說明專任賞刑、驅民農戰的治國之道。總之，徵引古史立說在全書中為數不少，不得據此而斷定該篇成書偏晚。

第三，「夫故當壯者務於戰，老弱者務於守」，也不必機械地理解為壯年為一軍、老弱為一軍。壯年中當包括壯男、壯女，在攻戰時亦當各有分工；老弱致力於防守。《去彊篇》在講到國之「十三數」時就包括了「壯男壯女之數，老弱之數」，由此可見本篇所言與他篇並無二致。

另外，本篇討論「壹教」時所列舉的「博聞、辯慧、信廉、禮樂、修行、群黨、任譽、清濁」等蝨害，有散見於他篇者，如「博聞」見於《墾令篇》，「辯慧」亦見於《墾令》、《說民》、《慎法》等篇，「禮樂」見於《農戰篇》、《說民篇》、《靳令篇》，「任譽」見於《說民篇》；亦有「信廉」、「修行」、「群黨」、「清濁」等條目則未見於他篇，為本篇所獨有。

## 二、從內容來看，該篇實際上是對商鞅學說的系統闡釋

本篇著重論述了「壹賞」「壹刑」「壹教」三大政治主張，這些論點皆與商鞅本人的思想符合，在他篇中分別可以找到；而《賞刑篇》的作者對此做了集中的闡述和發明。正如前文討論的《說民》、《弱民》二篇為解釋《去彊篇》一樣，《賞刑篇》則對商鞅的「壹賞」「壹刑」「壹教」主張做了系統的注釋和發揮。具體表現如下：

篇中對「壹賞」是這樣論述的，「所謂壹賞者，利祿官爵摶出於兵，無有異施也。夫固知愚、貴賤、勇怯、賢不肖皆盡其胸臆之知，竭其股肱之力，出死而為上用也。天下豪傑賢良從之如流水，是故兵無敵而令行於天下。」「戰必覆人之軍，攻必凌人之城，盡城而有之，盡賓而致，雖厚慶賞，何費匱之有矣？」其中「利祿官爵摶出於兵，無有異施也」一句即商鞅變法令中的「有軍功者各以率受上爵」。《算地》、《錯法》等篇關於「壹賞」的說法與本篇極為吻合。《算地篇》謂：「用兵之道，務在壹賞。」《錯法篇》曰：「行賞而兵彊者，爵祿之謂也。爵祿者兵之實也。」前文我們已經指出商鞅本人是主張厚賞的，本篇所謂「雖厚慶賞，何費匱之有矣？」顯然也是針對這一觀點展開的論證。與此同時，本篇還以商湯和周武王的厚賞作為例證來說明「明賞不費」、「明賞之猶，至於無賞」的道理。

「刑無等級」即主張法律公平、公正，這種思想也是商鞅一貫堅持和踐

行的。商鞅曾因太子觸犯法令而劓黥其師傅時云：「法之不行，自上犯之。」
該篇則對「刑無等級」做了細緻的闡述，「所謂壹刑者，刑無等級，自卿相、
將軍以至大夫、庶人，有不從王令，犯國禁，亂上制者，罪死不赦。有功於
前，有敗於後，不爲損刑；有善於前，有過於後，不爲虧法。忠臣孝子有過，
必以其數斷。」另外在刑罰問題上，商鞅的重刑主張也是本篇所認同的，其
文曰：「夫先王之禁，刺殺斷人之足，黥人之面，非求傷民也，以禁姦止過也。
故禁姦止過莫如重刑。刑重而必得，則民不敢試，故國無刑民。」「守法守職
之吏有不行王法者，罪死不赦，刑及三族。周官之人知而訐之上者，自免於
罪，無貴賤尸襲其官長之官爵田祿。故曰：重刑連其罪，則民不敢試。民不
敢試，故無刑也。」這種論證方式明顯帶有注解的性質。篇中所引晉文公殺
寵臣顚頡以明軍令的故事〔註123〕爲春秋時期的著名典故，說服力甚強。

　　需要指出的是，商鞅及其後學所服膺的「刑無等級」原則是把國君排除
在外的，這在一定程度上削弱了法的公正性。與之相較，管子學派的觀點更
爲徹底。《管子・權修篇》高揚法治至上的主張，其文曰：「法者，立朝廷者
也。」法是治國的總綱和原則，國君要用法治來促使「百姓皆說（悅）爲善，
則暴亂之行無由生矣。」《任法篇》更直言「法者，存亡治亂之所以出」，將
法治視爲國家興衰榮辱的關鍵。要依法治國，就必須堅持公正，「君臣上下貴
賤皆從法」。《權修》、《任法》兩篇都認爲法律高於一切，無論君臣、民眾，
皆須遵守國家的法律。

　　關於「壹教」的主張，本篇主張「富貴之門必出於兵」，反對博聞辯慧等
空言之舉。「所謂壹教者，博聞、辯慧、信廉、禮樂、修行、群黨、任譽、清
濁不可以富貴，不可以評刑，不可獨立私議以陳其上，堅者被，銳者挫，雖
曰聖知、巧佞、厚樸，則不能以非功罔上利然。富貴之門，要存戰而已矣。
彼能戰者踐富貴之門，彊梗焉，有常刑而不赦。是父兄、昆弟、知識、婚姻、
合同者皆曰：「務之所加，存戰而已矣。」夫故當壯者務於戰，老弱者務於守；
死者不悔，生者務勸。此臣之所謂壹教也。「這一思想與商鞅反對空言、重賞

---

〔註123〕晉文公殺顚頡一事，還見於《韓非子・外儲說右上》，與《賞刑篇》所記大同
　　　　小異。然《左傳・僖公二十八年》的記載則與這兩書有異，《左傳》所記緣由
　　　　是這樣的：晉軍攻入曹國都城，文公下令軍隊不得侵擾僖負羈及其家族。但
　　　　魏犨、顚頡違抗軍令，火燒僖負羈家，文公因此「殺顚頡以徇於師」。雖然這
　　　　三個文獻的記載存在差異，但可以肯定的是，顚頡之死確實是由於違抗了文
　　　　公的命令。

軍功的做法也是若合符契的。《墾令》、《農戰》、《去彊》等篇反覆強調治國應反對博聞、辯慧等空言，而關於「壹教」，在《立本》等篇有相關論述。《立本篇》云：「凡用兵，勝有三等：若兵未起則錯法；錯法而俗成；俗成而用具。」其中「錯法而俗成」即通過法令教化百姓，使他們形成好戰的習俗。

篇中還指出「賞壹則爵尊，爵尊則賞能利矣。」即主張賞賜出於兵這一種途徑。比較而言，《畫策篇》講「壹民於戰」與本篇的「壹教」最爲吻合，是篇云：「能壹民於戰者，民勇……聖王見王之致於兵也，故舉國而責之於兵。入其國，觀其治，兵用者彊。」事實上，由於商君之法規定：斬一首者爵一級。這種獎勵軍功的做法也造就了秦人好戰的習俗。

綜上，我們認爲《賞刑篇》是熟悉商鞅言論的後學對商鞅學說所做的細緻闡發，尤爲突出的是篇中對戰的重視，壹賞、壹教均側重於言戰，而不提農耕。這或許表明本篇作於秦國對外軍事攻伐正酣之際，很有可能就在秦昭王時期。